JN440401

현대사회의
도전과
교회의 대응

현대사회의 도전과 교회의 대응

이정석 지음

현대사회의 도전과 교회의 대응

초판 1쇄 인쇄 2008년 12월 22일
초판 1쇄 발행 2008년 12월 29일

지은이 이정석
발행인 김요한
발행처 도서출판 새물결플러스

편집국장 윤상문
총무 윤미라
디자인 강인구 조현자

출판등록 2008년 8월 21일 제 2008-24호
주소 (우) 158-827 서울시 양천구 신월 1동 129-2
전화 (02)2607-0990
팩스 (02)2693-9072
홈페이지 www.HolyWave.or.kr

총판 소망사
전화 (031)977-3005
팩스 (031)977-7035

값 17,000원
ISBN 978-89-961592-0-9 03230

새물결플러스는 한국 교회의 건강한 성장을 돕고 기독 지성인을 발굴하여 후원하며 복음주의 신앙과 신학을 대변하기 위해 설립된 출판사입니다.

서문

지금 한국교회는 사회의 강력한 비판에 직면해 있다. 참신한 소수 종교집단으로서 한말 독립운동과 3.1운동을 주도하고 서구문화를 도입하여 한국을 현대화하는데 주도적 역할을 감당함으로써 한국사회로부터 경이와 흠모의 대상이 되어왔던 한국교회가 선교 2세기를 맞이하면서 견제와 비판의 대상이 된 것이다. 이는 무엇보다도 한국교회가 1960년대 이후 급성장하면서 이제 한국에서 가장 강력한 중심집단으로 부상하였기 때문이다. 국민의 4분의 1이 한 분의 주님을 모시고 섬기며 영원한 그의 나라를 추구하면서 매 주일 모여서 헌신을 다짐하며 단결하고 어떤 것으로도 파괴하거나 분리할 수 없는 강력한 집단이 된 것이다. 어떤 종교 집단이나 정치 집단도 한국교회를 능가할 수 없다. 한국교회가 뭉치면 한국에서 못할 일이 없다. 따라서 이제 더 이상 한국교회는 동정이나 보호의 대상이 아니라 견제와 저항의 대상이 된 것이다.

그러나 한국교회가 비판을 받게 된 것은 단지 거대 집단이 되었기 때문만이 아니라 급성장하면서 발생한 교회의 세속화 때문이기도하다. 한국교회의 세속화는 크게 세 가지 모습으로 나타났다. 첫째는 성장 지상주의가 도덕적 불감증을 초래한 것이다. 교회를 성장시키면 모든 문제는 덮어지고 정당화된다. 성장에 취하고 성취에 들뜬 교회들은 교역자나 교인들이나 한결같이 자기 영화와 파워를 추구하며 십자가의 복음에는 실제적 관심이 없다. 목사들은 대물림을 생각하고 장로들은 헤게모니를 생각한다. 교회에서 거룩한 권징은 사라지고 정적 제거에 사용될 뿐이다. 이러한 현상은 대형 교회뿐 아니라 수단방법을 가리지 않고 교회 성장을 추구하는 모든 교회로 확산되었다.

둘째는 교권주의가 편만하고 내분과 대립이 만연한 것이다. 파워의 추구는 자연히 교권주의를 야기하였고, 교회나 교단이 커질수록 더 큰 힘을 보고 욕심이 생겨 헤게모니를 잡기 위한 싸움이 더욱더 치열해지게 되었다. 수많은 사람들이 이러한 교권 쟁탈전에서 상처를 받고 교회에 실망하게 되었다. 오로지 하나의 주님, 하나의 교회만 존재할 뿐인데, 교권의 야욕을 가진 자들이 자기를 중심으로 교회의 분열을 획책한 것이다. 불신자나 초신자들은 이런 싸움을 보면서 입으로만 사랑과 용서를 말하는 교회에 등을 돌리게 되고, 심지어 적극적인 비판자들이 되기도 하였다. 이미 한국교회는 해방 후 진보와 보수로 양극화되었고 정치적인 목적이 아닌 한 진정한 대화나 만남도 거부한다. 이러한 정치적 분열을 막아야 하는 신학자들도 상당수는 자기 학파나 교단 이데올로기를 섬기는 어용신학자들로 살아가고 있으며, 이에 저항한 양심적인 신학자들은 어려움을 당하고 희생되기도 하였다.

셋째는 불건전한 신앙집단과 불신 집단이 난무하게 된 것이다. 부흥운동과 신비주의가 한국교회의 수적 성장에는 일조하였으나, 한국교회의 건전한 성숙에는 악영향을 미쳤다. 사랑과 자유 보다는 체험과 효험을 중시하여 기복적 신앙을 벗어나지 못하게 하였으며 기도의 내용을 고치기보다 많이 그리고 열정적으로만 기도하면 무엇이든지 이루어진다는 미신적 신앙을 퍼뜨려 자기를 부인하고 하나님의 나라와 그의 뜻에 자기를 복종시키고 그리스도를 닮으려는 노력보다 신앙의 이름으로 자기의 욕심을 더 키워나가도록 부추겼다. 이와 같은 초보의 미숙한 신앙인들은 자연히 성경을 교묘하게 이용하여 다른 복음을 전하는 종교적 사기에 쉽사리 현혹되어 수많은 불건전한 이단적 집단들이 우후죽순처럼 일어나 몰상식하고 반사회적인 행동을 자행하고 심지어 가출과 가정 파괴를 결과함으로써 사회적 혐오대상이 되었고 자연히 한국교회 일반에 대한 부정적 인식을 확산시켰다.

그러나 그보다 더욱더 심각한 문제는 교회 내에 존재하는 불신집단으로부터 왔다. 1960년대부터 서구에서 발생한 신자유주의가 한국으로 수입되어 진보적인 일부 신학자들과 목사들에게 전염되었다. 이들은 교회 안에 있었으나 점차 성경을 불신하게 되고 삼위일체 하나님과 그리스도의 신성, 십자가의 대속적 죽음과 육체적 부활, 그리고 재림과 내세와 같은 기독교의 핵심적인 신앙을 상실하였으나 양심적으로 교회를 떠나기보다 교회를 바로잡는다는 미명 아래 남아서 한국교회를 불신화하는 세력을 형성하였으며, 오늘날 불신자들과 합세하여 교회를 공격하고 있다. 한국교회는 서로 싸우며 정치적인 적수를 정죄하기보다 초대교회와 같이 삼위일체나 기독론적 이단을 단호히 정죄하고 불신집단을 교회 밖으로 축출했어야 한다. 지금이라도 한국교회는 소수 신흥집단만을 대상으로 이단을 규정하지 말고 종교다원주의자들을 비롯하여 공공연히 기독교의 정통 신앙을 비판하는 자유주의 신학자들과 그 추종자들을 이단으로 공시하고 그리스도인으로 인정하지 말아야 한다. 교회는 주님이 제정한 권징을 올바로 사용하여 그리스도 안과 밖을 분명히 규정해야 건전하게 발전할 수 있다.

지금 한국교회는 중요한 전환기에 서 있다. 2세기에 접어든 한국교회가 과연 1세기의 성장과 발전을 계속 유지하여 한국의 계속적인 복음화를 이루면서 부상하는 중국과 인도를 비롯하여 아시아 교회를 선교하고 지도할 수 있을 것인지, 아니면 사회의 저항을 극복하지 못한 채 유럽교회처럼 점점 감소하고 쇠약해지는 세속화의 길을 걸을 것인지 중요한 분기점이 아닐 수 없다. 여기서 성패를 좌우하는 것은 교회가 주님에게 순종하여 자기를 성결하게 하고 불신자들을 사랑으로 섬기는 것이다. 이미 한국의 중심 집단으로 부상한 한국교회가 겸허한 자세로 주님의 말씀과 사랑을 실천한다면 놀라운 일이 일어날 것이다. 그러나 성장주의 논리와 같이 어떤 결과나 효력을 위해서가 아니라 순수하고 진실한 마음으로 결과와 관계없이 주님을 순종해야 한다. 그리고 모든 영역에서 사회를 섬기고 사회가 필요로 하는 사랑의 사역을 적극적으로 전개하고 정치, 경제, 문화, 매스컴, 학교, 의료, 복지 등 모든 분야에서 하나님의 나라를 이루려고 노력하되 불신자들의 눈살을 찌푸리는 방식이 아니라 칭찬을 받는 방식으로 추진해야 한다.

그리고 한국교회는 이 시대를 읽고 적응할 줄 아는 지혜가 필요하다. 복음은 불변하지만 문화는 끊임없이 변화한다. 아무리 내용이 좋아도 상통할 수 없는 형식으로 전달되면 의사전달에 실패한다. 지금 우리는 포스트모던 시대를 살고 있다. 새로운 변화를 비판하고 저항하려고만 하지 말고 복음이 아닌 문화적 형식에 관한 것은 보다 적극적으로 수용하여 사회를 추종하지 말고 인도해야 한다. 비록 부정적 세력이 저항하지만, 역사는 오늘도 하나님이 주관하신다. 역사의 흐름을 시계추에 비유하기도 하지만, 실로 인류가 한 방향으로 너무 치우치면 하나님은 다른 방향으로 움직여 균형과 발전을 이끄시는 것 같다. 하나님을 버리고 이성을 숭배하던 모던 시대의 잘못을 교정하고자 포스트모던 시대를 허락하신 것 같다. 새로운 시대에 주시는 하나님의 새로운 은총이다.

그러나 교회가 사회의 완전한 인정을 받을 수 있다는 생각은 환상에 불과하다. 교회가 세상과의 영적 전투에 임해야 하는 운명을 가지고 태어났기 때문이다. 그래서 현세의 교회를 전투적인 교회(militant church)라고 부른다. 비록 우리의 영적 전투는 무력이나 폭력이 아닌 사랑과 진리의 방법을 사용하지만, 세속적인 전쟁보다 훨씬 더 치열하고 위험한 전쟁이다. 따라서 교회가 전쟁을 두려워하고 세속적 평안과 영광을 추구하게 되면 교회는 무기를 버렸기 때문에 처참한 영적 패배를 결과하게 된다. 교회가 세상과 구별되기보다 세상과 친밀하고 하나가 되려고 하는 세속화는 교회 내부에서 교회를 병들게 하고 쇠망하게 만든다.

현대의 영적 상황은 대전환기를 통과하고 있다. 세계의 탈환과 구원을 위해 그리스도께서 세상에 오신 이후 지난 2천년 동안 유럽이 세계교회의 중심이었다. 그들은 유럽의 완전 복음화를 이룩하고 위대한 기독교 문명을 건설하였다. 그리고 세계 전체를 식민통치함으로써 세계를 석권하였다. 그러나 약소국들을 무력으로 침략하고 지배하며 착취하면서도 아무런 신앙적 가책을 느끼지 못했던 영적 불감증이 유럽의 몰락을 초래하였다. 이제 유럽을 탈출한 이민교회들, 즉 미국과 캐나다와 호주교회가 세계교회를 이끌고 있지만, 서구의 세속화는 계속 진행되어서 돌이키기 힘든 상황에 들어섰다. 이제 교회의 중심은 서구세계에서 비서구세계로 이동하고 있다.

그러나 비서구세계도 세속화의 흐름(mega trend)에서 자유롭지 못하다. 왜냐하면 모든 비서구세계도 서구의 문화와 경제와 학문을 모방하려는 서구화를 추진하고 있는데, 바로 그 서구화 속에 세속화가 내제되어 있기 때문이다. 서구사회의 몰락을 야기한 질병들이 한국사회에도 상륙하고 있다. 과격한 성 혁명이 초래한 가정의 파괴와 동성애 운동, 지난 20세기 지구 전체를 강타한 자본주의와 공산주의의 투쟁과 그로 인한 물질주의의 지배, 현대과학과 테크놀로지에 중독되어 유토피아를 꿈꾸며 신의 자리를 차지하려는 과학만능주의, 무신론과 종교다원주의와 반기독교 운동의 부상, 건강한 인간성의 구현보다 폭력과 쾌락적 문화를 추구하는 반문화운동, 고도의 살상무기 계발과 테러리즘, 빈곤과 기아를 방치한 채 공상적인 프로젝트의 대규모 추진, 지구적 빈부격차의 심화와 무차별 산업화 등의 죄악들이 서구사회의 영혼을 파괴하고 이제 한국을 비롯한 비서구세계로 확산되고 있다. 교회는 이러한 현대사회의 어둠을 향해 빛을 비추고 함께 썩지 않도록 소금의 역할을 감당해야 한다. 그러지 않으면 한국교회도 한국사회와 함께 몰락의 길을 걷게 될 것이다.

이와 같이 우리 사회 전체를 위협하는 외부적 도전에 적극적으로 대처할 뿐 아니라, 한국교회는 교회의 내부적 세속화를 경계하고 치유하지 않으면 안 된다. 세상의 빛과 소금이 되어야 할 교회가 세속화되면 아무 희망도 없다. 한국교회는 교회의 내분을 가져온 교파주의와 교단분열을 회개하고 하나 되는 노력을 진실하고 겸허하게 진행하여야 한다. 교회의 내분은 전투적인 교회에게 있어서 가장 치명적인 약점이다. 또한 교회 리더십의 내분과 직분의 세속화를 극복하며 예배와 기도와 영성에 대해 올바른 성경적 원리를 회복해야 한다. 한국교회는 개교회의 영광을 추구하는 허영을 회개하고 모든 교회와 강한 형제의식과 평등성을 실현하며 재래 종교에서 영향 받은 기복신앙과 신비주의를 극복해야 한다. 이와 같이 한국교회가 내부적 결속을 강화하고 세속화된 부분들을 수술하여 건강을 되찾는다면, 한국교회의 미래는 밝으며 21세기 세계 기독교의 주요한 전략적 교회가 될 것이다.

본서는 지난 2000년 출간한 첫 번째 문집 『세속화 시대의 기독교』에 이어, 그 이후에 쓴 글 중에서 일부를 모아 만든 두 번째 문집이다. 그리스도 신앙을 해체하려는 방송 프로그램과 촛불시위 찬반론 등으로 인해 심란한 한국교회에 본서가 이 전환기를 성공적으로 통과하고 보다 거룩하고 성숙한 교회로 거듭 나는데 일조하기를 바라는 마음으로 출판하게 된 것이다.

서두에 실은 "포스트모던 시대와 아디아포라의 회복"은 나의 모교인 미국 미시간 주 캘빈신학교의 초청을 받아 2004년에 행한 강연으로서, 나의 신학적 전환점이 된 사건을 바탕으로 교회 연합의 성경적 근거를 제시하였다. 그리고 제1부 포스트모던 시대의 복음은 『개혁의 소리』에 2006년부터 2007년까지 7회에 걸쳐 연재한 내용으로서, 포스트모던 시대를 긍정적으로 항해하는 방법을 다각적으로 제시하였다.

제2부 현대사회의 도전과 대응은 오늘날 한국교회가 직면한 종교 다원주의, 동성애, 이혼, 유전공학, 문화와 도시화, 그리고 한국의 현실을 분석하고 대응책을 제시하였으며, 제3부 세속화의 극복은 한국교회가 안고 있는 세속화의 문제를 분석하고 그 극복방안을 제시하

였는데, 교파의 극복과 교회 연합, 교회 지도자들의 자세, 올바른 영성의 추구, 그리고 한인교회의 시대적 사명을 논하였다. "타종교와의 평화와 전도의 사명"(2005), "성 정체성 위기에 대한 성경적 대안"(2001), "이혼에 대한 성경적 이해"(2000), "문화에 대한 교회의 태도"(2001), "도시인을 위한 복음"(2002), "한국의 현실과 하나님의 섭리"(2004), "세속화된 교회는 미래가 없다"(2005), "성경적 신앙의 한국적 실천"(2003), "장로직의 세속화"(2001), "목회자 탈진의 신학적 원인"(2000), "영성이란 무엇인가"(2004), "예수 그리스도의 인격적 소외"(2002), "고난에 대한 서구적 이해"(2001), 그리고 "하나님의 인도하심에 대한 세속적 오해들"(2002) 이상 14편의 글은 『목회와 신학』에 발표한 글이며, "종교다원 시대의 기독교"(2003), "신앙 성숙을 방해하는 전통 종교의 영향"(1996), 그리고 "새벽기도의 신학적 성찰"(1997)은 『빛과 소금』에 실린 글이다. "타 종교에도 구원이 있는가", "세속화는 어떻게 극복할 수 있는가", 그리고 "교파는 필요한가"는 2002년 1년 동안 『미주 크리스천 신문』에 특집 연재한 "이정석 교수의 신학적 대답"에 게재한 글이고, "인간 복제에 대한 그리스도인의 자세"(2001)는 『크리스천 투데이』에 발표한 글이다. "결혼관의 변화와 그리스도인의 대응"(2001)은 『신앙세계』에, "신 캘빈주의 운동이 사회에 미친 영향"(2001)은 『총신대보』에, "한국교회는 하나가 되어야 한다"(2002)와 "목회 세습이 바람직한가"(1999)는 『기독교윤리실천운동』에, "교회를 하나 되게 하는 신학"(2001)은 『국제신학』에 실렸으며, "유전공학적 구원론에 대한 신학적 논의"(2002)는 이제 주님 곁으로 가신 은사 이진태 박사 칠순기념 논문집 『신학과 경건』에 헌정한 글이다. 그리고 "예배의 갱신과 회복"은 2000년 개혁신학교 동문들에게 강의한 내용이며, "기독교의 대전환과 한인교회의 사명"(2002)은 브라질 상파울로에서 현지 목회자들과 선교사들에게 행한 강연이다.

마지막으로, 본서에 실린 글들을 쓰도록 청탁하고 독려해준 『목회와 신학』의 여러 기자들과 『미주 크리스천 신문』의 송하중 목사, 『개혁의 소리』 전형준 목사를 비롯한 여러분들에게 감사드리며, 내 모든 글을 교정하고 독자의 입장에서 조언해 준 내 사랑하는 아내 김정진과 항상 나에게 진심 어린 성원을 아끼지 아니한 세 자녀, 준범, 수연, 준하에게도 고맙다는 말을 하고 싶다. 또한 그 동안 내 글을 사랑해 준 웹 사이트 "이정석 교수의 신학문답" 수십만 방문자들, 나의 사랑하는 제자들, 그리고 항상 사랑으로 격려해준 초대교회와 칼라마주 한인교회와 나성연합교회의 정다운 교우들에게도 고마운 마음을 전한다. 한국교회의 건강한 미래를 위해 새로이 출판선교의 기치를 높이 든 새물결교회와 김요한 목사에게도 고마움을 표한다.

2008년 로스앤젤레스에서

이정석

목차

서문

제1부 포스트모던 시대의 복음

제2부 현대사회의 도전과 대응

제3부 세속화의 극복

또 다른 이유는 종교를 부정한 결과 현대사회가 붕괴되고 있기 때문이다. 종교가 가치와 의미를 부여하는 체계이기 때문에, 종교라는 인류 사회의 기초를 제거하게 되면 모든 것이 서서히 무너져 내리기 시작한다. 모든 가치와 윤리가 절대자의 권위에 기초하여 건설되었는데, 절대자를 부정하게 되면 절대가치와 절대윤리가 근거를 상실하고 흔들리기 시작하며 모든 것이 상대화되고 혼란에 돌입하게 된다. 근대의 이성주의자들은 이성이 신의 역할을 대치할 수 있으리라 생각하였지만, 신과 분리된 타락한 이성은 만인의 창녀로 전락하였기 때문에 모두 자기주장을 정당화하여 가치의 춘추전국시대를 초래하고 이데올로기들의 각축전 양상을 결과하게 되었다. 그리하여 현대사회는 심각한 가정의 붕괴와 성 정체성의 혼란에 시달리며, 국가도 패륜과 불의를 합법화함으로써 몰락을 자초하고 있다. 따라서 현대인들은 가정과 사회의 위기에 직면하면서 다시 종교와 절대자의 필요를 인식하기 시작하였다.

그러나 포스트모던 시대의 종교부흥은 다분히 반동적이어서 근본적인 문제점을 가지고 있는데, 그 특징은 다음과 같다. 첫째, 포스트모던 종교는 반이성적이다. 모더니즘이 종교를 친 이성적 종교와 반이성적 종교로 나누어 고등종교와 하등종교로 구분하고 후자를 미신으로 무시하였는데, 이성주의에 반발한 종교성은 오히려 보다 더 원시적이고 본능적인 종교를 선호하게 되었다. 대표적 포스트모던 종교인 뉴 에이지(New Age)는 반문화적인 히피운동이 인도 종교의 구루들을 초청하여 형성된 것으로 이성이나 윤리에 역행하는 온갖 원시적이고 본능적인 행위가 난무하며 무엇이든지 신비적이고 초월적인 것을 환영한다. 둘째, 포스트모던 종교는 문화적이다. 종교란 절대자를 섬기며 그의 뜻에 따라 사는 것이었으나, 현대인들은 신에 대한 인격적 헌신은 배제하고 종교적 테크닉만을 배워 향유하려는 종교문화생활을 추구한다. 요가와 기 수련, 선과 명상, 접신과 점괘와 같은 문화종교가 확산되고, 심지어 자본주의적 기업에서도 이용된다. 셋째, 포스트모던 종교는 이기적이다. 자기를 부인하고 신에게 헌신한다는 생각보다 종교를 자기실현의 방편으로 이용하며, 심지어 신의 경지에 이르려 한다. 이는 석가가 수행과 해탈을 통하여 부처가 되려한다든지 수련을 통하여 불로장생하는 신선의 경지에 이르려는 도가와 같은 인간 중심적 종교와도 상통하며, 만물은 모두 신성을 가지고 있으며 만인은 그러한 신성을 계발하여 신이 될 수 있다는 뉴 에이지 종교의 교리이기도 하다. 현대인은 진화론이나 심리학이 가르친 의식이나 마음의 개념으로는 만족하지 못하고 영혼을 회복하기 원하여 영성의 계발에 관심을 보이고 있다. 로버트 풀러가 그의 저서 『영적이지만 종교적이 아닌 사람들』(Spiritual, But Not Religious)에서 지적한 것처럼, 현대에는 특정한 신을 섬기는 종교에 소속되지 않고 스스로 자기의 영성을 가꾸려는 사람들이 늘어나고 있으며, 미국 국민의 20퍼센트가 여기 속한다.

이와 같이 종교의 회복은 원하지만 신을 섬기려고 하지 않는 포스트모던적 종교성은 진정한 종교가 아닌 사이비종교와 유사의미를 도입하여 인간의 종교성을 충족시키려는 그릇된 해결을 시도하고 있다. 토마스 몰나가 경고한 것처럼, 이러한 추세가 기독교의 부흥으로 예방되지 않는다면 대규모의 재이교화(再異教化 repaganization) 운동이 발생할 수도 있다. 현대인들을 매료하고 있는 마술과 판타지(fantasy) 문화가 불안한 미래를 예고한다. 그런데 심지어 기독교 내에서도 이러한 추세에 편승하여 복음의 본질과는 거리가 먼 신비주의와 종교 다원주의, 그릇된 영성운동, 그리고 휴거와 재림 판타지가 유행하는 것은 안타까운 일이다.

그러면, 우리가 어떻게 이런 시대적 추세를 활용하여 복음적 기독교를 회복할 것인가? 첫째로, 모던 시대에 상실한 초월 세계를 회복해야 한다. 니케아신경이 고백하는 대로, 하나님은 보이는 세계와 보이지 않는 세계를 창조하였고 하늘이라는 초월 세계에 계시며 현상 세계를 통치하신다. 그러므로 천국과 지옥을 포함한 보이지 않는 초월 세계와 영적 존재들, 그리고 기적과 신비의 실체적 수용이 기독교 신앙의 필수요건이다. 물론 현상 세계와 초월 세계 둘 다 동일한 하나님이 주관하며 일반 계시와 특별 계시가 동일한 하나님의 계시이기 때문에, 현상과 초월, 자연과 신비, 이성과 종교가 대립보다는 통일과 조화를 이루어야 하되, 체험보다는 신앙이 강조되어야 한다.

둘째로, 교리와 제도적 교만으로 무시되었던 성령이 존중되어야 한다. 성령은 그리스도를 영접하고 중생할 때 우리 영혼에 임재 하지만, 인간의 자유의사를 존중하여 겸손하고 부드러운 조력자의 역할을 담당한다. 따라서 성령을 무시하고 독자적으로 살아가면 성령의 역사가 기본적이지만, 성령을 항상 의식하고 존중하고 따르면 성령의 충만한 역사가 일어나며 놀라운 열매들을 결과한다. 그러나 모던 교회는 교리와 제도로 만족하고, 사실상 성령을 소외시켰다. 그러나 부흥운동과 선교운동, 그리고 급기야 20세기 초에 발생한 성령운동으로 다시 성령을 회복하기 시작하였으며, 오순절교회가 가장 성장하였고 성령의식이 많은 교파로 확산되었다. 물론 신비주의로 기울어 상당한 부작용을 초래하기도 하였으나, 성령이 현상세계와 초월세계를 연결하는 하나님이며 우리 영혼과 교회의 유일한 지도자라는 사실을 명심하고 그의 창조적이며 역동적인 역사가 충만하도록 존중되고 추종되어야 한다.

셋째로, 이성이 인류를 유토피아로 이끌어준다는 세속적 환상을 버리고 성경적 역사관을 확립해야 한다. 무 역사적이고 무 방향적인 신비체험이나 영성의 추구는 숲을 보지 못한 채 한 그루 나무에만 매달리는 오류를 범하게 만든다. 창조, 타락, 구속, 성취라는 구속사적 역사의식과 재림, 부활, 심판, 영생의 종말론적 구도를 가지고 하나님의 나라(Kingdom of God)에 대한 비전 아래 모든 종교적 행위를 복속시켜야 포스트모던적 종교성으로 탈선하지 않는다.

마지막으로, 모더니즘이 이성으로 대치하였던 영혼을 복구하여야 한다. 영혼은 인간의 비육체적 요소로서 지 정 의를 포함하는 전인적 실체이며 인격의 좌소로서 초월적이고 영적인 존재와 교제할 수 있는 본질적 기관임에도 불구하고, 모더니즘은 초월적 영혼을 부정하고 단순히 논리적 이성이나 심리나 동물적 의식 정도로 인식하는 지엽적이고도 저급한 인간 이해로 전락하였다. 한편, 포스트모던적 종교는 다시 영혼을 회복하고 초월적 차원을 보완하고 있지만 하나님에 대한 인격적 헌신이나 자기부인 없이 오히려 이기적이고 개인주의적이며 테크닉 중심의 신비적 혹은 낭만적 영성을 추구하는 오류를 범하고 있다. 진정한 영성은 중생을 통하여 새로 태어난 영혼이 성령의 인도와 도움을 통하여 인간의 본질인 하나님의 형상을 회복하면서 점진적으로 자라난다. 실로 성경은 영성보다 영적 성장(spiritual growth)이라는 개념을 가르치며, 영성(spirituality)이란 그 결과로 계발된 영혼의 성품이다. 따라서 영성은 단기간의 영성훈련을 통하여 이루어지는 것이 아니라 일생동안 점진적으로 형성된다. 더욱이, 참된 영성은 테크닉이나 수련을 통하여 이루어지는 것이 아니라 실제적인 자기부인과 그리스도와의 인격적 연합을 통하여 달성되며 필연적으로 하나님의 나라와 소명에 대한 헌신을 결과한다. 포스트모던 시대의 종교적 갈망은 성숙하고 깊이 있는 영혼으로 하늘에 계신 하나님에게 돌아오라는 성령의 부르심이다.

7

진정한 문화적 자유의 실현

인간은 문화적 존재이며, 인류의 역사는 문화의 역사이다. 따라서 인간의 구원은 문화적 구속을 포함하며, 복음은 문화적 자유를 부여한다. 범죄한 가인의 후손들은 하나님을 떠나 불안과 두려움을 해소하고자 힘과 쾌락을 추구하는 인간 중심적 문화를 건설하여 대체만족을 향유하였고(창4장), 인류는 각기 자기 문화의 굴레 속에 안주하며 거기서 자기 정체성과 삶의 즐거움을 발견하였다. 그러므로 문화는 죄인들에게 베풀어 준 하나님의 일반은총이면서 동시에 하나님과의 관계를 외면하고도 행복할 수 있다고 인류를 기만하는 죄인의 위안부이기도 하다. 그리스도의 복음은 이러한 문화의 기만과 문화적 종속으로부터 인간을 해방시키는 하나님의 은총이다.

초대교회는 그리스도 안에서 주어진 문화적 자유와 전통적인 유대문화에의 종속을 탈피하지 못하는 문화적 부자유 사이에서 갈등하였으나, 예루살렘 회의를 거치면서 성령의 인도로 문화적 자유를 성취하였다. 사도 바울은 "유대인에게는 유대인같이 이방인에게는 이방인

같이" 모든 문화에 적응할 수 있는 문화적 자유를 향유하며(고전 9:19-27), 모든 문화를 수용하면서도 어떤 특정문화에 종속되지 않는 그리스도인의 문화적 원리를 분명히 제시하였다. 그러나 중세의 로마교회는 자기 문화에 종속되어 문화적 자유를 상실하였고 종교개혁이 자국어로 성경을 번역하고 예배할 수 있는 자유를 회복하였으나 서구문화에 안주하여 결국 문화적 기독교(cultural Christianity)로 전락하고 유럽 세속화의 길을 걸었다.

포스트모던 운동은 획일화되고 경직화된 서구 기독교문화에 대한 반발로 발생한 문화혁명(cultural revolution)의 성격을 가지고 있다. 근대문화는 소수 상류층이 즐기는 엘리트 문화였으며, 서민 대중의 문화는 저속한 하류문화로 비하되고 그들은 문화인으로 인정받지 못하였다. 그런데 이러한 클래식 문화의 중심에는 교회가 있었다. 외부세계의 문화는 급변하고 있었지만, 고딕건축의 교회당에서는 정통적 고전음악이 고수되고 서민문화는 무시되었다. 1960년대에 모든 전통문화를 전복하자고 봉기한 프랑스 학생혁명이나 미국의 히피운동은 극단적인 저항문화(counter culture)를 주장하며 문화혁명을 시도하였다. 중국의 문화혁명도 전통문화와의 단절을 선언하였다. 이제 모던시대의 고전문화는 대중에게 외면당하고 근대에 무시되었던 서민 대중문화가 현대문화를 장악하게 되었다.

현대문화가 대중문화의 성격을 가지게 된 데에는 소수 귀족층을 중심으로 한 왕정이 폐지되고 민주주의가 부상하게 된 원인도 있지만, 이를 가능하게 한 것은 산업혁명(industrial revolution)이었다. 왜냐하면 산업혁명이 대량 생산을 통하여 자본주의 시대를 열고 문화의 상업화를 성취했을 뿐 아니라, 테크놀로지의 눈부신 계발로 매스 미디어(mass media)를 이용한 문화의 대중화를 가능하게 만들었기 때문이다. 라디오와 텔레비전, 영화와 음반, CD와 DVD, 게임과 동영상, 출판물과 인터넷, 그리고 대중공연에 이르기까지 모두 테크놀로지를 이용하여 대형화되고 대중화되었다. 근대에 무시되었던 흑인음악과 라틴음악이 부상하여 현대음악의 주류가 되고 기타와 드럼이 대중음악을 리드하게 되었다. 스타숭배가 만연하고 신세대들은 새로운 대중문화와 하나가 되었다.

이러한 문화의 탈근대화는 근대 문화에 익숙한 교회에 문화적 위기를 야기하였으며, 특히 예배의 위기에 직면하였다. 포스트모던 시대에 모던적 혹은 프리 모던적 문화형식의 예배는 문화적 적응성(relevance)을 상실하였기 때문에 더 이상 아무 재미도 의미도 느낄 수 없었으며, 따라서 새로운 문화와 동일화된 신세대들은 교회를 떠나가고 교회는 노령화되기 시작하였다. 이는 교회가 특정 문화에 종속되어 새로운 문화를 수용할 수 있는 문화적 자유와 창조적 유연성을 상실하였기 때문이다. 교회는 영원불변한 메시지를 가지고 있지만, 그것이 설교이든 찬양이든 기도이든지 적합한 문화형식에 담겨져야만 의사전달이 가능하다. 마치 아무리 좋은 내용이라도 청중이 알아듣지 못하는 언어로 설교한다든지 아무리 은혜로운 가사라도 교인들의 정서에 맞지 않고 거부감을 주는 곡조로 찬송하면 공감을 얻을 수 없는 것처럼, 인간의 커뮤니케이션은 대상의 문화형식과 코드에 맞추는 수용자 중심(receptor-oriented)의 적응이 이루어질 때만 성공할 수 있다. 실로, 캘빈이 그의 적응이론(accommodation theory)에서 잘 설명한 것처럼, 하나님도 인간에게 계시할 때 그 대상의 언어와 문화에 맞추어 효과적으로 의사를 전달하는 방법을 취하였다. 그럼에도 불구하고, 교회가 문화형식의 변화를 거부하고 이미 지나간 세대들의 문화를 고집하며 강요하는 모던적 멘탈리티를 복음의 보수와 혼동하는 것은 매우 슬픈 자기 파괴적 행위가 아닐 수 없다.

그러나 교회문화사적으로 볼 때 중세교회가 상실했던 문화적 자유를 회복하려는 긍정적인 노력들이 있었는데, 부흥 운동(revival movement)이 대표적이다. 종교개혁이 교리와 의식의 개혁을 이루었다면, 제2의 종교개혁이라고 불리는 웨슬리안 운동은 종교문화의 개혁을 성취하였다. 그레고리안 찬트나 시편성가(Psalter)와 같은 중세적 음악으로 형식화되고 경직화되어가던 교회에 서민대중문화의 음악형식과 감성적인 가사가 조화를 이룬 찬송가(hymn)라는 새로운 장르의 교회음악을 창조함으로써 예배에 생기를 불러 일으켰고, 바람같이 자유로운 성령의 역사를 강조하며 열정적인 부흥운동을 전개하였고 미국의 각성운동을 일으키는 원동력이 되었다. 또한, 감리교회가 활력을 상실하고 경직화되자 다시 성령운동이 일어나 열정적인 예배가 회복되었다. 예배의 위기를 느낀 복음적 교회들이 문화적 자유를 추구하며 현대의 문화를 수용하여 경배와 찬양이 열정적으로 회복되고 일방적 전달방식에서 벗어나 상호적 코이노니아의 활력적 예배를 실현하게 된 것은 포스트모던적 은총이 아닐 수 없다.

한편, 신세대가 자기 문화에 함몰되고 중독되어 타문화에 배타적인 태도를 취하는 것도 사실은 다양성을 수용하는 포스트모던적 멘탈리티가 아니며, 구세대가 자기 문화를 고수하면서 새로운 문화를 거부하는 태도와 본질상 다르지 않다. 교회는 화해의 공동체로서 모든 세대를 포함하여야 하며, 따라서 모든 세대의 문화에 적응하는 문화적 자유가 필수적이다. 문화가 다른 세대들끼리 교회를 분리하는 것은 문화적 분리주의(cultural separatism)를 결과하여 자멸을 초래할 뿐이다. 왜냐하면 분리한 교회에서 또 다른 문화를 가진 새로운 세대가 조만간 부상할 것이기 때문이다. 실로 다양한 문화를 수용할 수 있는 문화적 자유를 가진 교회가 발전한다는 사실은 포스트모던 시대의 교회들에게 주어진 도전이 아닐 수 없다.

더욱이, 현대교회는 교회 내의 문화적 화해와 조화를 실현해야 할 뿐 아니라, 나아가 포스트모던 문화를 구속해야 할 사명을 가지고 있다. 인간의 본질인 신의 형상(imago Dei)에는 문화 창조의 능력이 포함되어 있다. 즉 문화는 하나님이 창조한 세계를 이용하고 모방하여 책임과 창의성을 가지고 우리가 만들고 건설해 가는 인간의 창조적 행위 일체를 가리키며, 창 1장 28절에 주어진 하나님의 문화명령(cultural mandate)에 순종하는 것이다. 그러나 인간의 범죄와 그로 인한 하나님과의 단절은 문화 창조의 방향성에 심각한 혼란을 결과하였고, 이는 그릇된 문화를 생산하였다. 하나님이 명령한 문화(culture)란 인간성과 세계를 아름답게 발전시켜 창조를 완성하는 작업인데, 타락하고 비뚤어진 인간은 죄성을 부추기며 비인간화와 세계의 파괴를 결과하는 반문화(anti-culture)를 양산하였다. 특히, 포스트모던 문화는 문화와 윤리를 분리시키고 허영과 광기를 특징으로 하는 자멸의 문화를 널리 확산시키고 있다. 문화는 내용이 아니라 형식인데, 실체가 없는 형식에만 치우친 문화적 중독 현상으로 갈수록 성과 쾌락의 강도가 심해지고 무감각과 무의미의 심도가 깊어가고 있다. 실로, "종교는 문화의 실체이며, 문화는 종교의 형식이다"고 지적한 틸리히의 말처럼, 종교 없는 문화란 공허한 것이다.

그러므로 오늘날과 같이 반문화가 범람하는 시대에 그리스도인들의 문화적 사명이 얼마나 중요한지 모른다. 모두가 문화적 재능을 계발하여 가정과 교회의 문화를 창조적으로 아름답게 발전시키고 나아가 사회의 문화를 주도해야 한다. 문화명령과 선교명령은 서로 분리된 것이 아니라 상호 밀접한 관련을 가진 하나의 명령이다. 문화명령의 순종에 실패하면 선교명령을 수행하는데 큰 난관에 봉착하기 때문이다. 한국교회가 친 기독교적 신문화 환경에서는 크게 성장하였지만 문화적 주도권을 빼앗긴 후 반기독교적 문화가 범람하면서 난항하고 있다. 포스트모던 시대의 도래는 선교명령과 문화명령을 분리하지 말고 함께 순종하라는 하나님의 요청이며, 문화적 자유를 문화적 방종이나 나태로 오해하지 말고 진정한 문화적 자유를 실현하라는 하나님의 부르심이다.

2부 | 현대사회의 도전

1

타 종교에도 구원이 있는가

현대의 지배적인 시대정신으로 군림한 상대주의 사상은 독선적 배타주의를 전근대적 사고의 표본으로 멸시하며, 전쟁을 혐오하는 평화주의 사상은 종교 간의 평화를 강력히 요구한다. 이러한 시대적 요청에 의해 발생한 종교 다원주의(religious pluralism)는 구원이 기독교에만 있다는 전통적 사고에 도전하면서 타 종교에도 구원이 있다고 주장한다. 이에 대하여, 전통적인 기독교인들은 "다른 이로써는 구원을 받을 수 없나니 천하 사람 중에 구원을 받을 만한 다른 이름을 우리에게 주신 일이 없음이라"는 사도행전 4장 12절을 제시하며 논의를 거부한다. 과연 우리는 타 종교를 어떻게 이해하여야 하며, 타 종교에는 전혀 구원이 없는가?

종교와 구원

불교는 끝없는 고통을 야기하는 생의 윤회로부터 해방하고 탈출하는 해탈의 구원을 추구하며, 해탈을 성취하는 방법은 다양하게 주장된다. 따라서 산을 중심으로 발전한 한국 불교는 어떤 길을 택하든지 정상에 도달하면 된다는 다원적 입장을 취하였다. 한국의 종교 다원주의는 토착화 신학과 민중 신학, 그리고 과정 신학에 의해 발생하였는데, 특히 후자는 불교를 최고의 동양 종교로 보는 화이트헤드의 과정철학에 근거하여 불교와 기독교의 대화와 융합을 추구한다. 따라서 불교의 논리를 내세우며 종교는 달라도 구원은 하나라고 주장한다.

한국의 종교 다원주의는 과정신학연구소가 있는 클레어몬트 신학교에 유학 온 변선환, 김경재 교수 등에 의해 주도되었다. 변선환 교수는 불교에도 구원이 있다고 주장하여 감신대 학장직에서 해임되었으며, 김경재 교수는 대승 기독교를 주창하며 기독교와 불교의 접목을 시도하였다. 그러나 어떻게 기독교의 입장에서 타 종교에 구원이 가능하다고 말할 수 있는가? 기독교에서 그리스도와 구원은 불가분리하기 때문에, 그들은 타 종교에도 그리스도가 있다고 주장한다. 익명의 그리스도(anonymous Christ) 혹은 우주적 그리스도(cosmic Christ)라는 개념을 사용하며, 유대인에게는 예수 그리스도가 보내졌듯이, 타민족과 타 종교에는 다른 이름의 그리스도가 주어졌다고 주장한다. 그러나 그러한 주장의 근거는 자의적이고 모호하다.

인격적 관계인가, 이념적 성취인가?

종교 다원주의는 기독교를 비인격화하려고 노력한다. 기독교를 기독론 중심에서 신론 중심으로 전환하며, 신론에서도 여호와와 같은 고유명사 대신 신이나 절대자와 같은 추상명사를 사용한다. 그러지 않으면 타 종교를 포용할 수 없기 때문이다. 그리스도의 익명화는 비인격화이며, 그리스도의 우주화는 추상화이다. 불교나 유교는 해탈이나 군자와 같은 이념의 성취에 그 목적이 있으며, 공자나 석가와의 인격적 관계를 필요로 하지 않는다. 그러나 기독교는 인격적 화해의 복음을 가르친다. 사랑은 추상적인 이념이 아니라 하나님과 이웃과의 화해와 평화를 묘사하는데 불과하다. 하나님과의 인격적 관계를 회복하지 않고는 진정한 사랑을 실현할 수 없다.

하나님을 사랑한다는 것은 구체적으로 성부와 성자와 성령, 즉 삼위 하나님과의 인격적 관계를 회복하는 것으로서, 성부 하나님을 아버지로 모시고 성자 예수 그리스도를 주님으로 섬기며 성령 하나님과 동행하는 것이다. 따라서 기독교는 추상적인 사랑이나 정의를 실현하는데 목적이 있지 않고 삼위 하나님과의 인격적 관계를 회복하며 이웃들과의 인격적 관계를 수립하는데 그 목적이 있다. 그러므로 익명의 그리스도와 같이 인격적 실체가 없는 구원자는 인정될 수 없다. 또한 그리스도는 하나님의 독생자로서, 또 다른 하나님의 아들이 있을 수 없다.

바르트의 말대로, 그리스도는 기독교의 유일한 존재이유(raison d'etre)로서, 그리스도 없는 기독교는 급격히 와해되고 쇠멸한다. 그리스도 없는 기독교는 단지 다른 것이 아니라 아무 것도 아니다. 왜냐하면 기독교는 구체적으로 예수 그리스도라는 실재 인물이 성취한 구원에서 출발하였기 때문이다. 그가 없었더라면 기독교는 존재하지 않았을 것이다. 그리스도는 개념이나 이념이 아니라 우리를 개인적으로 사랑하는 인격적 존재로서, 복음은 우리에게 그에 대한 보답적 사랑을 요구하고 있다. 구원은 종교적 계율의 준수나 이념의 실현에 의해 획득

되지 않고 구원자 예수 그리스도의 대속이라는 은총에 의해 주어지기 때문에, 예수 그리스도가 없는 타 종교에 구원이 있을 수 없다.

다원주의의 허구성

종교 다원주의가 안고 있는 또 하나의 근본적인 논리적 문제는 상대주의적 사고의 허구성이다. 그들은 기독교가 독선적이며 타 종교를 관용하지 못한다고 포용정신의 결여를 비난한다. 모든 종교가 다 독특한 가치와 구원을 보유하고 있다고 주장하면서, 자신들은 모두를 포용할 수 있는 열린 마음을 갖고 있는 것처럼 자만해한다. 그러나 보다 넓게 보면, 종교 다원주의는 다원주의라는 이름의 일원론이며, 상대주의라는 이름의 절대론인 것이다. 종교 다원주의자는 다른 모든 생각을 정죄하고 오로지 자기의 생각만이 옳다는 절대론을 고수한다. 엄격히 말하자면, 다원주의나 상대주의는 옳고 그름을 말할 수 없다. 그러나 주의(ism)란 모두 절대적 가치를 주장하는 절대적 사고방식이다.

신을 포함한 모든 것이 변하는 과정에 있다고 주장하는 과정신학도 '과정이라는 불변하는 원리'(unchanging principles of process)를 인정하듯이, 절대원리가 없는 완전한 상대주의나 다원론은 불가능하기 때문에, 종교 다원주의는 사실상 자기종교를 중심으로 한 형식적 포용주의이든지, 종교적 진화이념을 추종하여 미래의 통합종교를 추구하는 새로운 종교운동일 뿐이다. 여러 종교를 포용한다는 말은 그것들을 통합하는 상위의 원리를 추종한다는 전제가 있을 때만 가능하며, 상위의 종교원리는 또 하나의 새로운 종교를 추구하는 것이다. 그런데, 그 종교는 신앙보다 이성에 근거하고 있는 자연종교 또는 종교라는 이름의 이성주의에 불과하다. 따라서 종교 다원주의는 신앙을 상실한 종교학자들의 이성적 유희로서, 신에 대한 헌신이나 실제적 신앙생활이 결여된 언어의 게임일 뿐이다.

원불교학자 김성곤 교수는 종교 다원주의가 시대에 적절한 현대인의 종교적 태도이며 배울 것이 많은 것도 사실이지만, 종교의 본질은 유일하고 절대적인 진리를 추구하며 절대자에게 헌신하는 것이므로 이와 모순되는 종교 다원주의는 허구적이며 비현실적이라고 비판하였다. 또한 이문균 교수는 종교 다원주의의 상대주의적인 주장들이 모두 가정에 불과할 뿐이며, 사상구조에 있어서 실상 포스트모던적인 것이 아니라 모던 시대에 속한 자유주의 신학의 흐름 안에 있다고 지적하였다.

일반 은총으로서의 종교

기독교신앙은 타 종교인을 포함한 모든 인류가 죄인이며 구원의 대상으로서, 그들에 대한 사랑과 관심을 가지고 그들을 이해하며 전도해야 한다. 그러기 위해서는 그들의 종교를 연구하고 이해하는 일이 필요하다. 더욱이 일반은총과 일반계시의 교리는 타 종교에 대한 이해에서 반드시 고려되어야 한다. 그러나 일반 계시론을 비판한 칼 바르트는 모든 타 종교와 종교 일반의 가치를 철저히 부정하였다. 모든 종교는 자기를 위한 신앙과 공로적 구원을 추구하는 불신행위로서, 그리스도 안에 계시된 은혜의 복음과 완전히 상반되기 때문이다. 모든 인간적 종교는 자기의 행복과 평안을 추구하는 자기중심적 기복성을 본질로 하지만, 기독교는 그와 반대로 자기를 부인하고 죽이며 하나님의 영광을 위해 자기를 희생하는 십자가의 길이다. 따라서 바르트는 타 종교뿐 아니라 기독교 안에 스며든 종교의 요소를 분석하고 비판하는데 신학의 중요한 사명이 있으며, 이 작업의 성공 여하에 참된 기독교의 사활이 달려 있다고 확신하였다.

그러면, 타 종교에는 아무 가치도 없는가? 불교나 유교를 신봉하며 자기의 욕심을 극복하고 선한 삶을 살려고 노력하는 사람과 신도 진리도 부정하며 불법무도하게 사는 사람을 동일시할 것인가? 캘빈은 종교의 가치를 인정하였다. 하나님은 모든 인류의 마음속에 종교의 씨앗을 심어 놓았으며, 그 결과 참된 종교에 이르지 못한다 할지라도 다양한 종교적 형태를 통하여 종교성을 부분적으로나마 실현하고 있다고 생각하였다. 그리하여, 개혁파 신학에서는 종교도 이방인들에게도 주시는 햇빛이나 우로와 같은 일반은총의 하나로 간주하였다. 헤르만 바빙크는 타 종교에서도 성령의 역사와 일반은총이 관찰되고 있다고 언급하면서, 타 종교의 창시자들은 기만자나 사탄의 도구가 아니라, 자기들의 시대와 민족을 위해서 종교적 소명을 성취하고 백성들의 생활에 적지 않게 좋은 영향을 행사한 사람들이라고 평가하였다. 비록 많은 오류와 혼합되었을지라도 상당한 종교적 요구들을 만족시키고 생의 아픔에 위로를 제공하였으며, 비록 부패하였지만 종교에 근본적인 신 개념, 죄의식, 구원에 대한 약속, 희생, 제사, 성전, 의식, 기도 등이 이방종교 안에서 발견된다고 말한다. 그러나 우리는 일반은총과 특별은총의 영역을 분명히 구별하여야 한다. 타 종교들에서도 일반은총이 발견되지만, 그것은 종교성이라는 보편적 본성의 추구를 의미하며 결코 구원을 보장하지는 않는다. 구원은 자연종교에서는 성취할 수 없는 특별은총의 결과이기 때문에, 타 종교에 구원이 있다고 말할 수 없다.

타 종교의 가치

모든 종교는 인간의 제한성을 인정하고 신적 존재의 도움을 요청하며, 올바른 삶을 가르치고 그렇게 살려고 노력한다. 심지어 자기를 부정하고 부인하려는 처절한 몸부림도 있고, 하늘의 뜻을 추구하며 인간의 본성을 회복하려는 끈질긴 노력도 있다. 그리스도를 부인하고 율법적 구원을 추구하는 유대교와 유교나 이슬람교에 근본적인 차이가 있는가? 우리는 종교를 사용하여 인류의 급격한 부패를 방지하는 하나님의 섭리와 일반은총을 인정할 필요가 있다. 한국에 기독교가 들어오기 이전의 오랜 세월 동안 아무 종교도 없었던 것과 종교들이 있었던 것 중에서 어떤 것이 전반적으로 한국인의 인간성을 보존하는데 도움이 되었겠는가? 이런 면에서 타 종교의 가치를 조금이라도 인정한다면, 모든 종교는 기독교의 준비이며 기독교는 종교의 완성이라고 할 수 있다.

더욱이 진리와 윤리의 존재를 부정하고 상대주의와 다원주의가 범람하고 있는 오늘날, 기독교는 타 종교와 협력할 일이 많다. 현대의 다종교사회에서 사회적 타락을 방지하고 보다 건강한 사회를 만들려는데 있어서 같은 의견과 목적을 가지고 있으면서도 단순히 타 종교인이기 때문에 협력을 거부한다면, 그것은 무언가 잘못된 것이다. 무신론이나 불가지론도 종교적 전제를 가지고 있다면, 왜 타 종교인에게는 거부감을 가지면서 무신론자에게는 거부감을 느끼지 않는가? 그것은 사실상 논리나 신학의 문제가 아니라 감정의 문제이다. 그러나 타 종교인을 사랑하고 동정하기보다 미움의 감정이 앞선다면, 그것은 모두를 사랑하고 복음을 전해야 하는 그리스도인의 본분에도 위배된다. 실로 많은 그리스도인들은 과거에 타 종교인이었고, 현재의 타 종교인 중에도 많은 미래의 그리스도인들이 들어 있다.

기독교의 종교성

바르트의 종교 비판을 극찬했던 디트리히 본회퍼는 '종교 없는 기독교' (religionless Christianity)를 부르짖었다. 이 개념은 마치 본회퍼가 기독교 없는 시대를 희망한 것으로 한국교회에서 흔히 오해되지만, 사실은 그런 의미가 전혀 아니다. 그는 유럽교회가 자연종교로 전락한 것을 비통해 하면서, 유럽교회의 살 길은 하루속히 기복적이고 자기중심적이며 세속적인 자연종교를 탈피하고 십자가와 고난을 이해하는 헌신된 신앙과 자기부인의 기독교로 회복되기를 외친 것이다. 따라서 기독교의 비종교화란 타 종교에도 공존하는 종교성의 제거를 의미하는 것으로서, 오늘날의 한국교회가 반성하고 배워야 할 교훈이다.

그러나 과연 종교성이 모두 정죄되어야 하는가? 교회 현장에서는 종교성이 난무하여 목회자의 사역 대부분이 교인들의 평안과 복을 빌어주는 일인데, 일부에서는 이를 전면적으로 비판하고 보다 고고한 하나님의 나라와 십자가의 고난만을 주장하고 있는 현실은 무언가 심각한 괴리가 있다. 과연 기독교는 종교성을 긍정할 것인가, 아니면 부정할 것인가? 리처드 마우는 조심스럽게 종교성의 긍정적 수용을 권면한다. 우리는 종교성이 하나님의 형상을 구성하는 일부로서 인간의 창조된 본성이므로, 비록 오염된 부분은 조심하고 이기적 욕심은 배제하지만 인간의 종교적 필요 자체를 부정해서는 안 된다. 물론 그리스도인은 부단히 성화되고 성숙해야 되지만, 하나님의 나라와 그의 의를 추구하는데 있어서 도구로 사용되는 성도 자신의 건강과 행복도 포함되어야 한다. 하나님은 우리의 헌신을 원하지만, 동시에 그러한 헌신을 가능하게 하는 전인적 열정과 공동체적 평화도 원한다.

2

타 종교와의 평화와 전도의 사명

한국교회는 민족 복음화의 사명을 완수하지 못한 시점에서 여러 모로 난관에 봉착하고 있다. 그 중의 하나가 타 종교와의 관계 문제이다. 제사 문제로 유교와 충돌하였고, 미신타파 운동으로 무교와 대립하였으며, 최근에는 단군상이나 불상 훼손 사건으로 불교나 대종교와도 갈등을 겪었다. 이런 사건들은 외부의 비난과 내부의 자성을 결과하였으며, 유일신 종교가 본질상 독선적이고 배타적이며 이기적이라는 신론적 비판까지 야기하고 있다. 일부 자유적인 종교 다원주의자들은 타 종교에도 구원이 있다고 생각하며 개종시키려는 전도를 포기해야 한다고 주장하지만, 그리스도의 유일성과 전도의 대사명은 결코 포기될 수 없는 기독교의 본질에 속한다. 한편, 그리스도는 평화의 왕으로 오셔서 사랑과 관용을 가르쳤다. 그러면, 평화와 전도의 패러독스를 어떻게 해결해야 할까?

포스트모던 시대의 평화주의

오늘날 우리는 포스트모던 시대를 살고 있다. 근대라고 불리는 시대의 사회적 특징인 모더니티(modernity)가 점차 사라지고 탈근대화가 모든 면에서 진행되면서 포스트 모더니티(post-modernity)가 대세로 정착하는 시대를 살고 있다는 말이다. 근대성이 이성주의에 기초하여 절대 진리와 절대 윤리를 숭배했다면, 탈근대성 혹은 현대성은 절대성에 대한 신앙이 몰락하고 상대주의적이며 다원주의적인 사고가 지배하고 있다. 따라서 이혼이나 혼외정사나 동성애와 같은 과거의 죄악들이 더 이상 정죄되지 않고 관용되는 윤리적 상대주의로부터 시작하여 절대 이성에 근거한 보편적 진리가 부정되고, 한 종교에만 구원이 있다는 절대 종교도 부정되는 세상이 된 것이다. 물론, 이런 변화는 이성의 절대성과 보편성에 편승하여 인류를 속박하였던 이데올로기로부터의 해방이나 다양성의 수용, 혹은 지성주의에 희생된 감성과 의지의 회복이라는 긍정적 측면도 없지 않지만, 복음적인 기독교에는 거대한 난관이 아닐 수 없다.

더욱이, 그 동안 각종 이데올로기들이 대립하면서 수많은 전쟁을 야기하여 헤아릴 수 없는 인류가 비참하게 희생되었기 때문에, 현대인들은 전쟁을 혐오한다. 이데올로기의 지배가 종언을 고하고 실용주의적인 사고가 지배하는 오늘날 되돌아 볼 때, 이데올로기 전쟁으로 희생된 인류의 죽음은 아무 의미도 없다. 세계 대전을 두 차례나 치른 인류는 이제 전쟁 없는 평화로운 세계를 추구하는 평화주의(pacifism)를 받아 드리고 반전운동이 확산되고 있는 실정이다. 이런 상황에서 이제 남은 유일한 전쟁의 불씨는 절대성을 주장하는 전투적 종교들이라고 판단하기 때문에, 특히 기독교와 이슬람, 그리고 유대교라는 유일신 종교들의 비 절대화에 세계 평화의 열쇠가 있다고 믿으며, 종교 간의 평화운동과 종교 다원주의를 요구하고 있다.

따라서 교회는 절대적인 복음과 진리를 주장하고 전파하는데 매우 힘든 시기에 진입하고 있는 것이다. 바울이 "너는 말씀을 전파하라. 때를 얻든지 못 얻든지(유 카이로스 아 카이로스) 항상 힘쓰라"(딤후 4:2)고 말했을 때, 복음 전도에는 하나님의 '카이로스'가 있다는 사실이 전제된다. 물론, 호기이든 악기이든 전도를 중단해서는 안 되며, 악기가 호기가 되기도 하지만, 교회의 역사를 살펴볼 때 왕의 개종이나 기독교 국가의 정복으로 인해 매우 쉽사리 많은 신자를 얻은 때도 있지만, 고난의 시기에는 있는 신자마저도 잃어버리는 때도 있었다. 우리는 때를 분별하는 지혜가 필요하며, 너무 조급해하지 말고 하나님의 때를 기다리는 인내도 필요하다. 실로, 소아시아의 일곱 교회나 북한의 교회들이 왜 이슬람과 공산주의로 인해 사라지게 되었는지, 왜 하나님은 그것을 허용하였는지 이해하기 어렵다. 유대인의 구원에도 하나님의 때를 기다려야 한다. 어렵지만 주어진 여건으로 만족하고 최선을 다하면서 기다리면 하나님의 때가 또 다시 올 것이다. 교회는 세상 안에 있기 때문에 세계의 변화에 영향을 받으며, 신앙의 지조를 지키되 불가피하게 적응하지 않으면 안 되는 측면도 있다. 우리는 포스트모던 시대에 살면서 과거와 달리 타 종교에 대하여 평화를 유지하는 지혜가 필요하다.

종교의 자유

기독교는 초대교회로부터 국법을 성실히 준수하는 건전한 종교임을 변증하는데 많은 노력을 기울였다. 이는 기독교의 원리가 국가의 신적 권세를 믿을 뿐 아니라 사회적 고립과 국가적 탄압을 피하기 위한 목적도 있었다. 그런데, 대한민국 헌법 제20조는 종교의 자유를 보장하고 있으며, 국교는 인정하지 않는다. 그러나 정부는 1987년 전통사찰 보존법을 제정하여 문화적 차원에서 불교 사찰의 보존과 관리를 위해 재정적으로 후원하고 있다. 이는 결과적으로 전통 종교를 보호하는 효과를 가진다. 또한, 문화관광부의 종교국은 모든 종교의 평화를 위해 '한국 종교 회의', '평화로운 종교를 위한 평의회' 등을 조직하고 종교 다원주의적 입장을 정책으로 채택하고 있는 실정이다.

그러면, 어떻게 기독교가 국가에게 국법을 존중하고 준수하는 건전한 종교로 인정받을 수 있는가? 물론, 그릇된 종교법은 합법적인 절차를 통해 개정 혹은 폐지하도록 노력해야 하지만, 종교의 자유가 보장되는 민주체제에서 정부가 종교적 중립을 취하고 종교 다원주의적 입장을 취하는 것을 크게 탓할 수는 없다. 종교의 자유란 신앙의 자유와 불신의 자유, 그리고 타인의 자유를 침해하지 않는 범위 안에서 전도의 자유를 포함한다. 종교(宗敎)란 절대적이고 궁극적인 가르침이어서 상호 경쟁과 대립은 불가피하지만, 특정 종교를 강요하거나 핍박해서는 안 된다. 과거와는 근본적으로 패러다임이 바뀐 것이다. 따라서 한국교회는 이러한 법적 테두리 안에서, 그리고 정부의 종교정책 안에서 복음화를 추진하지 않으면 안 된다. 그렇지 않으면, 국법을 무시하는 범법집단으로 제재를 당할 수도 있으며, 이는 거시적 구도에서 볼 때 복음전도의 심각한 장애를 초래할 것이다.

타 종교에 대한 편견

그러나 한국교회는 지금까지 재래 종교들을 모두 우상 숭배로 정죄하고 사탄의 도구로 멸시해온 것을 부인할 수 없다. 일반 불신자와 타 종교인을 근본적으로 구별하고, 특히 타 종교의 교직자들에 대해서는 심한 증오심을 가지기도 한다. 그러나 이러한 태도는 그리 성경적이 아니다. 성경은 인류를 오로지 두 부류로 구분할 뿐이다. 신자와 불신자, 혹은 그리스도 안에 있는 사람과 그리스도 밖에 있는 사람이다. 불신자는 종교를 가지고 있든 무신론자이든 아무 생각도 없든, 모두 죄와 사탄에게 종속되어 있어서 구원과 해방을 필요로 한다는 것이 성경적 견해이다. 그러므로 타 종교인을 차별적으로 미워하고 혐오하는 것은 그릇된 편견이 아닐 수 없다.

이와 같은 혐오감은 대개 이질감을 조성하는 종교적 상징에 기인한다. 우리와 다른 의식이나 도구나 의복이나 건축양식을 사용하기 때문이다. 불교 승려들은 그 발상지인 인도의 옷을 입고, 무당들은 고대의 현란한 의상을 착용하며, 원불교나 유교는 전통 한복을 입는다. 기독교는 서양문화에 접목된 형태를 수용하였기 때문에 서구의 옷과 의식과 건축양식을 당연시하기 때문에, 그들의 것이 이질적으로 보이는지 모른다. 그러나 이것은 문화적 편견이며 한국교회의 문화적 약점이기도 하다. 만일 타 종교인들이 기독교와 유사한 문화형식을 사용한다면 거부감은 크게 감소될 것이며, 이는 우리의 혐오감이 본질상 종교적인 요인보다 문화적 요인에 많은 원인이 있음을 반증한다.

한국에 복음이 들어오기 전까지 오랫동안 정신세계와 도덕성을 유지해 온 것은 재래 종교들이었다. 우리는 그들의 공헌을 무시하지 말아야 한다. 우리 민족의 오랜 역사 동안 하나님의 은총이 완전히 결여되고 오로지 사탄이 완전히 지배했다고 생각한다면, 그것은 신학적으로 잘못된 것이다. 불교나 유교를 신봉하며 자기의 욕심을 극복하고 선한 삶을 살려고 노력하는 사람과 신도 진리도 부정하며 불법무도하게 사는 사람을 동일시할 것인가? 캘빈은 종교의 가치를 인정하였다. 하나님은 모든 인류의 마음속에 '종교의 씨앗' (semen religionis)과 '신성의 감지력' (sensus divinitatis)을 심어 놓았으며, 이는 "논쟁의 여지가 없는 사실"이라고 강조하였다.[1] 그 결과, 참되고 완전한 종교에 이르지 못한다 할지라도 다양한 종교적 형태를 통하여 종교성을 부분적으로나마 실현하고 있다고 생각하였다. 그리하여, 종교도 이방인들에게도 주시는 햇빛이나 우로와 같은 일반은총의 하나로 간주하였다. 헤르만 바빙크는 타 종교에서도 성령의 역사와 일반은총이 관찰되고 있다고 언급하면서, 타 종교의 창시자들은 기만자나 사탄의 도구가 아니라, 자기들의 시대와 민족을 위해서 소명을 성취하고 백성들의 생활에 좋은 영향을 행사한 사람들이라고 평가하였다.[2] 비록 많은 오류와 혼합되었을지라도 상당한 종교적 요구들을 만족시키고 생의 아픔에 위로를 제공하였으며, 비록 부패하였지만 종교에 근본적인 신 개념, 죄의식, 구원에 대한 약속, 희생, 제사, 성전, 의식, 기도 등이 이방종교 안에서 발견된다고 말한다. 물론, 우리는 일반은총과 특별은총의 영역을 분명히 구별하여야 한다. 타 종교들에서도 일반은총이 발견되지만,

1) John Calvin, *Institutes of the Christian Religion*, I.iii.1-3.

2) Herman Bavinck, 『개혁주의 교의학』, 김영규 역 (크리스챤 다이제스트, 1996), I:406-7.

그것은 종교성이라는 보편적 본성의 추구를 의미하며 결코 구원을 보장하지는 않는다. 구원은 자연종교에서는 성취할 수 없는 특별은총의 결과이기 때문에, 타 종교에 구원이 있다고 말할 수는 없다. 그러므로 우리는 타 종교 안에서도 하나님의 은총과 성령의 역사를 감사할 수 있는 넓은 마음이 필요하다. 그들은 최소한 영원을 사모하고 하나님의 형상으로 창조된 인간의 본성을 거스르지 않으려고 노력하며, 따라서 아무렇게나 살아도 된다고 생각하는 무법한 사람들은 아니다. 실로, 죄인이 이와 같은 절제력을 가질 수 있는 것도 하나님의 일반 은총의 결과라고 보아야 한다.

한국인의 공통적 종교성

정대위는 예일대학에 제출한 학위논문에서 한국선교의 성공이 종교혼합의 관용 때문이었다는 비판적 주장을 제기하였다.[3] 물론, 한국교회가 전통 종교에게 많은 영향을 받았다는 사실은 스스로 인정하고 자성하며, 종교사회학적으로 그러한 현상의 실재를 부정할 수는 없지만, 그의 주장은 한 면만을 부각시킨 그릇된 일반화라고 평가할 수 있다. 왜냐하면, 종교가 보편화되고 세속화되어 그 독특한 가치를 상실하면 장기적으로는 오히려 감소하기 때문이다. 그러나 하나의 공동체 안에 공존하는 여러 종교가 완전히 분리되어 있다는 생각도 그리 사실적이 아니다. 비록 그러한 종교적 상관관계를 원하지 않을지라도 불가피하게 상호 영향을 받게 되며, 모든 영향이 다 나쁜 것도 아니다. 불교의 현대화는 대부분 기독교의 영향을 받은 것이다.

3) 정대위, "한국사회에 있어서의 종교혼합", 학위논문 요약, 『사상계』 1960년 3월호 201-214.

우리는 한국 기독교가 한국의 공통적 종교성이라는 밭에 복음이 적용되어 형성되었다는 사실을 부정해서는 안 되며, 그것이 바로 외국 교회들과 다른 한국교회의 아름다운 특성을 산출하게 되었다는 것도 감사해야 한다. 그것은 다른 종교도 마찬가지이며, 한국인의 종교성이 형성된 기초는 바로 하느님을 섬기는 심령이다. 바벨탑 사건으로 민족이 분리된 후 우리 조상들은 우랄 알타이 산맥을 따라 시베리아까지 올라갔다가 다시 남하하여 몽고를 거쳐 만주와 한반도에 정착하였는데, 처음부터 모든 지도자들과 모든 민족이 하느님에게 제사하고 숭배하여 왔다. 따라서 초기 선교사들은 이를 감탄해 마지아니하면서 한국민족이야말로 아담과 노아로부터 이어지는 유일신 신앙을 가장 순수하게 지킨 민족이라는 찬사를 보냈고, 성경의 신을 우리말로 '하느님' 이라고 번역하는데 동의하였다. 이 말은 1930년대를 거치면서 '하나님' 으로 바뀌었다.

1906년에 헐버트(H. B. Hulbert) 선교사는 강화도 마리산의 천단(天壇)을 방문하고 그 감격을 이렇게 술회하였다:

> 그 역사의 유구함이란 의심의 여지가 없다… 기초석과 한두 곳만 살펴봐도 그것이 극히 오래되었음을 바로 알 수 있다… 상단부는 보다 늦게 건축된 것이 분명하나, 심지어 그것도 우리의 가장 유서 깊은 유럽의 건축물보다 더 오래되었다… 이 정상의 제단위에 서서 구름을 이 험한 바위봉우리루 몰아오는 바닷바람을 맞으며, 아브라함의 시대에 단군이 여기 서서 제단을 쌓으며 하나님과 만나는 모습을 상상해 본다… 4천년의 의미를 이해하려고 애쓸 때 내 마음은 녹아내린다.[4)]

4) H. B. Hulbert, *The Passing of Korea* (New York, 1906), 288.

그는 "한국인들은 철저히 유일신론자들이며 이 존재에게 돌려지는 속성들과 능력들은 성경의 여호와와 너무 잘 일치하여, 외국선교사들은 거의 보편적으로 기독교를 가르치는데 사용하기 위하여 이 말을 수용하였다" 고 말한다.[5] 또한, 1910년에 언더우드(H. G. Underwood) 선교사도 이렇게 기록하였다:

> 서울 북서쪽에 천단이 있는 아름다운 숲이 있다… 매년 두 번씩 황제는… 실로 국가 전체를 대신하는 대제사장으로서 하늘에 제사를 올린다. 이러한 정기적 제사 외에도, 법률의 중요한 변경이나 왕위가 바뀔 때에는 지체 없이 이 제단에 와서 정당한 의식을 수행함으로써 천신에게 그 변화를 보고하였으며, 황제의 취임서약도 여기에서 이루어졌다고 말할 수 있다… 천단은 어디나 비교적 낮고 단순히 흙과 돌로 수축되며, 대개 하나 혹은 두 벽으로 된 담 안에 있고, 들어가는 계단은 점점 높아져 완전히 하늘만 보이는 곳에 제단이 있다. 최고신이 예배되는 이 담 안을 보면, 그 거룩한 목적에 완전히 적합하다고 느낄 수밖에 없다. 여기에는 예배자의 감각에 슬며시 들어와 이 위대한 경배대상으로부터 주의를 앗아갈 아무것도 없다. 장중한 석조건축도 없으며, 거대한 아치나 색유리도 없고, 성화가 그려진 벽이나 조각품도 없다… 하늘의 파아란 천장이 이 성전의 유일한 지붕이며, 바람결에 속삭이는 거대한 소나무들이 그 기둥들이고, 별들은 그 촛불, 새들은 그 성가대원들, 그리고 꽃 덮인 풀밭은 그 포장된 길이다. 여기에 선 사람은 어린아이와 같은 믿음과 단순성으로 그의 아버지와 창조자에게 가장 가까운 길을 직감적으로 찾았을 것이다.[6]

5) Ibid., 404.

이 하느님은 모든 종교를 초월하여 최고신으로 간주되었으며, 그리하여 중대한 문제가 발생하면 어떤 종교에 속해 있든 모두 하느님에게 기도하였다. 그뿐 아니라, 우리 민족에게 경전의 사랑과 기도의 열심을 훈련시킨 것은 유교와 불교, 그리고 도교에 힘입은 바 크다. 우리는 이러한 우리 민족의 종교적 유산을 가치 있게 생각하여야 한다. 실로, 역사는 하루아침에 이루어지지 않는다.

평화로운 전도

그러나 "다른 이로써는 구원을 받을 수 없나니, 천하 인간에 구원을 받을 만한 다른 이름을 우리에게 주신 일이 없음"(행 4:12)이라는 그리스도의 유일성과 전도의 대 사명에 관한 한 추호의 타협도 있을 수 없다. 그리스도에게 하늘과 땅의 모든 권세가 주어졌으며, 세계 모든 인류는 그리스도 안에서 하나가 되어야 한다. 그것이 하나님과 화해하고 구원에 이를 수 있는 유일한 길이기 때문이다.

그러나 여기서 조심할 것은 전도가 그 시대의 상황에서 가장 효과적인 방법으로 전개되어야 한다는 사실이다. 무조건 안타까운 마음에서 고함을 지른다거나 상대방에게 위협을 가하는 방식은 백해무익하다. 평화의 복음은 평화로운 방식으로 전해져야 한다. 주님이 어떻게 복음을 전하는 모범을 보였는지 깊이 생각해 볼 필요가 있다. 그는 세례 요한과 달리 온유하고 친절하게 사랑의 복음을 전하였으며, 죄인의 친구가 되어 동고동락하였다. 그러므로 한국교회가 불신자에게 호감을 얻는 것이 결정적이며, 한국 사회에서 이상적인 집단으로 인정되

---

6) H. G. Underwood, *The Religions of Eastern Korea* (New York, 1910), 115-7.

어야 한다. 과거에는 한국교회가 사회적 호감을 얻어 급격한 성장을 이루었지만, 지금은 교회의 세속화와 내분으로 인해 사회적 반감의 대상이 되고 있다. 타 종교를 비판하고 공격하고 갈등을 야기함으로써 기독교가 진보하는 것이 아니며, 오히려 타 종교가 따라올 수 없는 사랑과 평화를 실천함으로써 한국교회가 효과적인 복음화를 성취할 수 있을 것이다.

3

종교다원 시대의 기독교

우리는 대립과 반목보다 화해와 이해의 시대를 살고 있다. 공산주의와 민주주의라는 서구의 정치 이데올로기에 철저히 지배를 받으며 반세기 동안이나 동족끼리 불신하고 미워했던 과거에서 벗어나 점차 호의적으로 생각하는 대화와 협조의 자세로 전환하고 있다. 한국교회도 교파와 교단이라는 외국의 신학 이데올로기에 무참하게 휘둘린 채 같은 형제자매 그리스도인들끼리 서로 정죄하고 대립했던 과거로부터 복음을 믿는 모든 교파를 수용하고 대화하며 일치를 추구하는 변화가 일어나고 있다. 이것은 과거의 지나친 이성주의적 독선에 회의를 느끼고 각종 이데올로기의 종속으로부터 벗어나 보다 인간적이고 자유로우며 평화롭고 진실한 인간사회를 추구하는 현대인의 갈망이다.

이와 같은 시대적 변화는 종교계에도 발생하였다. 과거에 반목하던 종교들이 대화와 화해의 제스처를 보이고 있는 것이다. 심지어, 불교가 성탄절을 축하하고 기독교가 석탄절을 축하하는 현수막을 내

걸고 축하방문을 하기도 한다. 여러 종교의 성직자들이 함께 어울리 기도 하고 함께 노래를 부르기도 한다. 매스컴은 이러한 광경을 기쁘게 보도하고 정부도 종교 간의 대화를 후원하며 사회도 그들을 열린 종교인으로 환영한다. 바로 그것이 우리 시대의 흐름에 맞기 때문이다. 그러나 많은 종교인들, 특히 기독교인들은 이런 현상에 당황하고 거부감을 느낀다. 기독교인만이 빛의 자녀들이며 타 종교인들은 모두 흑암의 권세 아래 있고 악령의 도구라고 생각하던 사고로서는 이런 변화에 도저히 적응할 수 없기 때문이다.

종교 다원주의의 기원과 배경

그러면, 어디에서부터 그리고 왜 이런 풍조가 발생하였는가? '종교 다원주의'(religious pluralism)란 '다원주의'(多元主義) 사상의 종교적 적용인데, 다원주의란 '원'(元), 즉 근원적 진리가 하나가 아니고 여러 개라는 사상으로, 영어의 pluralism도 그 복수성을 강조한다. 이성이 진리 판단의 유일한 기준이라고 믿는 이성주의 체계에서는 진리가 하나밖에 없다. 따라서 이성주의의 지배에 반대하여 일어난 포스트모더니즘의 철학사상과도 서로 상통하고 서로 지원한다. 더욱이, 기독교는 하나님이 유일한 진리의 원천이라고 믿기 때문에 다수의 진리를 인정하지 않는다. 따라서 다원주의는 이성주의나 기독교에서 유래하지 않았고, 오히려 그에 대한 반동으로 발생하였다.

종교 다원주의는 유럽에서 발생하였는데, 그 기원은 다음과 같다. 유럽에 계몽주의와 프랑스혁명이라는 반기독교운동이 발생하면서 지성인들 사이에 대안종교로서 동양종교에 대한 낭만적 동경이 확산되었으며, 타 종교들에 대한 연구는 자연히 종교들을 비교 연구하는 종교학을 발달시켰고, 이성에 기초한 종교학은 여러 종교들을 모두 상대화하고 일반화하는 결과를 초래하였다. 물론 기독교도 많은 종교들의 하나로 전락되었다. 하나님과 기독교의 절대성에 대한 신앙의 상실이 가져온 자연스러운 결과가 기독교의 상대화였다. 그러나 이런 경향은 오로지 소수의 지성인들에게 있었던 현상이었고, 이것이 대중화되고 세계화되는 데는 정치적 영향이 크게 작용하였다. 유럽이 전 세계를 침략하여 지배한 식민주의시대가 종식되자 모든 나라들이 독립하여 전통 종교로 복귀하면서 기독교의 우위성이나 절대성이 집중적인 공격을 받게 되었다. 그뿐 아니라, 20세기에 들어서면서 2차에 걸친 세계대전과 한국 전, 베트남 전, 보스니아 전, 그리고 중동 전 등이 끊임없이 발생하여 수많은 인류가 희생되고 불행하게 되었으며, 미국과 소련의 냉전과 대립 가운데서 전 세계가 공포와 긴장 속에 살게 되면서, 전쟁에 대한 혐오와 평화에 대한 소망이 모든 인류의 마음을 사로잡게 되어 반전적 평화주의(pacifism)가 오늘날의 지배적 풍조가 되었다. 그런데, 전쟁의 원인은 대부분 이데올로기와 종교의 분쟁이었다. 이에 따라, 냉전의 종식과 함께 이데올로기의 종언과 종교적 대립의 해소를 요구하게 되었고, 특히 유일신 사상에 근거하여 강력히 절대성을 주장하며 타 종교들에게 극한적 배타성을 보여 왔던 기독교에 내외적으로 자성과 비판이 제기되었는데, 바로 그 결과 종교 다원주의 사상이 대두된 것이다.

한국의 종교 다원주의

우리나라의 종교 다원주의는 자생적인 운동이 아니라 모두 서구의 종교 다원주의를 수입한 것이다. 스위스에 유학하여 야스퍼스에게 신학보다 종교철학을 배우고 돌아와 한국종교학회를 창설하고 초대 회장이 된 윤성범 교수가 한국 종교와 기독교의 연결을 추구하며 토착화운동을 전개하였다. 단군신화와 삼위일체, 퇴계의 성사상과 성육신을 연결시키려는 60년대의 시도가 그 효시라고 할 수 있다. 반독재 민주화투쟁을 하며 주체사상을 근거로 반 서구운동을 전개하면서 우리의 전통 종교를 사랑하게 된 민중 신학도 80년대부터 하나의 조성환경이 되었다. 그리고 본격적으로는 존 힉이나 존 캅스 같은 종교 다원주의자들에게 배우고 영향을 받은 변선환, 김경재 교수 등에 의해 80년대에 종교 다원주의가 한국에 도입되었고 90년대에 정착되었다. 이는 한국의 민주화와 운동권의 득세로 비록 소수였지만 사회적 흐름을 주도하는 성과를 거두었다.

그러나 어떻게 기독교 신학자라고 하면서 타 종교에도 구원이 있다고 말할 수 있는가? 기독교에서 그리스도와 구원은 불가분리하기 때문에, 그들은 타 종교에도 그리스도가 있다고 주장한다. 그들은 익명의 그리스도(anonymous Christ)라는 개념을 사용하며, 유대인에게는 예수 그리스도가 보내졌듯이, 타민족과 타 종교에는 다른 이름의 그리스도가 주어졌다고 주장한다. 그러나 그러한 주장은 허무맹랑하며 전혀 성경적 근거를 가지고 있지 않다. 오히려, 성경은 "다른 이로써는 구원을 받을 수 없나니 천하 인간에 구원을 받을 만한 다른 이름을 우리에게 주신 일이 없다"(행 4:12)고 분명히 선언하고 있다. 종교 다원주의가 가지고 있는 근본적 문제점은 기독교 신앙의 인격성을 부정하고 논리적으로 자기모순을 내포하고 있다는 사실이다.

인격적 관계인가, 이념적 성취인가?

종교 다원주의는 기독교를 비인격화하려고 노력한다. 기독교를 기독론 중심에서 신론 중심으로 전환하며, 신론에서도 여호와와 같은 고유명사 대신 신이나 절대자와 같은 추상명사를 사용한다. 그러지 않으면 타 종교를 포용할 수 없기 때문이다. 그리스도의 익명화는 비인격화이며, 그리스도의 우주화는 추상화이다. 불교나 유교는 해탈이나 군자와 같은 이념의 성취에 그 목적이 있으며, 공자나 석가와의 인격적 관계를 필요로 하지 않는다. 그러나 기독교는 인격적 화해의 복음을 가르친다. 사랑은 추상적인 이념이 아니라 구체적으로 하나님과 이웃과의 화해와 평화를 의미한다. 하나님과의 인격적 관계를 회복하지 않고는 진정한 사랑을 실현할 수 없다.

하나님을 사랑한다는 것은 구체적으로 성부와 성자와 성령, 즉 삼위 하나님과의 인격적 관계를 회복하는 것으로서, 성부 하나님을 아버지로 모시고 성자 예수 그리스도를 주님으로 섬기며 성령 하나님과 동행하는 것이다. 따라서 기독교는 추상적인 사랑이나 정의를 실현하는데 목적이 있지 않고 삼위 하나님과의 인격적 관계를 회복하며 이웃들과의 인격적 관계를 수립하는데 그 목적이 있다. 그러므로 익명의 그리스도와 같이 인격적 실체가 없는 구원자는 인정될 수 없다. 또한 그리스도는 하나님의 독생자로서, 또 다른 하나님의 아들이 있을 수 없다.

다원주의의 허구성

종교 다원주의가 안고 있는 또 하나의 근본적인 논리적 문제는 상대주의적 사고의 허구성이다. 그들은 기독교가 독선적이며 타 종교를 관용하지 못한다고 포용정신의 결여를 비난한다. 모든 종교가 다 독특한 가치와 구원을 보유하고 있다고 주장하면서, 자신들은 모두를 포용할 수 있는 열린 마음을 갖고 있는 것처럼 자만해한다. 그러나 보다 넓게 보면, 종교 다원주의는 다원주의라는 이름의 일원론이며, 상대주의라는 이름의 절대론인 것이다. 종교 다원주의자는 다른 모든 생각을 정죄하고 오로지 자기의 생각만이 옳다는 절대론을 고수한다. 엄격히 말하자면, 다원주의나 상대주의는 옳고 그름을 말할 수 없다. 그러나 주의(ism)란 모두 절대적 가치를 주장하는 절대적 사고방식이다.

신을 포함한 모든 것이 변하는 과정에 있다고 주장하는 과정신학도 '과정이라는 불변하는 원리'(unchanging principles of process)를 인정하듯이, 절대원리가 없는 완전한 상대주의나 다원론은 불가능하기 때문에, 종교 다원주의는 사실상 자기종교를 중심으로 한 형식적 포용주의이든지, 종교적 진화이념을 추종하여 미래의 통합종교를 추구하는 새로운 종교운동일 뿐이다. 여러 종교를 포용한다는 말은 그것들을 통합하는 상위의 원리를 추종한다는 전제가 있을 때만 가능하며, 상위의 종교원리는 또 하나의 새로운 종교를 추구하는 것이다. 그런데, 그 종교는 신앙보다 이성에 근거하고 있는 자연종교 또는 종교라는 이름의 이성주의에 불과하다. 따라서 종교 다원주의는 신앙을 상실한 종교학자들의 이성적 유희로서, 신에 대한 헌신이나 실제적 신앙생활이 결여된 언어의 게임일 뿐이다. 원불교학자 김성곤 교수는 종교 다원주의가 시대에 적절한 현대인의 종교적 태도이며 배울 것이 많은 것도 사실이지만, 종교의 본질은 유일하고 절대적인 진리를 추구하며 절대자에게 헌신하는 것이므로 이와 모순되는 종교 다원주의는 허구적이며 비현실적이라고 비판하였다.

다원주의적 시대정신

그럼에도 불구하고, 우리가 종교 다원주의를 무조건 부정적으로 거부만 할 일도 아니다. 우리가 깊이 생각할 점은 왜 소수의 주장이 사회 전반에 수용되었는가, 그리고 종교 다원주의에는 전혀 우리가 수용할 수 있는 긍정적 측면이 없는가 하는 질문이다. 시대마다 지배적인 사상이 있는데, 이는 과거의 사상이 한쪽으로 지나쳐 극단으로 치달았기 때문에 거기에 대한 반동적 보완장치로 발생하는 것이다. 신을 저버린 서구사회가 근대에 들어 이성과 과학이 지배하며 지나친 횡포를 자행하여 획일주의가 결국 풍요한 인간성을 상실하게 하고 초월적 세계를 부정하여 인류의 삶을 매 마르고 지치게 만들었기 때문에, 다원주의라는 반동적 사상이 부상하게 된 것이다. 인류는 안정되지 못하고 진정한 균형적 사고에 이르지 못하여 시계추와 같이 극에서 극으로 움직이지만, 세계를 주관하는 하나님의 섭리로 인해 영원히 하나의 극단으로 몰락하지 않는 은총을 받게 된다.

종교 다원주의 자체는 잘못된 것이지만, 과거의 획일적인 일원적 사고를 교정하는데 이용한다면 오히려 유익할 수도 있다. 더욱이, 우리가 지금 역사의 발전과정에서 다원적 사고가 지배적 시대정신인 때를 통과하고 있기 때문에, 기독교는 지혜롭게 이 어려운 시기를 대처해 나가야 할 것이다. 기독교의 역사에는 핍박기도 있고 융성기도 있으며, 복음이 잘 확산되는 때도 있고 그렇지 못할 때도 있기 때문에, 그리스도인은 오늘날 뱀 같은 지혜가 필요하며 어떤 상황에서도 낙심하지 않고 복음화의 노력을 게을리 하지 말아야 할 것이다. 더욱이, 종교다원주의가 극단적인 소수에게는 기독교를 상대화하고 모든 종교에 구원이 있다는 이데올로기적 의미로 사용되지만, 대다수에게는 단순히 타 종교에 대한 배타적 자세를 버리고 관용하는 자세로 이해된다.

타 종교인에 대한 사랑과 협력

그러면, 우리 그리스도인이 어떻게 종교다원 시대에 대처할 것인가? 첫째, 타 종교에 배타적인 자세를 자제해야 한다. 우리 주위의 세계는 과연 누가 평화를 위협하는지에 대해 예리한 눈으로 관찰하고 강력한 비판을 가한다. 그러므로 타 종교에 대해 공격적이나 전투적인 자세로 대립하는 어리석음을 범하지 말아야 한다. 그것은 전략적으로 중대한 손실을 결과한다. 한국과 같은 다종교사회에서는 종교 간에 충돌할 수 있는 문제가 발생하기도 한다. 단군상이나 불상을 훼손함으로써 기독교는 얻은 것보다 잃은 것이 많다. 종교의 중립성을 지켜야 할 공립학교에 단군상을 설치하는 것은 분명한 잘못으로 시정되어야 하지만, 그것이 전투적인 자세를 취함으로써 거국적 반감을 야기한 것은 지혜롭지 못한 처사였다. 보다 정치적이고 사법적으로 처리하여 기독교가 호전적이지 않고 합리적이며 평화적임을 보여주었어야 한다. 현대는 문화시대로서 이미지가 매우 중요하다. 기독교가 사랑의 종교임을 천명하면서 서로 싸우고 타 종교인에게 적대적 자세로 임하면, 그것은 기독교의 진실성에 강한 의심이 제기되고 불신의 근거가 된다. 예수님은 자기를 정죄하고 죽이는 사람들을 향해서도 미움이 아니라 사랑의 기도를 드렸다. 그들이 아직 제대로 알지 못하기 때문에 그렇게 행동할 수밖에 없으며, "알지 못하던 시대"에 사는 사람들은 하나님도 허물치 아니하신다(행 17:30). 오히려 우리와 같이 하나님의 말씀을 알고도 행치 않을 때는 책망을 받지만, 타 종교인들은 아직 하나님을 모르기 때문에 우리보다 더 관용될 수 있다. 그런데도, 우리에 대해서는 관용적이고 타 종교에 대해서는 극도로 비판적이라면 근본적인 잘못이 아닐 수 없다.

더욱이 진리와 윤리의 존재를 부정하고 상대주의와 다원주의가 범람하고 있는 오늘날, 기독교는 타 종교와 협력할 일이 많다. 현대의 다종교사회에서 사회적 타락을 방지하고 보다 건강한 사회를 만들려는데 있어서 같은 의견과 목적을 가지고 있으면서도 단순히 타 종교인이기 때문에 협력을 거부한다면, 그것은 무언가 잘못된 것이다. 무신론이나 불가지론도 종교적 전제를 가지고 있다면, 왜 타 종교인에게는 거부감을 가지면서 무신론자에게는 거부감을 느끼지 않는가? 그것은 사실상 논리나 신학의 문제가 아니라 감정의 문제이다. 그러나 타 종교인을 사랑하고 동정하기보다 미움의 감정이 앞선다면, 그것은 모두를 사랑하고 복음을 전해야 하는 그리스도인의 본분에도 위배된다. 실로 많은 그리스도인들은 과거에 타 종교인이었고, 현재의 타 종교인 중에도 많은 미래의 그리스도인들이 들어 있다.

타 종교의 가치

둘째, 타 종교의 가치를 인정해야 한다. 기독교 신앙은 타 종교인을 포함한 모든 인류가 죄인이며 구원의 대상으로서, 그들에 대한 사랑과 관심을 가지고 그들을 이해하며 전도해야 한다. 그러기 위해서는 그들의 종교를 연구하고 이해하는 일이 필요하다. 더욱이 일반은총과 일반계시의 교리는 타 종교에 대한 이해에서 반드시 고려되어야 한다. 칼 바르트는 모든 타 종교와 종교 일반의 가치를 철저히 부정하였다. 모든 종교는 자기를 위한 신앙과 공로적 구원을 추구하는 불신행위로 정죄한 것이다. 그러면, 타 종교에는 아무 가치도 없는가? 불교나 유교를 신봉하며 자기의 욕심을 극복하고 선한 삶을 살려고 노력하는 사람과 신도 진리도 부정하며 불법무도하게 사는 사람을 동일시할 것인가?

캘빈은 타 종교의 가치를 인정하였다. 하나님은 모든 인류의 마음속에 종교의 씨앗을 심어 놓았으며, 그 결과 참된 종교에 이르지 못한다 할지라도 다양한 종교적 형태를 통하여 종교성을 부분적으로나마 실현하고 있다고 생각하였다. 그리하여, 개혁파 신학에서는 종교를 이방인들에게도 주시는 햇빛이나 우로와 같은 일반은총의 하나로 간주하였다. 헤르만 바빙크는 타 종교에서도 성령의 역사와 일반은총이 관찰되고 있다고 언급하면서, 타 종교의 창시자들은 기만자나 사탄의 도구가 아니라, 자기들의 시대와 민족을 위해서 종교적 소명을 성취하고 백성들의 생활에 적지 않게 좋은 영향을 행사한 사람들이라고 평가하였다. 비록 많은 오류와 혼합되었을지라도 상당한 종교적 요구들을 만족시키고 생의 아픔에 위로를 제공하였으며, 비록 부패하였지만 종교에 근본적인 신 개념, 죄의식, 구원에 대한 약속, 희생, 제사, 성전, 의식, 기도 등이 이방종교 안에서 발견된다고 말한다.

모든 종교는 인간의 제한성을 인정하고 신적 존재의 도움을 요청하며, 올바른 삶을 가르치고 그렇게 살려고 노력한다. 심지어 자기를 부정하고 부인하려는 처절한 몸부림도 있고, 하늘의 뜻을 추구하며 인간의 본성을 회복하려는 끈질긴 노력도 있다. 그리스도를 부인하고 율법적 구원을 추구하는 유대교와 유교나 이슬람교에 근본적인 차이가 있는가? 우리는 종교를 사용하여 인류의 급격한 부패를 방지하는 하나님의 섭리와 일반은총을 인정할 필요가 있다. 한국에 기독교가 들어오기 이전의 오랜 세월 동안 아무 종교도 없었던 것과 종교들이 있었던 것 중에서 어떤 것이 전반적으로 한국인의 인간성을 보존하는데 도움이 되었겠는가? 이런 면에서 타 종교의 가치를 조금이라도 인정한다면, 모든 종교는 기독교의 준비이며 기독교는 종교의 완성이라고 할 수 있다.

타 종교와의 평화로운 경쟁

셋째, 타 종교와 신사적으로 경쟁해야 한다. 인류사회에서 선의의 경쟁은 불가피하며, 또한 결과적으로는 사회에 도움이 된다. 여러 종교가 공존하면서 평화롭게 경쟁하는 것은 다원적 혹은 포스트모던적 사고에도 아무 문제가 되지 않는다. 종교적 다원주의란 단지 배타적 종교에 부정적일 뿐 여러 종교를 인정한다는 전제에 근거하고 있다. 종교란 정치나 군사와 달라서 강제력이나 무력으로 목적을 달성하지도 않으며 경제나 상업과 달라서 돈이나 마케팅기술에 의존하지도 않는다. 종교는 영적 감화와 설득이라는 독특한 방법을 사용하며, 보다 평화롭고 온유한 방식으로 초청한다. 타 종교인에게 전도하는 것은 불법이 아니다. 다원적 사회에서 여러 종교에 대한 설명을 듣고 선택을 하거나 심지어 교체를 하는 것은 공정하고 민주적이다. 물론, 이미 타 종교를 선택하였고 더욱이 성직자나 독실한 신자인 경우 무례하게 그 종교를 매도하거나 무시하지 말고 단지 자기 종교를 성실하게 전하면 된다. 물론, 본인이 듣기를 원하지 않으면 강요할 수 없다. 종교 간에는 상호에게 적용되는 호혜적 불문율이 있어서, 상식과 예의를 거스려서는 안 된다. 강요와 억지가 현대인의 전도에 효과적이지 않으며, 오히려 겸손과 사랑, 그리고 인격적 매력과 모범이 전도를 성공하게 만든다. 효과적인 전도는 전도대상을 잘 이해하고 그가 수용할 수 있는 방법과 자세로 접근해야 한다. 그리고 모두에게는 성령의 시간이 있다. 전도는 우리의 의무이지만, 회심은 성령의 역사가 있을 때만 가능하다.

4

신앙 성숙을 방해하는 전통 종교의 영향

인간의 구원은 영원 전부터 영원 후로 이어지는 기나긴 역사적 과정을 통하여 이루어지지만, 우리 그리스도인은 주관적으로 중생의 순간적 경험을 통하여 이 영원한 구원사와 자기의 삶을 연관시키고 능동적으로 거기에 참여하기 시작한다. 그러므로 거듭남에서 자의식적으로 출발하는 믿음의 삶은 점진적으로 성장하고 성숙해야 한다. 성경은 중생 이전과 이후의 그리스도인을 가리켜 '옛 사람'과 '새 사람'으로 구별하고 있는데, 중생을 통하여 태어난 '새 사람'이 성장하는 과정은 '옛 사람'의 요소를 극복하는 소극적 정화(purification)와 '그리스도를 본 받아' 가는 적극적 성화(sanctification)의 두 면으로 구성된다.

그리스도인의 형성은 백지와 같은 중성적 상태에서 시작하지 않고 '옛 사람'이라는 죄악적 배경에서 이루어진다. 따라서 이러한 세속적 영향력의 끊임없는 정화에 부주의하거나 게을리 할 때 우리의 신앙은 혼합되고 불순한 성격을 가지게 되며 신앙의 성숙과 성화를 저해하는 요인이 된다. 이러한 부정적 영향은 중생 전에만 받는 것이 아니라 그 후에도 계속되기 때문에, 모태신앙인이라 할지라도 회피할 수 없다. 인간은 문화 속에서 자라나고 형성되기 때문에 문화로부터 긍정적 혹은 부정적인 영향을 받게 되는데, 한국문화는 주로 종교문화로 구성되어 있다. 실로 한국의 전통 종교들은 한국인의 심성과 사고, 그리고 행동방식 등을 오랜 세월 동안 지배하고 형성하여 왔기 때문에, 한국의 그리스도인들은 전통 종교들의 영향을 무의식적으로 그러나 심층적으로 받아왔다. 우리가 이러한 영향을 자인하고 반성할 때, 우리의 신앙과 신앙생활을 인간종교로부터 정화하여 성숙할 수 있으리라 생각한다. 그러면, 한국의 4대 전통 종교인 무교, 도교, 불교, 그리고 유교의 부정적 영향들을 살펴보자.

무교의 영향

무교(巫教, Shamanism)는 한민족이 중앙아시아로부터 북방로를 통하여 한반도에 이주하면서 가지고 들어온 최초의 종교로서 하느님 신앙과 함께 우리민족의 기본적 종교성을 형성하였으며, 후에 수입된 모든 외래종교들이 이 토양에 심겨져 토착화됨으로써 심각하게 변질되었다. 따라서 기독교도 무교에 적지 않은 영향을 받았음이 자주 지적되어 왔다. 무교는 모든 불행이 귀신에 의해 유발되기 때문에 '굿' 이라는 영사(靈事)가 문제를 해결하는 유일한 종교적 방법이며, 이는 '무당' 이라는 카리스마적인 사제만이 수행할 수 있다고 믿는다. 이러한 무교의 굿 중심적 종교생활은 많은 기독교인들로 하여금 예배참석을 신앙생활의 전부로 생각하게 만들었다. 기독교 신앙에 있어서 예배는 참석에 의미가 있다기보다 신령과 진정으로 자기를 드리는 헌신의 산

제사를 요구한다. 자기를 부인하고 회개와 감사로써 자기의 몸과 마음을 하나님께 바치는 영적 제사가 예배의 본질임에도 불구하고, 마치 무교에서 '굿을 보러' 가듯이 기독교에도 '예배를 보러' 간다는 말이 일상화되었다. 그리고 충실한 예배참석이 그의 종교적 의무를 다한 것처럼 생각되어 온 것이 사실이다.

가정에 어려운 일이 생기면 목사를 청해 예배를 드림으로 해결하고자 하는 심리나, 새로운 집이나 사무실 등에 입주할 때 목사를 불러 입주예배를 드리는 것은 세계교회에서 유례를 찾아보기 힘든 현상으로서 무교적 영향이 숨어있다. 도교의 풍수지리설과 혼합된 무교는 낯선 땅이나 건물에 들어갈 때는 거기에 낀 살을 풀기 위해 무당을 불러 '입택례'(入宅禮)를 거행하였기 때문이다. 물론 예배가 감사의 표현이라는 면을 고려할 때 새로운 집이나 사무실을 주신데 감사하여 예배를 드리는 것은 이해할 수 있으나, 그 초청동기가 적지 않게 무교적일 뿐 아니라 그 목적이 감사보다는 재앙의 해소와 마술적 축복에 있다는 데 문제가 있다. 그리고 목사를 청하여 예배하는 계기도 기쁘고 감사한 일보다는 주로 흉사에 한정된다. 무당에게 절대의존적인 무교의 영향은 한국의 많은 그리스도인들이 너무나 목사에게, 그것도 소위 '신령한' 목사에게 지나치게 의존하여 그가 집례 하는 예배와 축복기도, 또는 안수나 신유에 그의 신앙생활을 맡기고 자기는 아무 일도 하지 않는 사제중심주의에서 발견되는데, 이러한 행태는 루터의 '만인제사장설'과 관련하여 한국교회의 깊은 반성을 요한다.

무엇보다도, 무교의 무 윤리주의(a-moralism)는 굿이 모든 문제를 해결한다는 사고방식에 기초하여 굿이 끝나면 종교와는 무관한 생활로 되돌아가는데, 이는 많은 그리스도인들도 예배가 끝나면 이제 종교적 의무를 마쳤으므로 한 주간 동안 기독교윤리와 무관하게 세속적 삶을 살아가는 생활방식과 흡사하다. 그리스도인에게 중생을 통하여 회복된 자유를 사용하여 능동적으로 헌신하고 하나님의 뜻을 체현하려는 노력이 없다면 결코 성숙하여 자립적인 성인의 신앙이 될 수 없다는 점을 생각할 때, 무교의 사제 절대 의존, 예배주의적 신앙생활, 그리고 무 윤리주의적 삶이야말로 신앙성숙을 방해하는 최대의 암적 요소라고 말할 수 있다.

도교의 영향

도교는 처음으로 수입된 외래 종교로서 비록 조직화되지는 못하였으나 민간신앙으로서 무교와 혼합하여 한국인의 종교성에 깊은 영향을 미쳐왔다. 도교는 본래 노자의 자연합일사상에 기초하여 도(道)로의 복귀를 통한 불노장생의 신선(神仙)이 되는 수도종교로 발전하였다. 이러한 목적을 성취하기 위하여 자연의 정기(精氣)가 서려 있는 심산유곡에서 일생동안 수도하는 도사(道士)들이 출현하게 되었는데, 그 후로 한국의 심각한 종교인들은 일종의 도사가 되고자 하는 유혹을 받았다. 그 결과 기독교에서도 산을 중심한 이단들이 적지 않게 출현하였으며, 교주는 한결같이 도사형이었다. 심지어 교회 안에도 상당수의 목사들이 입산수도를 통하여 신령한 목사가 되고자 도사형 영성을 추구하고 있으나, 이는 개혁주의적 영성과 근본적으로 다르다. 진정한 신앙성숙은 신비종교의 추구에 있는 것이 아니라, 하나님의 나라를 추구하는 윤리적이고 헌신적인 삶에 있는 것이다.

대중도교는 주로 점술과 칠성신에의 기도, 부적과 풍수지리설,

그리고 선약복용의 방식으로 보편화되었다. 주역의 음양오행설에 기초하여 운명과 재수를 예언하는 점술은 전 민족적으로 오랫동안 신봉되어 왔으며, 그 결과 운명론적 사고와 예언중시사상이 편만하게 되었다. 이 결과 한국교회에서 예언, 환상, 해몽, 계시 등이 지나치게 중시되어 많은 혼란을 야기한 것은 안타까운 일이며, 하나님의 영원한 구원의 경륜보다 자기중심적인 예언의 중시는 신앙의 성숙을 방해한다. 여인들에게 일반화된 칠성신에의 기도는 새벽에 정한수를 부엌에 떠놓고 가족을 위해 기도하는 습관을 형성시켰는데, 이는 한국에서 기도의 원형을 형성함으로써 한국교회의 기도행태에도 중요한 영향을 끼쳤다. 한국 새벽기도의 창시자인 길선주 목사가 개종 전 '길 도사'(道士)로서 매일 새벽에 목욕재개하고 기도하였다는 점과 주로 여인들이 새벽기도에 충실하며 기도의 내용이 주로 자기 가족의 행복에 있다는 점 등을 고려해보면 그 연관성을 완전히 부정할 수 없다. 예수님이 가르치신 기도와 도교가 가르친 기도는 형식과 내용에 있어서 근본적으로 다르며, 올바른 기도가 신앙의 성숙을 가능케 한다는 점을 인식해야 한다. 그 외에도 부(富)와 수(壽)가 인간의 복(福)을 구성한다는 도교적 사고는 한국 그리스도인들의 기도를 오염시키고 오도하였다.

불교의 영향

불교는 삼국시대에 도입되었는데, 정치적인 목적으로 왕실의 주도하에 수용되었다. 왕실과의 연관성은 불교를 국교로 만들고 호국(護國) 종교로 세속화시켰다. 이러한 불교의 영향으로 그 후에 한국의 모든 종교들은 호국 종교가 될 것을 강요받았다. 한국교회는 여러 차례 정치적 세속화의 길을 걸었으며, 지금도 지나치리만큼 국수주의적이며 민족주의적인 색채를 띠고 있어서 기독교 신앙의 본질인 '세계교회'에 대한 일체감이 매우 부족하다. 성숙한 신앙은 죄악의 영향으로 발생한 모든 세속적 구분의 극복을 노력하여야 한다. 불교의 극락과 지옥사상의 영향으로 인한 내세주의, 적선과 시주를 중시하는 물질주의, 그리고 멸정론(滅情論)의 영향으로 보이는 종교적 정숙주의나 금욕주의, 또는 기쁨 없는 불감증의 팽배는 기독교의 복음적 사고와 정서와는 매우 다른 부정적 영향들이다.

한국불교는 종교적 이상을 성취하는 방법론에 있어서 경전연구를 중시하는 교종(教宗)과 기도를 중시하는 선종(禪宗)으로 분리되었는데, 한국교회에도 유사한 현상이 발생하였다. 물론 성경연구와 기도는 신앙성숙에 있어서 필수적인 방편이지만, 이 두 가지로 한정하는 것과 그 내용과 질보다는 양과 형식에 만족하는 것은 복음을 크게 오해한 것이다. 성경을 백독했다고 해도 그 말씀을 순종하고 실천하지 않는다면 신앙의 성장을 가져올 수 없으며, 아무리 기도를 많이 한다 할지라도 그것이 하나님의 나라를 구하지 않고 이기적인 목적을 추구한다면 오히려 신앙의 성숙을 방해하는 결과를 가져온다. 불교는 일순간의 깨달음(覺)을 위한 노력일 뿐 실제적인 삶과 무관한 종교인 반면, 기독교는 그 궁극적인 목적이 앎이나 깨달음이 아니라 하나님의 나라를 위한 헌신적인 삶에 있다. 더욱이 한국에 대중화된 정토불교는 기도불교로서 기도를 통하여 모든 것이 해결된다는 기도만능주의에 기초하고 있으며, 기도의 내용은 별로 문제되지 않고 양적인 반복이 중시된다.

유교의 영향

유교는 일찍이 한국에 들어와 교육방법으로 사용되다가 고려 말에 이르러서야 주자학의 도입으로 종교적 성격을 강화하고 이조의 개국과 함께 국교가 되었다. 충과 효의 예를 회복함으로써 인을 이루어(克己復禮爲仁) 군자가 될 수 있다는 공맹의 가르침은 격물치지 성의정심 수신제가 치국평천하(格物 致知 誠意 正心 修身 齊家 治國 平天下)의 8단계를 따라 수기(修己)와 치인(治人)을 도모한다는 정치 종교적 성격이 강하여 학업을 통한 입신양명의 출세 중심적 인생관을 형성시켰다. 이러한 영향은 교회 안에서 출세정도에 의해 교우를 평가한다든지, 교회의 직분을 계급같이 본다든지, 섬김보다는 다스림을 위주로 생각하는 경향을 심어주었다. 또한 예절의 중시는 자연히 외식과 체면을 부추기는 율법주의적 사고를 팽배하게 만들었다.

이조 5백년의 유교정치는 끊임없는 정치적 투쟁으로 얼룩져 있다. 학문이 인격을 형성한다는 지성주의적이며 이론적인 인간관은 사랑과 온유, 겸손과 절제를 가르치는 성경적 이상과는 크게 다르며, 이론적 논쟁을 좋아하고 정통을 표방하며 정치적 적수를 이단으로 모는 근본주의적 사고로 사색당쟁을 조장하였는데, 이러한 행동방식은 결코 성숙한 그리스도인의 모습이라 할 수 없다. 지역패권주의와 학문적 분파주의는 강력한 유교의 영향으로서, 한국교회에 지역교권정치를 무성하게 일으켜 많은 분열을 결과하였으며, 교회의 일치보다는 신학적 분파주의와 반목, 그리고 교회단체의 대립으로 인하여 한국교회 내에 여러 종류의 원치 않는 분단을 유발시켰다. 신앙의 성숙은 자기 부인과 그리스도안에서의 연합을 추구할 때 가능하다.

결어

이스라엘은 전 세계에 대한 제사장민족으로서 순수하고 성숙한 신앙을 요구받았으나, 근동종교들의 영향을 극복하지 못한 채 오염되고 타락하였다. 바알과 아세라 종교를 비롯한 근동 종교들과 이집트 종교, 그리고 바벨론과 페르샤의 종교들에 이르기까지 이스라엘의 신앙적 성숙을 저해하는 요소들이 많았다. 우리 한국교회는 초기부터 우상숭배를 철저히 배격하여 왔으나, 종교가 문화의 대부분을 형성한 한국의 문화적 상황 속에서 우리는 사실상 심각한 전통 종교들의 부정적 영향을 받아왔다. 1959년 예일대에 제출한 학위논문에서 정대위 박사는 한국선교의 성공이 종교혼합의 관용 때문에 가능했다고 주장하였는데, 이는 한국에서 상당수의 문제 있는 교회들이 급성장하는 현실을 감안할 때 깊이 반성해 볼 필요가 있다. 오늘날 일부에서는 종교혼합주의나 심지어 종교 다원주의를 주장하기도 하지만, 성경은 오히려 그리스도의 교회와 성도들에게서 그러한 인간종교들의 부정적인 영향을 정화(淨化)하도록 명령한다. 한국교회가 선교 2세기에 접어든 시점에서 교회적으로나 개인적으로 성숙(成熟)을 향한 몸부림이 절실히 필요하며, 이는 전통 종교의 부정적 영향을 비롯한 세속적 요소들을 철저히 정화하고, 나아가 적극적으로 그리스도를 본받아가는 헌신적 성화를 통해서 가능하다고 생각된다.

5

성 정체성 위기에 대한 성경적 대안

우리 사회는 1990년대 이후 성적 위기를 맞이하고 있다. 경제성장과 함께 향락산업이 독버섯처럼 성장하였으며, 러브호텔과 원조교제가 유행하고 혼전성관계나 혼외정사가 확산되고 있다. 이혼율이 1970년의 4퍼센트에서 30퍼센트로 증가하면서 가정은 파괴되고 사회는 혼란에 빠지고 있다. 더욱이, 동성애가 대학을 중심으로 갑자기 확산되면서 이미 70만 명에 달하고, 그중 40만 명이 커밍아웃한 상태라고 한다. 또한, 최근에는 남자에서 여자로 성 전환 수술을 받은 사람이 화장품 광고와 영화에 출현하여 성 정체성의 위기를 조장하고 있다. 이미 국내에 성 전환 수술을 받은 사람이 3백 명에 이르고 있으며, 의학의 발달과 함께 더욱 증가할 전망이다. 이러한 성 정체성의 위기는 동성애자나 성 전환자에 대한 사회적 동정론이 확산되면서 심각한 현실로 대두되고 있는 실정이다. 또한 사이버스페이스에서도 상당한 성 정체성의 혼란이 발생하고 있다. 본인은 이런 위기상황을 중시하고, 먼저 그 원인인 성 혁명과 성 정치학을 중심으로 그 실체를 규명하고,

신학적인 성과 성 정체성 이해를 제시한 후, 동성애와 성 전환에 대한 분석과 성경적 대안을 제시하고자 한다.

성 혁명의 발생

1960년대에 발생한 성 혁명(Sexual Revolution)은 창조자에 대한 신앙을 상실해가는 서구의 세속화가 빚어낸 비극적 사건으로서, 그 부정적 영향은 서구뿐 아니라 서구화를 추구하는 모든 세계로 확산되어 물질적 풍요와 함께 가정과 사회가 와해되는 위기를 초래하였다. 남녀평등을 실현하려는 여권신장운동이 성경적이고 성의 구속을 실현하는 긍정적 사건이라면, 성 혁명은 서구에서 전통적인 기독교적 성 이해에 도전하여 이를 전복하려는 부정적 반란으로서, 주로 여성주의(feminism)와 동성애주의(homosexualism)라는 형태로 출현하였다.

여성주의 혹은 페미니즘은 여성해방을 부르짖으며 남성이 규정하는 여성성을 부정하고 여성 자신이 주체가 되어 여성을 해석하고 선언하는 운동으로서, 초기에는 여성과 남성이 전혀 다르지 않으며 따라서 여성이 남성같이 될 수 있고 그렇게 되어야 평등을 실현할 수 있다고 주장하며 성 정체성을 부정하였고, 심지어 여성이 모성을 포기하고 출산을 거부해야 근본적인 평등이 이루어진다고 주장하였다. 그러나 이런 전략이 결국 여성의 남성화를 부추김으로써 남성주의라는 오류에 빠진다는 내부 비판과 함께 쇠퇴하고 새로운 방법을 추구하였다. 그것은 여성성 옹호론으로서, 창조적인 모성과 협동적인 여성성이 전투적이고 경쟁적인 남성성보다 우월하므로 남성 중심적 사회에서 여성중심의 사회로 전환해야 된다고 주장한다. 그러나 이 전략도 결국 미화되었을 뿐 전통적인 여성성을 수용하여 해방을 포기했다는 내부 비판에 직면하고 있다. 이러한 페미니즘은 남성을 적대화 또는 경쟁 대상으로 규정함으로써 남녀대결과 부부갈등을 유발시켜 가정불화와 이혼의 급증, 그로 인한 가정의 파괴와 결혼의 경시, 그리고 사회적 불안정을 결과하였다.

또한, 동성애운동은 반사회적인 히피운동의 일환으로 발생하였는데, 남자와 남자가 성적으로 결합하는 호모 혹은 게이, 그리고 여자와 여자가 성적으로 결합하는 레스비안을 정당한 성관계로 주장하였다. 고대에도 동성애가 비밀리에 존재하였으나, 성 혁명 이후로는 이를 자랑스럽게 공개하고 정당한 혹은 심지어 이성애보다도 우월한 성관계로 주장하기에 이른 것이다. 이들은 동시대에 발생한 소수인권운동에 편승하여 동성애자의 인권운동을 전개하였고, 급기야 최근에는 서구에서 동성결혼이 합법화되어 이성결혼과 완전히 동일한 법적 권리를 획득하기에 이르렀으며, 우리 정부도 동성애자의 인권법을 제정하였다. 따라서 통계청도 금년부터 인구센서스에서 동성애자를 별도로 분류할 예정이다. 전통적인 남성과 여성 이외에, 동성애자, 양성애자, 성 전환자, 무성주의자까지 발생함으로써 우리 시대는 성 정체성(sexual identity)의 혼란과 위기에 직면하고 있는 것이다.

포스트모던 시대의 성 정치학

페미니즘과 동성애운동으로 대표되는 현대의 성 혁명은 전통적인 남성과 여성의 구별을 부정하는 것이며, 이런 성의 부정은 포스트모더니즘의 성 정치학으로 이론화되었다. 성 정치학(sex politics)이란 모든 성 이해를 정치적 권력관계로 이해하는 이론이다. 남성과 여성의 관계는 그 시대 남권과 여권의 강약구도에 의해 결정되며, 동성애와 이성애에 대한 평가도 어느 편이 권력을 가지느냐에 따라 달라진다는 것이다. 그것은 상당히 현실적으로 보인다. 오늘날의 정치현장에서 여성운동단체들이 여성 표를 근거로 여성의 권리를 신장시켜 나간다든지, 동성애단체들이 정치적 투쟁으로 동성애의 합법화를 획득해내는 것을 보면, 성이해가 정치적 운동에 의해 영향을 받는다는 사실을 부인할 수 없다. 그러나 이런 생각은 너무 단순하고 성의 본질을 고려하지 않은 것이다. 성이란 인간의 본질로서 정치적 흥정으로 규정되거나 변화될 수 없는 것이다. 남녀관계에서 불평등을 해소하기 위한 정치적 노력은 정당한데, 그 이유는 그것이 남성과 여성의 본질적 정당성과 평등성에 근거하고 있기 때문이다. 그러나 동성애는 비록 민주주의와 다원주의라는 현대적 구조의 허점을 파고들어 모종의 정치적 권리를 확보한다고 할지라도, 인간의 본성을 거스르는 행위이기 때문에 정당하다고 볼 수 없다.

미셸 푸코는 『성의 역사』에서 전통적으로 혐오의 대상이었던 도착된 성들이 어떻게 근대사회에 정착되었는지를 역사적으로 서술하면서, 성은 권력의 상징이며 성 이해는 정치적 결과라고 주장하였다. 성 정치학은 성을 부정하는 탈성화(脫性化, desexualization)를 시도하는데, 이는 성의 본질과 존재를 인정하는 한 성을 단순한 정치적 산물로 주장할 수 없기 때문이다. 따라서 이렇게 주장한다: '요약하면 이 단 한 마디 뿐이다. 성은 없다.' 성의 부정은 남성과 여성의 양성구조를 부정하고 성을 다수로 분화하여 상대화하는 방식을 취하기도 한다. 물론, 남성성과 여성성이란 획일적으로 정의될 수 없으며 다양한 모습으로 나타나지만, 성성과 개성은 구별되어야 한다.

그러나 과연 성이 부정될 수 있는가? 모든 인간은 남성이 아니면 여성이라는 신체적 구조를 가지고 있다는 생물학적 사실은 부정될 수 없다. 그러나 급진적인 성 혁명은 성 전환(transsexuality)까지 시도한다. 우리의 성이 창조자에 의해 부여되었으며 따라서 변경될 수 없다는 생각이 도전받고 있다. 앤소니 기든스는 『현대성과 자아정체성』에서, 우리 신체의 소유권이 우리 자신에게 있으며 따라서 우리가 원하는 대로 바꿀 수 있다는 포스트모던적 사고를 대변한다. 자기의 성에 불만을 느끼면 성형을 하여 성을 바꿀 수 있다는 것이다. 창조자의 주권이 부정될 때, 인간의 주권이 대체한다. 물론 이런 생각을 실현시킬 수 있는 것은 의학의 발전 때문이지만, 유전공학의 발달과 함께 무책임한 기술의 사용은 인간을 물질화하고 인간성을 파괴할 위기에 직면하고 있다.

신이 창조한 성의 아름다움과 영원성

인간은 자기 자신을 창조하지 않았으며, 타의에 의해 존재하게 되었다. 따라서 인간의 소유권은 자기를 존재하게 해 준 창조자에게 있는 것이다. 창조자가 부모라고 생각한 유교는 신체의 소유권이 부모에게 있다고 보았으나, 부모는 신이 인간을 창조하는 도구이며 부모 자신도 타의적 존재이다. 신의 주권은 신의 창조에 근거하며, 따라서 인간은 신의 뜻에 따라 살도록 출생하였다. 창세기 1장 27절은 인간의 창조를 이렇게 설명한다: '하나님이 자기 형상, 곧 하나님의 형상대로 사람을 창조하시되, 남자와 여자를 창조하셨다.' 인간이란 추상적 존재는 없으며, 단지 남자 아니면 여자가 존재할 뿐이다. 즉 하나님은 남자와 여자, 남자 또는 여자를 창조한 것이어서 성 정체성 없는 인간이란 존재할 수 없다.

따라서 칼 바르트는 인간성이라는 추상적 본질보다 남성 혹은 여성이라는 성성을 중심으로 한 인간관을 계발하였으며, 하나님의 형상(imago Dei)과 성을 연결시킨 최초의 신학자가 되었다. 성은 인간성의 본질적 요소이며, 따라서 성을 버리면 인간성을 상실하게 된다. 신체적으로나 정신적으로 남성도 여성도 아닌 인간이란 존재할 수 없으며, 만일 그런 존재가 있다면 인간성을 상실한 열등한 존재일 것이다. 그래서 동양에서도 성(性)이라는 말을 본성이라는 의미와 같이 사용한다. 성은 인간 존재의 원형적이며 정당한 형태이고, 유일한 차별구조인 것이다. 이 근본적인 형태는 창조의 결정구조로서 변화되거나 거부될 수 없는 신의 명령이다. 자기 성을 잊고 살 수도 있으며 불만을 가지거나 경멸할 수도 있고 오해할 수도 있으나, 그것을 벗어버리거나 부정할 수는 없다. 성 전환 수술을 한다고 해서 자기의 성성을 바꿀 수는 없다. 단지 남장 혹은 여장을 한 것이나 크게 다를 바가 없다. 또한 동성애자에게도 남성의 역할을 하는 사람과 여성의 역할을 하는 사람이 있다. 그리고 타성의 역할을 한다고 하여도 자기의 본성을 제거할 수는 없다. 성 혁명은 구조적으로 창조자를 부정하는 무신론 혹은 진화론적 사고에 기초하고 있으며, 따라서 양성제도의 영속적 규범성을 부정하고 다른 성 정체성의 창조를 시도한다. 그러나 제3의 성은 존재하지 않는다. 성 전환을 하든 동성애이든 남성과 여성이 존재할 뿐이다. 이것은 성 혁명의 허구성을 자증한다.

에밀 부르너는 '사람이 죽은 자 가운데서 다시 살아날 때에는 장가도 아니 가고 시집도 아니 간다' 는 마가복음 12장 25절을 오해하여, 성이 내세에서 없어진다고 주장하였다. 그러나 폴 쥬엣은 『남성과 여성으로서의 인간』에서 그 정당한 의미는 결혼관계가 없다는 뜻이지 성을 상실한다는 말이 아니라고 설명하면서 성의 영원성을 주장하였다. 육체의 부활은 인간이 내세에서 영으로 변화되는 것이 아니라 영원히 육체를 소유하게 된다는 연속성을 가르친다. 부활의 첫 열매인 예수 그리스도의 부활체를 보면 외적으로 전혀 변형되지 않았음을 확인할 수 있고, 따라서 성 정체성도 유지됨을 추론할 수 있다. 성은 신의 지혜로운 창조로서 수치스럽거나 악하지 않다. 남성 혹은 여성으로 창조한 하나님은 매우 만족해하였으며, 범죄 전에는 벌거벗었으나 부끄러워하지 않았다. 기독교의 긍정적인 육체관은 성적 구조를 결코 부정되거나 탈피되어야 할 악으로 보지 않으며, 영혼과 육체의 통일성(psycho-somatic unity)도 성이 단지 육체의 문제만이 아니며, 성 정체성이 영적 정체성 혹은 영성과 불가분리의 관계에 있음을 가르친다.

성의 타락과 구속

에덴에서의 아름다운 성은 인간의 타락 이후 수치스러운 것으로 전락하였다. 성은 인간성의 본질이기 때문에, 인간의 타락은 성의 타락을 결과하였다. 성이 인격과 분리되어 단순한 쾌락의 도구로 비인간화되는가 하면, 사랑과 분리되어 물질화되기도 하였다. 수치스러운 성적 죄악들이 수없이 발생하였는데, 레위기 18장은 그 대표적인 목록이다: 친모, 계모, 자매, 손녀, 이복자매, 고모, 이모, 백모, 숙모, 자부, 형수, 제수, 딸과의 근친상간, 경도 중의 성관계와 통간, 동성애, 그리고 짐승과의 수간 등이다. 그 외에도, 강간과 간음, 매춘과 음란 등 성적 범죄는 다양하게 나타났다. 물론 신체 구조적으로만 본다면 자기 모친이나 딸과의 성관계도 가능하다. 그러나 그것은 인륜과 본성을 거스르는 동물 이하의 패륜적 성이다.

헬무트 틸리케가 『기독교 성 윤리』에서 설명한 대로, 인간의 성과 동물의 성은 양성을 가지고 있다는 점에서 공통적이지만 본질적으로 다르다. 동물의 성은 번식시기에만 일시적으로 작동하며 자동적인 강제성이 있지만, 인간의 성은 항상 가능한 반면 성 충동을 판단하고 절제할 수 있는 능력이 있다. 따라서 인간은 성욕에도 불구하고 심지어 독신이나 수절이 가능하며, 일반적인 경우에도 얼마든지 절제가 가능하다. 무절제한 성은 자기와 가정과 사회에 파괴적인 결과를 초래하는데, 절제의 규범은 인간의 본성과 창조자의 뜻으로서, 인간의 성은 정당한 관계, 즉 부부관계에서 헌신의 인격적 사랑으로 몸과 마음이 하나 되는 교제의 방편으로만 사용되어야 한다. 바르트가 묘사한 대로, 부부의 성적 교제는 '두 사람의 만남이 완성되는 정점에서 그들의 육체가 온전히 상대에게 속하며 그들의 인간성을 서로 증거하고 보장해 줌으로써 한 몸이 됨을 의미한다. 이러한 완성에서, 남자는 더 이상 자기에게 속하지 않고 여자에게 속하며, 여자는 더 이상 자기에게 속하지 않고 남자에게 속한다.' 인간의 성은 전인적이어서 인격적 성과 생리적 성이 분리되면 자아분열에 빠지며, 순간적 성이 영원한 사랑 안에서 연속성을 가져야 한다. 구속된 성은 정욕으로부터의 자유를 회복하여 성적 정절을 지키며 하나님이 허용한 부부관계에서만 성을 사랑과 헌신의 마음으로 사용한다.

그러나 인간의 성이란 인간성의 본질로서 단지 성행위만을 의미하지 않는다. 부부의 교제와 행복은 성적 접촉이나 결합의 순간에만 제한되지 않고 항상 계속되는데, 그것은 남성성과 여성성의 풍요한 만남이다. 남성은 여성으로 인해 행복하고, 여성은 남성으로 인해 행복을 느낀다. 중성적인 부모가 아닌 아버지와 어머니의 존재는 자녀의 인간성을 풍요하게 계발시키며 다양한 필요를 만족시킨다. 한편, 부모도 중성적인 자녀가 아니라 아들과 딸이 있음으로써 풍요하고 조화로운 가정의 행복을 느낀다. 따라서 성은 가정과 사회에 풍요한 만남과 혜택을 제공한다. 성은 단지 신체적인 모습이나 기능으로만 나타나지 않고, 그의 마음과 언어와 감성과 삶의 모든 방식으로 표출된다. 성의 씨앗은 점진적으로 계발되어 성숙하고 완전한 남성성과 여성성을 개성 있게 실현하며, 남성이 더 남성답고 여성이 더 여성다울 때 가정과 사회는 더 풍요하고 조화로운 공동체로 발전한다. 본질적 성을 부정하는 사람들은 성성이 학습에 의해 형성된다고 하지만, 그것은 자연적으로 계발된다. 비록 학습과 문화형태가 외형에 영향을 미치지만, 그 본질적 성성은 전혀 학습이 이루어지지 않는 상황에서도 훌륭하게 계발될 수 있다.

성의 구속은 하나님이 주신 성을 오용하거나 남용한 성욕적 행위를 회개하고 자기의 성을 거룩하게 사용함으로써 이루어진다. 성의 성화는 성을 하나님의 소명으로 수용하고 감사하면서 그 성을 주신 하나님의 뜻을 실현하는 것이며, 성을 자기의 성욕이 아니라 하나님의 뜻에 따라 사용하는 헌신이다. 성의 타락은 성 정체성을 악화시켜 자기 성에 대한 불만과 타성에 대한 동경을 야기하였다. 그러나 하나님은 남자가 여자같이, 혹은 여자가 남자같이 분장하거나 행동하는 것을 금지하였다.

신명기 22장 5절

여자는 남자의 의복을 입지 말 것이요, 남자는 여자의 의복을 입지 말 것이라. 이 같이 하는 자는 네 하나님 여호와께 가증한 자니라.

왜냐하면 그것은 하나님이 자기에게 부여한 성을 감사하지 않고 거부하는 행위였기 때문이다. 무성적 인간이란 존재하지 않고 남자 혹은 여자가 존재하며, 따라서 중성적 인간성이 없고 남성 혹은 여성이 존재하기 때문에, 인간의 구속도 남성의 구속 혹은 여성의 구속이 있으며, 자기의 성에 충실한 남성 혹은 여성으로 다시 태어난다. 예외적으로 독신이 허용되지만, 심지어 독신의 경우에도 자기의 성에 충실해야 한다. 그것이 가정과 사회를 통한 하나님의 나라 실현에 공헌하며 자기를 완성하는 길이기 때문이다. 따라서 성 정체성의 확립이 인간의 구속에 있어서 필수적으로 요청된다.

성과 결혼을 통한 신의 섭리

하나님은 남자와 여자를 창조하였으며, 성숙한 남녀가 결합하는 결혼제도를 통하여 세계를 지속시키고, 가정의 사랑을 통하여 지상에서 하나님의 뜻을 실현한다. 그러므로 성과 섭리는 불가분리의 관계를 가지고 있다. 성의 부여와 번성의 명령은 연결되어 있다. 만일 모든 인류가 남녀의 결합을 거부하고 동성애에 빠진다면, 인류는 한 세대 안에 지상에서 멸절하고 말 것이다. 창조질서의 거부는 자멸과 심판을 초래하게 된다. 하나님의 오묘하고 고귀한 뜻은 성숙한 남녀가 하나님의 섭리와 인도 가운데서 결혼하여 몸과 마음이 하나인 사랑의 가정을 이루고, 자녀가 부부의 사랑 가운데서 태어나 부모의 사랑으로 양육되어 다른 사람을 사랑하는 인간이 되는 것이다. 그런 사람이 하나님의 뜻을 이 세상에 실현하는 도구가 될 수 있기 때문이다. 실로, 부부의 결혼관계 밖에서 불륜과 욕망으로 태어나거나 부모의 사랑 밖에서 자란 사람은 대개 사랑의 결핍과 인간성의 약화를 회피할 수 없다.

『인구론』의 저자인 맬서스는 전쟁이나 전염병으로 인한 대규모의 사망으로 남녀의 성비(sex ratio)가 무너져 남자나 여자가 과도하게 많아질 경우 그 직후에 부족한 성이 집중적으로 출생하다가 다시 성비가 회복되면 그런 현상이 중지된다는 흥미로운 사실을 발견하였다. 실로 모든 지역공동체는 남성과 여성의 성비가 신비롭게도 거의 완벽한 동수를 유지하고 있다. 그것은 부모나 병원이나 국가가 통제하지 못하며, 우주를 주관하는 신의 섭리 외에 다른 해답을 찾을 수 없다. 즉 성은 매우 정밀하게 신에 의해 통제되고 있으며, 따라서 신이 부여한 성은 반드시 수용되고 실현되어야 한다. 한국이 남아선호사상으로 여아를 낙태시키는 일이 얼마나 신의 섭리에 도전하는 어리석은 행위인지 모른다. 성비의 불균형은 인간의 불순종과 저항의 결과이며, 이는 사회적 불안과 불행을 결과한다. 또한 성비의 균형은 일부일처제가 신의 뜻임을 분명히 가르쳐 준다. 성경은 성의 순결과 정조를 중시하며, 한 사람이 둘을 인격적으로 사랑한다는 것이 불가능함을 지적하였다. 틸리케는 성의 본질이 완전한 헌신을 요구하기 때문에 일부일처제만이 가능하다고 설명하였다.

따라서 자기에게 주어진 성을 무시하거나 부정하는 행위, 또는 성을 쾌락의 도구로 물질화하고 비인격화하는 행위는 가정과 사회를 황폐화시키고 파괴하는 범죄로 간주되며, 사랑과 구원을 실현하려는 하나님의 섭리에 역행하는 것이다. 따라서 현대에 발생한 성 혁명은 성 정체성의 혼란을 조장하여 인간사회의 근본을 뒤흔듦으로써 구속사의 진행을 거스르는 심각한 사태가 아닐 수 없다.

동성애의 문제

그런데, 그 대표적 현상이 동성애운동이다. 동성애는 신이 부여한 성을 거부하고 동성끼리 성관계를 가지는 행위로서, 하나님이 남자와 여자를 창조한 의도를 철저히 무시하고 자연스러운 성의 순리를 부정한다. 따라서 하나님은 동성애를 가증한 죄악으로 규정하고, 성의 소명을 거부하였기 때문에 생존의 가치도 없다고 단호하게 정죄한다.

레위기 18장 22절

나는 여호와니라. 너는 여자와 동침함 같이 남자와 동침하지 말라. 이는 가증한 일이니라.

레위기 20장 13절

누구든지 여인과 동침하듯 남자와 동침하면 둘 다 가증한 일을 행함인즉 반드시 죽일지니, 자기의 피가 자기에게로 돌아가리라.

신약에서도 동성애는 본성위반죄(peccatum contra naturam)로서, 현세에서도 그에 상당한 보응을 받을 뿐 아니라(롬 1:26-27), 구원받을 수 없는 극악한 죄의 목록에도 포함되어 있다(고전 6:9-10, 딤전 1:9-10). 캘빈은 동성애야말로 동물적 탐욕일 뿐 아니라 짐승보다도 더 난잡한 행위라고 비판하였다.

그러나 성 혁명의 대표적 운동으로 전개된 동성애주의는 동성애를 여러모로 정당화하면서 법적 권리와 사회적 인정을 확보해 나가고 있다. 그러나 모든 인류는 원죄의 결과로 죄성을 가지고 태어나며, 죄성 속에는 성적 죄성이 포함되어 있다. 성적 죄성은 성욕의 끌림대로 무절제하게 관계하려는 성향이다. 끌림을 무조건적으로 정당화하는 동성애주의는 동성애가 태생적인 성향이므로 불가피하다는 물질주의적 결정론을 내세우면서, 본성에 순응한다고 항변한다. 그러나 그들은 정상적 본성과 타락한 죄성을 혼돈하고 있다. 범죄적 본성인 죄성은, 비록 그러한 성향을 가지고 태어났다고 할지라도 하나님의 말씀과 인간의 양심에 거스를 때는 신이 주신 자유의지로 저항하고 절제해야 되는 부정적 성향이다. 인간이 끌리는 대로 행동한다면 이 세계는 혼란과 파멸에 빠지고 말 것이다. 또한 우리의 육체는 눈이 멀어서 도덕적 저항감만 중화시키면 누가 애무하든 성적 쾌감을 느낄 수 있다. 심지어 자위도 존재한다. 따라서 패륜적인 동성애도 변태적인 성적 쾌감을 느낄 수 있지만, 인간은 이성적이고 양심적인 본성에 따라 그릇된 끌림은 자제하고 자기를 지켜야 한다. 그렇지 않으면 자멸을 초래하는 하나님의 심판에 직면하게 된다.

동성애자들은 자신들의 무죄성을 주장하며 이성애의 편견이라고 비판하지만, 이성애라고 모두 정당화되는 것은 아니다. 단지 진정한 사랑을 증거 하는 절대적 헌신과 정절이 있는 부부간의 이성애만이 정당화된다. 그러나 동성애는 끝없이 성적 상대를 바꾸면서 음란한 성행위를 일삼는 난잡한 성생활을 범하고 있다는 사실에서도 그 죄악성을 드러낸다. 킨제이연구소의 조사에 의하면, 동성애자들이 일생동안 바꾸는 상대자가 평균 550명이며, 에이즈환자의 경우는 1100명이라고 한다. '그 열매로 나무를 알 수 있다'는 말씀은 동성애에 적용시킬 수 있다. 인간이 본성과 계명에 나타난 하나님의 뜻을 범하지 않을 때 성의 행복과 자유가 보장된다. 신의 성적 창조질서는 순결과 정조를 지키는 부부관계에서만 행복한 성이 보장되는 것이다. 동성애자들이 파트너를 끝없이 바꾸는 이유는 거기에 만족이 없기 때문이다. 인류역사상 최악의 성범죄로 출현한 현대의 동성애운동이 에이즈(AIDS)의 발생과 비참한 종말로 인해 한동안 억제되는 듯하였으나, 그 세력은 약화되지 않고 계속 확산되고 있다. 물론 동성애자의 피를 수혈 받은 사람이나 그의 아내 혹은 자녀와 같이 무죄한 사람들도 에이즈에 감염되어 죽어가고 있으나, 에이즈는 주로 동성애자에게 전염되며 동성애와 직간접적으로 연관되어 있다. 이미 에이즈로 2180만 명이 죽었으며 지금 감염된 자가 3610만 명이고 올해만 300만 명이 사망할 것이라고 한다. 그러나 동성애자들은 책임을 회피하면서 죄악과 사망의 행진을 계속하고 있는 것이다.

역사적으로, 동성애는 1960년대의 반사회적인 성 혁명 이후 갑자기 발생하였으며, 우리나라에서도 미국에서 동성애를 배운 한국인들이 1990년대에 귀국하면서 발생하였다. 물론 동성애가 고대에도 간혹 존재하였다고 하지만 모두 이성결혼을 하며 살아왔으나, 갑자기 많은 수가 나타나고 급격히 확산된 것은 시대풍조와 무관하지 않다. 이성애를 할 수 있었던 많은 사람들이 동성애운동에 휩쓸려 이를 배우게 된 것이다. 따라서 언젠가 이러한 풍조가 급격히 사라질 수도 있다. 교회와 국가는 이와 같은 반륜적 운동에 동정하거나 동조할 것이 아니라 하루 속히 이런 풍조가 약화되고 사라질 수 있도록 노력해야 한다.

성 전환의 문제

어느 시대를 막론하고 사람들 중에는 남자 같은 여자, 여자 같은 남자가 있어왔으나, 타고난 성대로 살면서 결혼생활을 하는데 근본적인 문제가 되지 않았다. 그러나 20세기의 성형의학 발전이 성 전환 수술을 통하여 남자를 여자로, 여자를 남자로 바꾸는 육체적 성 전환의 가능성을 열어줌으로써 혼란을 야기하고 있다. 물론 아직까지는 전체의 0.01퍼센트 이하의 극소수만이 성 전환 수술을 받았으나 사회적인 관용과 성형외과의 적극적인 광고가 있을 경우 확산될 수도 있다.

생득적인 성을 바꿀 수 있다는 성 전환론(transsexualism)은 정신적 성과 육체적 성의 불일치를 의학적 방법으로 일치시킴으로써 통일된 성 정체성을 실현한다는 생각이다. 그러나 이러한 이론적 정당화는 실제와 너무 다르다. 사실 어떤 이유에서든지 자기 성에 잘 적응하지 못하고 타성과 유사한 모습이나 기호를 가지는 것은 고통스러운 일이며, 사람들의 눈을 피해가면서까지 자기 성보다 타성의 의상을 입고 행동하는 것이 더 편하다면 얼마나 마음의 갈등이 심하겠는가? 이러한 성 정체성 장애는 치료를 필요로 하며, 의학적인 도움으로 해결된다면 다행일 것이다. 그러나 성 전환 수술은 그것을 해결해주지 못하고, 오히려 본인과 주위에 더 큰 고통과 갈등을 야기한다. 성 전환 수술의 과정을 보면 그러한 문제를 이해하는데 도움이 될 것이다. 남자를 여자로 만드는 수술을 받기 위해서는 먼저 남성성을 지워내는 항남성 호르몬과 함께 여성화를 추진하기 위하여 대량의 여성호르몬을 1-2년 동안 계속 투입하는 준비과정을 거치게 된다. 즉 강제로 남성성을 여성성으로 바꾸는 작업은 정신과 육체에 상당한 여성화를 촉진하는데, 그 후에 물리적인 대형수술을 하게 된다. 남성의 성기를 제거하고 여성의 성기를 만드는 작업, 남성의 근육을 제거하고 유방이나 둔부를 만드는 작업, 그리고 특히 얼굴을 여자와 같이 보이기 위해 광대뼈나 턱뼈를 깎아내고 눈과 코와 입을 비롯하여 안면을 바꾸는 작업 등, 그야말로 모든 것을 바꾸게 된다. 성형의학이 발달하여 시술되는 것이지만, 할 것과 안할 것을 구별하는 의료윤리가 절실히 요청된다.

사실상, 성 전환 수술이란 본질적 성을 전환시키는 것이 아니라 대규모의 성형 수술일 뿐이다. 새로운 성의 생식기능을 갖는 것도 아니며 염색체상으로도 본래의 성을 유지하고 있는 것이다. 그뿐 아니라, 성이란 단지 물리적인 수술로 바꿀 수 있는 것이 아니다. 심지어 모든 성적 부위들을 상실한다 할지라도 성은 유지되는 것이다. 따라서 법적으로도 성 전환 수술에 의해 성을 바꿀 수 없다. 법원은 수술을 받은 성 전환자의 성별 정정 신청을 기각하면서, '사람의 성별이 수정 시 염색체에 의해 결정되면 그 후 변경될 수 없다는 사실이 생물학적으로 명백하다' 고 판시하였다. 하나님이 출생할 때 부여하는 성은 본질적인 자아정체성을 형성하며 일부 혼돈이 있다 할지라도 자아는 그 성적 정체성을 죽을 때까지 유지한다. 성 전환 수술을 통해 신체를 고친다 할지라도 그의 자아는 본래적 성을 벗어버릴 수 없다. 비록 쉽지 않다 할지라도 정신적 치유나 행동양식의 변화를 통해 교정하면 정상적이고 행복한 인생을 살 수 있는데, 성장과정에서 형성된 행동양식이나 심리구조를 고치기보다 신체의 모양을 고침으로써 문제를 해결하려는 것은 오히려 더 돌이킬 수 없는 결정적 오류를 범하는 것이며, 정신적으로 심각한 자기분열과 성적 갈등을 겪고 사회적으로도 불신과 소외를 당하게 된다. 물론 신체의 질병이나 장애 혹은 기형은 의학 혹은 기타 치료를 통하여 회복되는 것이 하나님의 뜻이지만, 성이란 본질로서 전인적이어서 물리적 변형으로 변화될 수 없는 것이다.

가정의 회복

그러면, 어떻게 이러한 성 정체성의 위기를 해결할 수 있는가? 성은 가정의 기초이며 본질이다. 성이 없다면 가정도 존재할 수 없기 때문이다. 성에 의해 결혼과 가정이 이루어지며, 가정이란 새로운 인간들이 성을 가지고 태어나서 부모를 통해 성에 대해 배우게 되는 성의 학교인 것이다. 따라서, 오늘날 발생하고 있는 성 정체성의 혼란은 가정의 실패에 기인하며, 그 근본적인 해결도 가정의 회복에 달려있다.

동성애자의 67퍼센트가 부모의 역할에 문제가 있는 가정, 즉 남자를 증오하고 지배적인 어머니와 여자같이 나약한 아버지를 가진 가정에서 자라났다는 통계가 발표되었다. 비록 인간의 성은 생득적이지만, 성의 역할이나 행동방식은 학습에 상당한 영향을 받는데, 형성기에 있어서 남성과 여성의 주된 모델은 부모가 된다. 그러므로 아버지는 정상적인 남성성을 가지고 어머니는 정상적인 여성성을 가질 때 올바른 성 정체성이 확립되며 혼란에 빠지지 않는다. 인간이 타락한 직후 하나님은 부부의 관계에 대해 새로운 질서를 부여하였다. '너는 남편을 사모하고 남편은 너를 다스릴 것이니라' (창 3:16). 신약에서도 이 질서는 계속되며, 남편은 아내를 사랑하고 아내는 남편을 순종하라고 권면한다. 물론, 이 말은 남존여비나 남녀차별을 의미하지 않고 사랑에 근거한 가정의 질서구도를 가르치며, 이는 남성과 여성의 본성적 구조를 반영한다. 따라서 동시에 바울사도는 모든 인간의 평등성을 가르치는 인권의 권리장전(Magna Carta)을 선포하였다. '너희는 유대인이나 헬라인이나, 종이나 자유자나, 남자나 여자 없이, 다 그리스도 안에서 하나이니라'(갈 3:28). 또한, 남성과 여성의 상호의존과 공존성을 가르쳤다: "주 안에는 남자 없이 여자만 있지 않고 여자 없이 남자만 있지 아니하니라. 이는 여자가 남자에게서 난 것같이 남자도 여자로 말미암았음이라. 그리고 모든 것은 하나님에게서 났느니라."(고전 11:11-12) 하나님은 서로 사랑하고 존경하는 남자다운 아버지와 여자다운 어머니 사이에서 남성과 여성으로 태어난 새로운 인간들이 올바른 자기 정체성을 배우기 원하는 것이다.

또한, 부모로부터 올바른 교육을 받기 원하는데, 가장 중요한 교육은 성의 소명에 맞는 인간으로 양육되는 것이다. 남자는 남자답게 여자는 여자답게 길러야 한다. 앞에서도 지적하였듯이, 무성적인 인간이란 존재하지 않으며 남성 혹은 여성이 존재하기 때문에, 인간교육도 남성 혹은 여성교육이어야 한다. 성 전환을 시도하는 사람들은 어린 시절 부모가 남자를 여장시키고 여자같이 키웠거나 여자를 남장시키고 남자같이 키운 경우가 많다. 또는, 남자가 여자같이 여자가 남자같이 행동하는데도 초기에 적극적으로 교정해주지 않고 무책임하게 방치하거나 즐긴 경우도 많다. 자기의 성성을 풍요하고 개성 있게 계발하는 것, 그리하여 가정과 사회를 풍요하게 만들 수 있는 존재로 기르는 것이 하나님의 뜻이다. 물론, 남성성이나 여성성은 획일적으로 규정될 수 없으며 개성이나 문화적 요인이 고려되어야 하지만, 남성이 사랑할 수 있는 여성, 여성이 사랑할 수 있는 남성이 되어 사랑과 조화를 통해 이 땅을 하나님의 뜻을 실현되는 아름다운 사랑의 공동체로 만들어야 한다. 남성과 여성은 서로 다르면서도 같은 존재로서, 투쟁과 반목의 대상이 아니라 서로 사랑하고 협조하도록 창조되었다.

성 정체성 위기에서 교회의 역할

교회는 세상의 빛과 소금이다. 모든 절대적 규범이 무너져 내리는 포스트모던 시대에도 교회는 하나님의 말씀에 근거한 절대적 윤리를 외쳐야 할 선지자적 사명이 있다. 페미니즘과 동성애운동으로 대표되는 성 혁명과 성 정치학은 하나님이 창조한 성의 존재를 부정하며 정치적 투쟁을 전개하고 있다. 교회는 본성에 근거한 절대적 성 윤리를 지키는 보루가 되어야 하며, 정치적 이득을 위해 하나하나 양보해 나가는 정부나 시청률이나 구독률의 종이 되어 불륜과 부도덕도 아랑곳하지 않는 매스컴의 상업주의적 대중문화에 제동을 걸어야 한다. 성 윤리의 몰락과 성 정체성의 혼란은 가정을 파괴하며 나아가 사회와 국가의 불안과 몰락을 가져오기 때문에, 교회가 연합하고 건전한 시민단체들과 연대하여 남성과 여성의 절대성을 지켜야 한다. 일부 교회는 동성애나 성 전환을 인정하고 더 이상 죄로 보지 않으며, 심지어 동성애자를 목사 안수하기도 하지만, 교회가 성경의 윤리적 기준을 상실해서는 안 된다.

한편, 교회는 세상을 사랑으로 치유하며 구원하는 공동체이다. 성 문제의 근본적 원인이 가정에 있음을 인식하고 어느 시대보다 가정사역을 확대해야 한다. 또한 모든 죄인과 병자를 사랑한 예수님을 본받아 동성애자나 성 전환자도 사랑해야 한다. 그들을 정죄만 하면서 기피하고 소외시키기보다 그들이 성성의 형성과정에서 발생한 성 정체성의 혼란을 동정하고 함께 해결책을 찾도록 도와주어야 한다. 물론 성적 지향성과 성적 범죄행위는 구별되어야 한다. 잘못된 끌림 자체는 동정하지만, 그것을 절제하지 못하고 범죄한 것은 책망되어야 한다. 인간의 타락은 질병과 죄성을 결과하였다. 기형아와 같이 선천적으로 장애를 가지고 태어난 사람들을 교회는 돌보고 사랑해야 한다. 비록 성적인 장애가 성적인 죄악을 정당화할 수는 없지만, 성적인 장애자는 선천적이든지 후천적이든지 교회가 그 실체를 인정하고 그들에 대한 사역을 계발해야 한다. 이미 서구에는 동성애자나 성 전환자에 대한 사역을 개설한 교회들이 있으며, 탈동성애운동(ex-gay movement)도 전개되고 있다.

마지막으로, 교회는 남성과 여성의 공동체이다. 비록 교회가 영적 교제를 나누지만, 남성과 여성이 조화를 이루며 가정과 같이 풍요하고 아름다운 공동체를 건설해야 한다. 그리고 그러한 모델 공동체에서 교회교육을 통하여 자라나는 어린이들과 청소년들에게 성 정체성을 확립해 주는 일이 중요하다. 이상적인 그리스도인이란 이상적인 남성 혹은 이상적인 여성을 의미한다. 교회는 남녀차별을 철폐하는 종말론적 공동체를 실현하면서도 남성과 여성의 성 정체성을 확고히 구별하고 풍요하게 계발하며, 무엇보다도 성 정체성 확립이 조기 교육되어야 한다. 그럼으로써 성 윤리와 성 정체성의 위기를 맞은 이 시대에 교회가 이 세계를 죄악에서 구원하는 구속사적 사명을 다 할 수 있을 것이다.

6

결혼관의 변화와 그리스도인의 대응

우리는 모든 것이 급변하는 시대에 살고 있다. 인류 역사상 아마 현대와 같이 불안한 시대는 없었을 것이다. 오랜 농경사회가 끝나고 이미 산업사회로 전환되었으며, 이제 21세기는 정보산업이 주도하는 후기 산업사회로 변화하고 있다. 따라서 이런 변화에 발 빠르게 적응하지 못하면 사회적 주류에서 소외당하게 된다. 오늘날 기독교도 지난 2천년 역사에 있어서 가장 근본적인 변화를 경험하고 있다. 사도시대 이후 기독교의 중심이었던 서구교회가 몰락하고 제3세계 교회가 대다수를 차지하게 되었으며, 따라서 신앙형태도 크게 변화되고 있다.

이러한 문명전환 시대에서 매우 중요한 변화가 결혼관에서 일어나고 있다. 전통적 결혼관이 심각하게 도전받고 있으며 새로운 형태의 결혼문화가 확산되고 있다. 최근 언론에는 최초의 합법적인 동성애 결혼식이 보도되고 두 남성이 혼례 키스하는 흉측한 장면의 사진이 게재되었다. 네덜란드 정부는 동성결혼을 합법화할 뿐 아니라 이성결혼과 동등한 법적 권리를 부여하였다. 이는 실로 오늘날의 변화를 단적으로 보여주는 사건이 아닐 수 없다. 한 남자와 한 여자가 결혼하는 전통적 결혼관에 대한 근본적 도전이며 파괴인 것이다. 동성애가 고대에도 간혹 있었다고 하지만, 그것은 분명히 현대에 급격히 발생하였으며 확산되고 있다. 에이즈로 인해 억제되는 듯 하였으나, 동성애자들은 조직적으로 자기들을 변호하고 정당화하면서 법적, 사회적 보장을 확보해 나가고 있다. 우리나라에도 1990년대부터 시작된 동성애운동이 대학가로 번지고 상당수의 동정자들을 얻으며 확산되고 있는 실정이다.

그러나 보다 전반적인 위협은 이혼과 재혼의 일반화현상이다. 전통적으로, 결혼은 바꿀 수 없는 운명과 신의 뜻으로 받아들여졌으며, 따라서 이혼은 어떤 상황에서도 금지되어왔다. 그러나 이러한 금기가 현대에 무너지고 있는 것이다. 우리나라에서도 1970년에 4퍼센트였던 이혼율이 벌써 30퍼센트에 이르렀으며, 이는 계속 증가하고 있다. 이혼율의 상승은 여성의 교육과 사회활동의 신장에 비례한다. 현대의 여성운동은 오랜 남존여비의 구습을 타파하는데 공헌하였으나 결혼의 비신성화라는 값비싼 대가를 치렀다. 결혼의 세속화는 이제 더 이상 결혼을 신적인 운명이나 명령으로 받아들이지 않으며 단순한 인간의 선택으로서 언제든지 해지할 수 있다고 생각하게 만들었다. 이러한 풍조는 사회의 비종교화와 함께 남녀 모두에게 일반화되고 있다. 현재의 결혼생활이 불행하고 이혼 혹은 재혼이 더 행복하리라고 판단되면 더 이상 참거나 지체하지 말라고 권고한다. 물론 이혼을 결심하게 되는 상황은 매우 혹독한 경우가 많으며, 처참한 상황에서의 탈출이 불가피하다고 판단한다. 이혼을 하지 않고 결혼생활을 유지하는 사람들 중에도 그들이 당하는 극한상황에 처했다면 이혼을 결심했을 사람도 있을 것이다.

그러나 이혼이 정당화될 수 없는 근본적인 이유는 자기의 사랑이 부족하고 심지어 미움으로 바뀌었다는 사실이다. 상대의 사랑이 식었기 때문에 이혼한다는 말도 사실은 자기의 사랑이 식었다는 말이다. 본래 상대의 사랑이 조건이 되어 사랑에 빠지는 사람은 별로 없기 때문이다. 인간의 사랑이 참기 어려운 상황에서는 쉽사리 무력해지지만, 그럼에도 불구하고 사랑의 이해와 관용이 모든 문제를 해결하는 열쇠임은 부정할 수 없다. 자녀에 대한 사랑이 불효나 불순종도 극복하는 일방적 사랑이듯이, 부부간의 사랑도 그래야 한다. 가족은 위기상황을 사랑과 이해로 지혜롭게 극복하며 어떤 상황에서도 극단적으로 단절해서는 안 된다. 이혼을 하고 재혼을 하면 더 행복할 것이라는 생각도 대부분의 경우 환상에 불과하다. 재혼자의 90퍼센트가 기대에 못 미친다고 고백한다. 울부짖는 자녀들이나 친지의 만류를 뿌리치고 감행한 이혼은 시간이 지나면 대부분 후회하게 된다. 그뿐 아니라, 이러한 이혼의 일반화는 가정을 파괴하고 편모 혹은 편부 가정, 그리고 소년소녀 가장을 증가시켜 사회적 불안을 야기하기도 한다.

더욱이, 동거의 확산은 결혼제도를 부정하고 성생활만을 추구하는 현대인의 무책임한 쾌락주의에서 유래하였다. 아무 책임도 지지 않고 쾌락과 자기 이익만을 원하는 남녀의 조건 없는 동거는 언제든지 싫증이 나거나 실망하면 헤어지기 쉽다는 이유에서 확산되고 있다. 물론 이러한 동거관계에서는 임신이나 출산이 거부되기 때문에 수많은 낙태와 기아들을 발생시킨다. 그뿐 아니라, 실험적인 계약결혼은 이미 결혼의 몰이해에서 출발하며, 따라서 오래 갈 수 없다. 그 외에도, 성 윤리의 파괴로 인한 불륜의 확산, 남녀의 성적 역할에 대한 무시, 현대의 사회적 불안, 그리고 자본주의적 경제논리도 건전하고 행복한 결혼을 어렵게 만드는 요인들이다.

그러면, 교회와 그리스도인들은 이러한 변화에 어떻게 대처해야 할까? 첫째로, 결혼의 신성함과 불가해성을 확신해야 한다. 결혼은 남자의 독처가 바람직하지 않다는 하나님의 자상한 판단에 근거하여 여자가 창조되고 결혼제도가 제정되었으며, '하나님이 짝지어 주신 것을 사람이 나누지 못 할지니라' 는 예수님의 말씀에 의하여 부부는 하나님이 짝 지어 주신 것과 나눌 수 없음이 분명하다. 사람들은 우연히 남녀가 만나서 자신들의 선택과 의사에 의하여 결혼한다고 생각하며, 따라서 언제든지 자신들의 선택과 의사에 의하여 이혼할 수 있다고 생각한다. 그러나 예수님은 부부의 짝 지움이 인간의 자의적 선택과 우발적 만남 같아도 사실은 '하나님이 짝 지어 주신 것' 임을 분명히 가르쳐 주었다. 그러므로 그리스도인으로서 결혼의 신성함을 불신하거나 서로 나누는 행위는 하나님의 뜻을 거스르는 불순종과 범죄에 해당한다. 특히, 교회는 이 점에서 결코 타협하지 말아야 한다. 이러한 신앙이 무너지면 자유로운 현대에서 결혼의 와해와 가정의 파괴는 무엇으로도 막을 수 없다. 비록 하나님을 믿지 않는 불신자들이 결혼을 경시한다 할지라도, 그리스도인은 자기의 결혼을 귀하게 여기고 거룩하게 지켜야 한다.

둘째로, 결혼과 출산을 분리하지 말아야 한다. 결혼은 단지 남녀의 편의나 성욕의 만족을 위한 제도가 아니라, 자손의 번성과 그를 통한 인류의 발전, 그리고 궁극적으로는 그를 통하여 하나님의 창조목적을 성취하기 위한 섭리의 고귀하고 필수적인 은총이다. 이는 남녀가 사랑을 통해 한 몸이 될 때 새로운 생명의 축복이 주어지는 출산과 번성의 길이다. 따라서 결혼은 인간의 존재기반이며 창조목적의 실현이다. 모든 인간은 결혼으로부터 태어나며 결혼을 통해 새로운 인간을 태어나게 하는 거룩한 도구가 되도록 창조되었다. 인간이 부부의 사랑 가운데서 태어나 부모의 사랑으로 양육되어 다른 사람을 사랑할 수 있는 인간이 되는 것이 하나님의 오묘하고 고귀한 뜻이다. 따라서 부부의 결혼관계 밖에서 태어나거나 부모의 사랑 밖에서 자란 사람은 사랑의 결핍과 인간성의 약화를 회피할 수 없다.

동성애자들은 이성애가 아니라 동성애가 정상적이고 우월한 관계라고 주장한다. 그러나 만일 모든 인류가 동성애를 추종하게 되면 인류는 한 세대 안에 모두 멸절하고 말 것이다. 실로, 창조질서란 보존의 원리인 것이다. 따라서 창조질서를 거스르면 자멸의 길을 갈 수밖에 없다. 자녀 출산을 거부하는 자유 동거나 계약결혼도 모두 창조질서를 거부하는 죄악이다. 물론, 모두 결혼해야 되는 것은 아니지만 극히 예외적인 경우를 제외하고 결혼은 인간의 정상적인 과정이며 자기실현의 길이다. 현대에 많은 사람들이 자아실현을 위해 결혼을 거부하거나 이혼을 선택하지만, 결혼이야말로 자기의 성을 실현하여 자기의 창조목적을 성취하는 길이다. 아무리 사회적으로 많은 것을 성취했다 할지라도 결혼생활에 성공하지 못한다면 인간의 지고한 행복과 만족에 도달할 수 없다.

셋째로, 교회는 그릇된 결혼관과 그로 인한 문제들을 치유하는 사역을 전개해야 한다. 교회학교는 성경적인 성교육을 실시하여 성의 소명과 순결을 가르쳐야 한다. 또한, 결혼을 앞둔 청년들에게 필수적으로 결혼예비학교 과정을 수료하도록 하여 올바른 기독교의 결혼관을 확립하게 함으로써 성공적인 결혼생활을 할 수 있도록 지도해야 한다. 그리고 결혼한 신혼부부들을 위한 과정을 계발하여 의무적으로 이수하게 하고, 또한 부부관계에 문제가 있는 교인들을 위한 위기상담을 제공해야 한다. 교회는 자주 설교나 교육을 통하여 결혼의 고귀함과 성공적인 부부생활의 성경적 원리를 적용력 있게 안내해줄 필요가 어느 때보다 더 절실하다. 한편, 그럼에도 불구하고 이혼한 교인들이나 이혼하고 예수를 믿는 사람들에게는 사마리아 여인을 친절하게 감싸준 예수님의 태도를 본받아 이해와 사랑으로 대하고, 나아가 이혼자 그룹이나 재혼자 그룹을 위한 교육과정을 설치하여 자기의 과거를 반성하고 다시 실패하는 일이 없도록 지도해야 한다. 가정이 붕괴되고 결혼이 경시되는 현대사회 속에서 교회는 외면이나 비난보다는 보다 적극적으로 활발하고 전문화된 가정사역과 결혼교육을 전개해야 할 시대적 사명이 있다.

7

이혼에 대한 성경적 이해

현대사회의 가장 심각한 문제는 전통적 윤리의 파괴와 가정의 붕괴현상이다. 인류는 결혼제도를 통하여 유지 발전되어 왔으며, 따라서 이혼은 반사회적 현상으로 간주되어 왔다. 그러나 오늘날 이혼은 더 이상 정죄와 멸시의 대상이 아니라 개인의 존엄성을 위하여 필요한 조치로 주장되기에 이르렀으며, 일부 그리스도인들도 이러한 시대적 추세에 편승하고 있다. 오히려 기독교 국가들에서 상대적으로 이혼이 급증하고 있다는 사실은 현대의 복음화가 이혼을 주도하고 있지 않은지 질문하지 않을 수 없다. 대표적인 기독교 사회인 미국과 유럽은 결혼대비 이혼율이 50퍼센트를 넘어섰으며, 기독교가 사실상의 제1종교인 한국도 복음화 비율에 비례하여 이혼이 급증하고 있다. 1970년도에 4퍼센트였던 이혼율이 지금은 30퍼센트에 이르렀다. 물론, 이러한 추세가 복음화보다 현대화와 서구화에 기인하고 있지만, 복음화가 이혼의 확산을 저지하지 못하고 오히려 편승하고 있다는 현실은 부인할 수 없는 사실이다.

이러한 그리스도인의 이혼 증가는 교회의 태도와 무관하지 않다. 교회의 권위가 약화되고 권징의 시행이 유보됨으로써 그리스도인들이 자유로운 태도를 취하는 결과를 초래하였으며, 교회가 이혼에 대하여 분명하고 통일된 가르침을 제시하지 못하고 국가의 이혼결정에 종속하는 저자세를 취한 데도 그 원인이 있다. 캘빈이 지적한 대로, "국가의 법률은 시대에 따라 인간 윤리(hominum mores)에 의해 좌우되지만, 하나님께서 영적인 규범을 주실 때는 인간이 할 수 있는 것(quid possint)이 아니라 해야 하는 것(quid debeant)을 가르친다."[7] 따라서 교회는 시대적 풍조에 흔들리지 말고 우리의 행동규범인 성경으로부터 이혼에 대한 원칙을 분명하고 확고하게 가르치면서 교인들을 지도해야 한다.

세 가지의 입장

교회는 이혼에 대하여 세 가지 입장을 취해왔다. 첫째로, 이혼은 어떤 이유로도 불가하다는 입장으로, 로마 가톨릭교회가 대표적이다. 로마교회법 1141조는 "성립되고 완결된 혼인은 사망 이외에는 어떠한 인간권력으로나 어떠한 이유로도 해소될 수 없다"고 규정하고 있다. 간통죄나 중대한 학대가 발생할 경우에는 별거를 권장할 뿐, 이혼을 허용하지 않는다. 둘째로, 오직 간음한 경우에만 이혼이 허용된다는 입장이다. 웨스트민스터 신앙고백 24장 5조는 "간음의 경우에 있어서 순결한 편에서 이혼소송을 제기하고, 이혼 후에는 죄를 범한 쪽이 죽은 것처럼 간주하여 다른 사람과 결혼하는 것이 합법적이다"고 규정하고 있다. 심지어 캘빈은 간음이 묵인되는 사회에서 공의를 시행하

7) John Calvin, *A Harmony of the Gospels* (Eerdmans, 1972), I: 190.

기 위하여, 그리고 자기 가정을 정화하기 위해서 간음의 경우 이혼이 필요하다고 말한다. 셋째로, 간음 외에도 결혼을 유지하기 어려운 사유가 발생하면 이혼하는 것이 정당하다는 입장으로, 실제로 현대의 많은 교회들이 이를 취하고 있다. 이 경우, 교회는 그 판단을 개인과 국가의 법정에 맡기며, 사실상 아무런 성경적 가르침도 제시하지 못하고 이혼에 대한 교회의 독자적 판단을 포기한다. 우리는 이 세 가지 입장 중에서 어떤 것이 바른 성경적 태도인가를 점검해보기로 한다.

결혼 불가해성의 신화

이혼이 어떤 이유로도 불가하다는 입장은 마태복음 19장 4-6절에 기록된 예수님의 말씀에 근거한다:

> 사람을 지으신 이가 본래 그들을 남자와 여자로 지으시고 말씀하시기를, 그러므로 사람이 그 부모를 떠나서 아내에게 합하여 그 둘이 한 몸이 될지니라 하신 것을 읽지 못하였느냐. 그런즉 이제 둘이 아니요 한 몸이니, 그러므로 하나님이 짝지어 주신 것을 사람이 나누지 못할지니라.

결혼은 신이 남자와 여자라는 양성을 창조한 의도에 근거한 명령으로서, 부모를 떠나는 행위와 부부가 합하는 행위로 구성된다. 결혼은 새로운 독립적 공동체, 즉 '분리 불가능한 사회'(individua societas)의 형성과 부부의 전인적 일체화라는 결과를 창출하는데, 이는 단순히 부부의 상호합의에 의한 것이 아니라 그에 대한 신적 작용에 의해서 이루어진다. 여기에서 그리스도인과 불신자의 견해 차이가 출발한다. 즉 "결혼의 진정한 기초는 그들 상호간의 사랑이 아니라 하나님의 부르심과 은사에 있다."[8] 물론, 근친결혼과 같은 비윤리적 결합이나 부정한 결합은 하나님이 인정하지 않는다. 이러한 신적 간섭과 주도성 때문에 결혼의 해소는 인간의 자의적 결정만으로 이루어지지 않고 신의 재가와 그에 따른 천상의 호적에서 말소되어야 한다. 심지어, 국가법적으로도 법정의 승인을 얻지 못하면 일방적 파기만으로 결혼상태를 완전히 해소할 수 없다. 그래서 이혼한 자가 재혼할 경우 간음을 범하며 그와 동침한 자도 간음죄를 범한다는 예수님의 지적은 바로 하나님이 승인하지 않은 이혼의 문제를 전제한 것이다. 비록 지상에서 자의적으로 이혼하였다 할지라도 아직 천상의 호적에는 결혼상태로 기록되어 있기 때문에, 그 외의 모든 성적 관계는 간음죄로 간주된다.

실로, 결혼으로 인한 부부의 일체화는 신비스러운 것이어서 그 분리가 사실상 불가능하다. 남녀의 성적 결합은 성의 거룩한 본질상 깨끗한 원상을 회복할 수 없다. 부부는 성적 결합을 통하여 심원한 육체적, 감정적, 정신적, 사회적 일체화에 도달하며, 이러한 결합은 돌이킬 수 없다. 물론, 이혼을 강행하고 재혼한 경우, 새로운 배우자와의 관계로 상당 부분 대체될 수 있으나 죽을 때까지 마음의 괴로움과 죽지 않는 회상으로 살아가야 한다. 이혼을 결정하는 순간에는 지옥 같은 상황의 탈출로 생각될 수도 있으나, 곧 바로 감정적, 경제적, 법적 문제에 봉착하게 되며, 공동체의 상실, 자녀문제, 심리적 번민으로 불행한 생활을 영위하게 되는데,[9] 이는 결혼의 일체화가 얼마나 강력하

8) Karl Barth, *CD* III/4, 213.

9) Henry Holstege, *The Christian Family* (Calvin College, 1988), 32-5.

고 전체적이며 분리가 사실상 불가능한지를 반증해준다. 그리고 인간이 경험하는 스트레스 중에서 가장 강력한 세 가지가 배우자의 사별, 이혼, 별거라는 사실도 부부의 결합이 얼마나 우리에게 절대적인가를 보여준다. 캘빈은 이미 한 몸이 된 상태에서 분리를 시도하는 것은 자기 몸을 찢어내려는 행위와 같아서 본성에 위배된다고 지적하였다.[10] 물론, 결혼은 현세적 제도로서, 죽음은 부부관계를 종결시킨다: "남편 있는 여인이 그 남편 생전에는 법으로 그에게 매인 바 되나, 만일 그 남편이 죽으면 남편의 법에서 벗어났느니라."(롬 7:2) 배우자의 사망 이외에는 이혼이 허용되지 않는다.

그러나 루이스 스미드스는 이러한 견해에 반대하여, '결혼 불가해성의 신화'(the myth of the indestructible marriage)가 비현실적인 율법적 견해라고 비판한다.[11] 그는 결혼이 '의지에 의한 약속'(covenant by will)이라면 단순히 의지에 의하여 와해될 수 있다고 생각한다.[12] 그리고 만일 결혼이 불가해하다면 이혼한 남편이 재혼한 뒤에 타인과 재혼한 아내와 만나 동침해도 간음이 안 된다든지, 어린 나이에 철모르고 잘못 결혼하여 불행한 나날을 보내다가 헤어진 후 새로 좋은 사람을 만나 결혼하여 행복한데도 문제가 된다는 것은 넌센스에 불과하며, 하나님의 사랑에 비추어 볼 때 더욱 그러하다고 주장하면서, 빌립보서 3장 13절의 말씀대로, 아픈 과거를 잊어버리고 새로운 행복을 향하여 나아가는 것이 보다 신앙적인 자세라고 말한다. 그러나 우리는 여기서 현실의 문제가 아니라 윤리의 문제를 논의하는 것이다. 하나님의 규범을 무시하고 당사자들이 마음대로 결혼을 파기하는 행위는 현실에서

10) Calvin, *A Harmony of the Gospels*, II: 243-4.

11) Lewis Smedes, *Mere Morality: What God Expects From Ordinary People* (Eerdmans, 1983), 179.

12) Ibid.; Norman L. Geisler, *Christian Ethics: Options and Issues* (Apollos, 1990), 291.

흔히 발견되지만 죄악이 아닐 수 없다. 물론, 현실적으로 참기 힘든 상황도 많이 있으며 이혼함으로써 보다 평화로운 삶을 영위하고, 나아가 성공적인 재혼을 통하여 새로운 행복을 누리는 경우도 있다. 그러나 여전히 상처와 고통은 떨쳐 버리지 못하며, 혼인을 다시 하는 횟수가 증가할수록 실패율이 높아진다는 사실은 소중하고 거룩한 결혼을 이룩하는 데는 사랑과 자족과 인내가 필수적이며, 이를 배우지 못하면 영원히 성공적인 결혼생활을 영위할 수 없다는 진리를 가르쳐 준다. 신의 뜻은 우리가 순결한 초혼에서 이 진리를 배우는 것이다.

간음과 이혼

배우자가 간음한 경우에는 이혼이 가능하다는 입장은 마태복음 5장 32절에 기록된 예수님의 말씀에 근거한다:

> 누구든지 음행한 연고 없이 아내를 버리면 이는 그로 간음하게 함이요, 또 누구든지 버림받은 여자에게 장가드는 자도 간음함이니라.

이 예외조항은 이혼을 강력히 금지한 예수님의 분명한 말씀이기 때문에, 개신교회는 전반적으로 간음을 유일한 이혼조건으로 허용한다. 그러나 문제는 이것이 이혼을 금지하는 것과 동일한 명령의 성격을 가지지 않고 단순한 묵인이라는 점이다. 더욱이, 같은 내용이 기록된 마태복음 19장에서는 그가 이러한 예외조항의 문제점을 지적하고 있다. "모세가 너희 마음의 완악함 때문에 아내 내어버림을 허락하였거니와, 본래는 그렇지 아니 하니라"(8절). 간음으로 인한 경우라 할지라도 이혼은 신의 본래적 창조의지에 반하는 범죄에 해당되지만, 모세 시대에 이혼을 정당화하려는 요구가 너무 거세고 폭증함에 따라 이혼 증서를 써주는 조건으로 일부 허용하였을 뿐이라는 말이다. 윌리엄 럭은 이러한 조치가 남성의 일방적인 유기로부터 여성을 보호하려는 동기에서 발생하였다고 주장하였다.[13]

또한, 칼 바르트는 마태복음 5장 31-32절이 바로 앞에 있는 5장 28절과 연결하여 율법의 엄밀한 재해석이라는 전체적 맥락에서 해석되어야 한다고 말한다.[14] 본문은 예수님이 산상보훈에서 여섯 가지 문제에 대하여 당시의 바리새적 율법해석의 문제를 지적하고 율법의 완성이라는 측면에서 신적 해석을 제시한 맥락에 들어있다. 예수님은 간음에 대한 새로운 정의를 내린다: "음욕을 품고 여자를 보는 자마다 마음에 이미 간음하였느니라". 그리고 이어서 "누구든지 간음한 이유 없이 아내를 버리면" 구절이 나온다. 따라서 예수님께서 전통적 간음 조항을 사실상 폐기하고 있다는 것이다. 요한복음 8장의 간음한 여인 사건은 그 정의가 얼마나 현장에서 적용력을 가지는지 보여준다. 자기들은 간음하지 않았으므로 간음한 여인을 돌로 쳐 심판하겠다는 사람들에게 예수님은 "너희 중에 죄 없는 자가 돌로 치라"고 말씀하였다. 여기서 어떤 죄를 의미할까? 그들이 "양심의 가책을 받아"라는 구절과 전체적 맥락은 죄 일반이라기보다 여기서 문제가 되는 간음죄라고 보는 것이 더 타당성이 있다. 실로, 이 간음한 여인을 정죄하고 심판할 수 있는 분은 오로지 하나님뿐인데, 예수님은 그녀를 용서해 주었다. 당연히 이혼해야 된다고 상대방을 비난하며 분노하고 있는 사

13) William Luck, *Divorce and Remarriage: Recovering the Biblical View* (1987), passim.

14) Barth, *CD* III/4, 232-6.

람에게 예수님은 아마도 동일한 질문을 할 것이며, 그들은 자기의 문제점도 적지 않음을 깨닫고 양심의 가책을 받게 될 것이다. 이혼하려는 부부들이 서로 자기의 들보는 인식하지 못하고 상대방의 티만을 침소봉대하는 것은 아닐까? 훼인버그의 말대로, 어떤 경우에도 이혼이 "결코 도덕적으로 의무적"이 아니다.[15] 신약은 구약보다 더 엄격한 윤리를 요구하고 있으며, 그러한 요구는 타인이 아니라 자기 자신에게 향한 것이어야 한다. 타인에게는 한없는 사랑과 용서가 요구되고 있으며, 간음한 아내를 용서한 호세아의 모습에서 우리는 하나님의 뜻을 발견할 수 있다.

그러나 육체적 간음은 중대한 죄악이 아닐 수 없다. 고린도전서 5장은 간음이 다른 죄악과 구별되는 심각성을 지적하고 있으며, 서로에 대한 성적 정절을 기초로 하는 결혼에 있어서 간음은 실로 결혼의 유지를 위협하는 최대의 장애가 아닐 수 없다. 따라서 이 경우 피해자가 이혼을 요구할 경우 거절하기 힘들며 따라서 모세나 예수님도 절대적으로 금지하지 않았다. 물론, 여기서 간음이라고 번역된 '포르네이아'가 일반적으로 육체적 간음을 의미하는 '모이케이아'와 다르기 때문에 구체적으로 어떤 것인지는 논란의 여지가 있다. 에라스무스는 모든 종류의 성적 부정을 포함시켰으나, '계속적이고 반성하지 않는 성적 부정'(persistent, nonrepentent sexual infidelity)으로 한정하기도 한다.[16] 그리고 헤쓰와 웬함은 간음의 경우 분리가 가능하나 별거일 뿐 재혼할 수 없다고 주장한다.[17] 또한, 바리새인을 대상으로 말씀한 마태복음 19장 9절과 달리, 제자들을 대상으로 가르친 병행구절들, 즉 마가복음

15) John S. Feinberg & Paul D. Feinberg, *Ethics for a Brave New World* (Crossway Books, 1993), 342.
16) Holstege, *The Christian Family*, 30.
17) William A. Heth and Gordon J. Wenham, *Jesus and Divorce* (Thomas Nelson, 1984), 52.

10장 11-12절과 누가복음 16장 18절에는 간음허용조항이 없다는 사실도 간과해서는 안 된다.

다른 이유들

간음 외에도 결혼을 유지하기 어려운 사유가 발생하면 이혼할 수 있다는 입장이 아마도 현대에 가장 지배적인 경향일 것이다. 모세가 간음의 경우 이혼을 허용하였다는 말씀은 신명기 24장 1절에 근거하고 있다:

신명기 24장 1절

사람이 아내를 맞이하여 데려온 후에 그에게 수치 되는 일이 그에게 있음을 발견하고 그를 기뻐하지 아니하면, 이혼 증서를 써서 그의 손에 주고 그를 자기 집에서 내보낼 것이요.

여기서 "수치 되는 일", 즉 '에르왓 다바르'란 무엇일까? 예수님 당시 율법해석의 두 권위였던 샴마이와 힐렐은 이에 대해 서로 다른 해석을 제시함으로써 이혼문제에 혼란을 가져왔다. 샴마이는 협의적으로 해석하여 성적 부정으로 제한하였으나, 힐렐은 포괄적으로 해석하여 남편을 기쁘게 하지 못하는 모든 것을 포함시켰으며, 심지어 밥을 태우는 것도 이혼사유가 된다고 극도로 확대 해석하여 사실상 모든 이혼을 정당화하였다. 이는 아마도 신명기 22장 13-22절의 혼전 부정을 가리키는 듯하나, 유대인들은 이를 확대해석하여 모든 이혼을 정당화했던 것이다.

바울도 예수님의 가르침을 따라 고린도전서 7장에서 강력히 이혼을 반대하였다.

고린도전서 7장 10-11절

결혼한 자들에게 내가 명하노니 (명하는 자는 내가 아니요 주시라), 여자는 남편에게서 갈라서지 말고 (만일 갈라섰으면 그대로 지내든지, 다시 그 남편과 화합하든지 하라). 남편도 아내를 버리지 말라.

그는 심지어 신앙적 핍박이 있을지라도 믿지 않는 배우자와 이혼하지 말라고 명령한다. 그러나 그가 한 가지 예외조항을 제시하였다: "혹 믿지 아니하는 자가 갈리거든 갈리게 하라."(15절) 비록 이것이 그리스도인 편에서 이혼을 허용한 것은 아니지만, 분명히 새로운 가능성임에 틀림없다. 그래서 헨리 홀스티지는 이 가능성을 구체적인 사례뿐 아니라 그와 같은 '행동 형태'로 확대 해석할 수 없는지 질문한다.[18] 그러나 본문은 그리스도인이 일방적으로 부당하게 유기를 당하는 사례를 말할 뿐이며, 어떤 의미에서도 그리스도인의 능동적 이혼근거로 사용될 수 없다.

폴 쥬엣은 이혼의 획일적 반대가 율법주의이며, 고통당하고 있는 형제자매를 외면하고 불행의 연장을 강요하는 이해와 사랑의 결여라고 비난한다.[19] 그는 그리스도인에게 두 가지 악이 있는 경우 적은 악을 선택하는 것이 당연하다고 강변한다. 이혼도 악이지만, 이혼보다 더 큰 악이 단순히 결혼을 유지하기 위해 자행된다면, 당연히 이혼을

18) Holstege, *The Christian Family*, 35.

19) Paul Jewett, *The Reformed Journal*, January 1977, 21.

통해 더 큰 악을 막아야 된다는 이론이다. 그의 태도가 매우 기독교적으로 보이지만, 사실은 결혼과 이혼에서 신적 요소를 배제하고 단순히 인간들끼리의 관계로 규정함으로써 성경의 가르침보다 세속적 주장을 수용한 견해로 볼 수 있다. 이혼에 대한 국가법들은 신적 요소를 배제하며 이유를 불문하고 당사자 합의에 의한 이혼을 모두 수용한다. 우리나라의 민법 834조는 "부부는 협의에 의하여 이혼할 수 있다"고 규정함으로써 협의상 이혼을 인정하며, 840조가 규정하는 재판상 이혼의 사유로는 부정한 행위, 유기, 본인이나 가족의 부당한 대우, 생사불명, 기타 중대한 사유를 허용하고 있다. 이는 민주적이지만, 이혼의 증가와 가정의 파괴를 막을 수 없다. 교회가 하나님의 말씀이 가르치는 바를 포기하고 국가의 행정 절차에 이혼을 맡겨두는 것은 교회의 권리와 의무를 유기한 것이라고 말할 수 있다.

결혼과 이혼에 대한 계시 진보론적 이해

오늘날 우리 그리스도인은 이혼이 만연된 사회에 살고 있다. 1998년 서울시에서는 하루에 202쌍이 결혼하고 61쌍이 이혼하였다. 과연 현대사회에 성경적 원리를 적용할 수 있을지 의문스러운 상황이며, 교회들은 적용을 강요하다가 권위가 상실되고 교인들의 반발을 받지 않을까 두려워하여 이혼에 대한 입장을 명백히 하지 못하고 있다. 우리는 성경에서 계시가 진보한다는 사실을 발견한다. 구약의 명령이 신약에서 율법의 완성 혹은 구속사적 방식으로 수정된다. 존 머레이는 결혼에 대한 진보적 계시(progressive revelation)를 인정한다.[20] 구약에

20) John Murray, *Principles of Conduct: Aspects of Biblical Ethics* (Eerdmans, 1957), 78-9.

서 간음한 자는 둘 다 돌로 쳐 죽이라고 명령하였으나(신 22:22), 예수님이 간음한 자의 사형제도를 폐지했다고 주장하였다. 그리고 예수님께서 다섯 번 이혼한 사마리아여인을 정죄하지 않고 영생의 구원을 베풀어주었던 사실을 상기할 때, 교회도 하나님의 뜻을 모르고 자의대로 이혼하고 재혼한 교우들에게 대하여 주님의 모범을 따르는 것이 당연하다. 실로, 우리는 오늘날 간음한 자를 돌로 쳐 죽이지도 않으며, 형이 아들 없이 죽으면 동생이 형수와 결혼하여 후사를 생산하는 수혼(嫂婚, 신 25:5-10)도 예수님의 분명한 폐지 선언이 없었음에도 불구하고 시행하지 않는다. 결혼의 목적도 생육과 번성이라는 원초적 의미에서 점차 다양하게 설명되었으며, 바울은 고린도전서 7장에서 성화와 성적 욕망의 충족을 주요한 목적으로 제시하였다. 모세시대에도 현실을 고려하여 본래의 원칙을 양보하고 제한적으로 이혼을 허용하였다면, 오늘날과 같이 이혼이 만연한 시대에 엄격한 원칙의 적용은 사실상 불가능한 일인지 모른다.

그러나 이혼에 대한 하나님의 뜻은 분명하다: "나는 이혼하는 것을… 미워하노라. 만군의 여호와의 말이니라"(말 2:16). 우리에게 "네 심령을 삼가 지켜 어려서 맞이한 아내에게 거짓을 행하지 말지니라"(15절)고 명령한다. 성경은 모두 남자를 대상으로 말하고 있으므로, 이혼에 대한 모든 말씀은 오늘날 반대로 모든 여성에 대한 명령으로도 받아들여야 한다. 자기성취와 육적 쾌락을 추구하는 현대적 이기성이 이혼을 쉽게 생각하고 하나님과 자기 가족에게 큰 죄악을 범하며 결국 자신의 인생에 돌이킬 수 없는 오점을 남기는 이 시대에도, 우리 그리스도인은 세상을 본받지 말고 오히려 세상의 빛과 소금으로서 하나님과 교회 앞에서 행한 결혼서약을 온전히 지킴으로 자기를 성화시키고,

하나님이 짝 지워준 부부가 서로 위로하고 도와주면서 험난한 인생을 즐겁게 살아나가며, 사랑 가운데서 자녀를 양육함으로써 하나님 나라의 건전한 시민양성에 헌신해야 할 것이다.

8

유전공학적 구원론에 대한 신학적 논의

인간은 자기 존재의 신비를 하나씩 밝혀가고 있으며, 거대한 게놈 프로젝트는 인간의 유전자 지도를 완성하고 그 적용을 눈앞에 두고 있다. 유전공학은 인간의 유전인자를 치유함으로써 인간의 문제를 해결할 수 있으며, 나아가 인류를 고통과 범죄로부터 해방할 수 있다고 생각한다. 기독교는 그동안 인간의 근본적인 문제가 죄악에 있으며, 죄의 문제가 그리스도의 대속과 성령의 치유를 통해 해결된다고 가르쳐왔다. 그러나 죄성이 해결되고 신과 같이 완전한 성품을 회복한다는 성화는 괄목할 만한 진전을 보이지 않고 인간성은 별로 개선되지 않고 있다는 내외의 지적을 받고 있다. 한편, 현대의 유전공학은 죄성을 결함 있는 유전인자로 규정하고, 유전자 치료를 통하여 과학적으로 범죄성향을 제거하면 언젠가 완전무결한 인간을 탄생시킬 수 있다고 주장한다. 과연 그것이 가능할까? 그러나 만일 그것이 현실화된다면 기독교는 위기에 봉착할 수 있다.

진화론과 우생학

기독교는 하나님이 창조한 인간의 본질이 불변한다고 생각하였으나, 진화론을 주장한 찰스 다윈은 인간의 본질이 끝없이 변화하고 발전한다고 주장하였다. 인간은 본래 미생물에서부터 반복적인 진화의 과정을 통하여 현재의 인간이 되었으며, 현재의 인간도 여전히 진화의 과정 속에 있어서 보다 고도의 존재로 발전하고 있다고 생각하였다. 이러한 역사적 낙관론은 철학자 헤겔에서도 볼 수 있는데, 그는 인간의 정신이 변증법적으로 발전하여 결국 완전한 인간의 상태에 도달하리라고 믿고 유토피아를 기대하였다. 물론, 헤겔의 이상주의는 세계대전과 같은 야만적인 인류의 모습이 드러나면서 근거 없는 환상임이 밝혀졌고, 다윈의 진화론도 실증적 과학의 선을 넘어선 상상의 산물로 나타났지만, 신의 존재를 부정하고 자기를 믿는 현대인들은 과학적 발전을 통하여 인간의 모든 질병을 치유하고 죽음을 극복하려는 신앙과 소망을 버리지 않고 있다.

오스트리아의 신부였던 멘델이 유전의 법칙을 발견한 이후 유전학이 크게 발전하였는데, 이로부터 완전한 인간을 꿈꾸는 인간의 환상을 실현하려는 우생학이 발생하였다. 우생학(優生學, eugenics)이란 결함이 있는 유전자를 제거하고 우월한 유전자를 확장시켜 인류를 개량하려는 방법을 연구하는 학문으로서,[21] 다윈의 사촌인 프란시스 갤톤(Francis Galton)에 의해 19세기 말 시작되었다. 특히, 독일의 나치정권은

21) Allen Buchanan et al, *From Chance To Choice: Genetics and Justice* (Cambridge University Press, 2000), 46-52. 우생학은 그럴듯한 주장과 달리 심각한 문제점을 안고 있다: (1) 인간을 치료하는 것이 아니라 대체하려는 것이다, (2) 모든 인간의 다양한 가치를 이해하지 못하고 획일적 인간관을 가지고 있다, (3) 후손을 생산하는 자유를 침해한다, (4) 전제적인 국가의 개입으로 이루어진다, (5) 다수의 희생으로 소수가 이익을 취하는 불의를 범한다.

우생학에 따라 순수한 게르만족을 회복하여 세계를 지배하고자 독일인 중에서도 열등한 유전인자를 가진 사람들에게는 임신을 금지시키고 안락사를 강요하는가 하면 죄 없는 어린이들을 수없이 희생하였고, 급기야 악한 유전인자를 가졌다고 생각한 유대인들을 대량 학살하는 범죄를 자행하기에 이르렀다.[22] 우생학은 독일뿐 아니라 영국, 노르웨이, 브라질, 소련을 비롯한 여러 나라에서 수용되었으며, 미국에서도 1923년 우생학협회를 창설하고 카네기의 지원 하에 우생학 기록 조사소를 운영하며 가계의 유전정보를 수집하였고 캘리포니아를 선두로 우생입법을 추진하였으나, 전후 문제가 되면서 조용히 자취를 감추었다.[23] 그러나 스칸디나비아에서는 1976년까지도 열등한 유전인자를 가진 여성들에게 강제로 임신을 금지하는 법이 유지되었으며, 이 단종법으로 약 10만 명의 여성이 자녀출산의 권리를 거부당하였다.[24]

현대 유전공학의 도전

유대인 6백만을 학살한 나치의 우생학적 범죄는 인류에게 심각한 충격을 주었으며, 그 결과 우생학은 전면에서 사라졌다. 그러나 완전한 인간을 꿈꾸는 환상은 죽지 않았으며, 현대 유전공학으로 다시 재기하고 있다.[25] 1973년에 인간의 유전자 조작이 시작되었으며, 보

---

22) Ibid., 37-8.

23) Ibid., 31-2, 38-40.

24) Sandro Spinsanti, "Gene Theraphy and the Improvement of Human Nature: Ethical Questions", in *The Ethics of Genetic Engineering*, ed. Maureen Junker-Kenny and Lisa Sowle Cahill, *Concilium* 1998/2 (SCM Press, 1998), 14.

25) Buchanan, 1: "정부와 기업과 과학의 강력한 연대가 인류사회를 새로운 시대로 몰아가고 있다."; Robert A. Brungs, "Biology and the Future: A Doctrinal Agenda", *Theological Studies* 50(1989): 703: "현대의 생명공학과 그 가능한 적용들은 인류 역사상 가장 강력한 과학적, 기술적 업적이다."

다 완벽한 유전자 개입을 위해 유전자 지도를 작성하고 유전자들의 특성을 연구하는 등 철저한 준비작업이 진행되고 있다. 특히, 1997년 복제 양 돌리가 탄생한 이후 인간 복제를 연구하기 시작하였고, 급기야 작년 말에는 최초로 인간 복제가 부분적 성공을 거두기에 이르렀다.[26)]

물론, 모든 유전공학이 죄악적이 아니며, 결함을 가진 체세포(somatic cell)의 유전자 치료(gene theraphy)는 의학의 발전으로써 난치병을 치료하는 긍정적 기능을 수행한다.[27)] 그러나 이러한 제한은 구속력을 가지지 못하고 배아단계의 유전자에 개입(germ-line intervention)하는 유전자 개량(gene enhancement)을 통하여 인류를 근본적으로 변화시키려는 시도를 막지 못할 것이다.[28)] 실로, 엥겔하트는 유전자 치료와 배아 치료의 구분이 모호할 뿐 아니라 사실상 구별할 수 없으며, 그것은 질병의 이해에 따라 달라진다고 주장한다. 그는 심지어 인격성(personhood)과 인간성(humanhood)을 구별하고, 우리는 부단한 유전자 개량을 통하여 인간으로 남기를 고집하지 말고 인격에 더 잘 맞는 존재로 본성을 바

---

26) 2001년 11월 25일 미국 보스턴 주변에 있는 한 생명공학 회사(Advanced Cell Technology)가 인간 복제에 성공했다고 발표하였으며, 이 사실이 확인되었다. 7명의 여자에게서 난자를 받아, 그중 19개의 난자에서 유전인자를 제거한 다음 그 자리에 다른 사람의 세포에서 추출한 유전인자를 주입하였다. 그러나 난자가 정자와 결합되지 않고서는 독자적으로 생식할 수 없기 때문에 단성생식(parthenogenesis)을 가능하도록 하는 화학처리를 하여 세포증식을 시도한 것이다. 이 실험에서 단지 7개의 난자만이 분할을 시작하였는데, 네 개는 두 세포, 두개는 네 세포까지, 그리고 한 개만이 여섯 세포로 증가하다가 모두 죽고 말았다. 따라서 이 실험을 실패로 평가하기도 하지만, 최초로 복제된 인간의 생명이 3일 동안 지속되었다는 사실에서 소설이나 영화 속에서나 보았던 가공할 미래를 예측하게 만든다. 졸고, "인간 복제에 대한 그리스도인의 자세", 『크리스챤 투데이』 2001년 12월 5일자를 참고하라.

27) Philip Hefner, "Determinism, Freedom, and Moral Failure", *Dialog* 33(1994): 24. 교회는 전반적으로 배아개입에는 부정적이지만, 질병의 유전자 치료에는 긍정적이다.

28) W. French Anderson et al, "Will Gene Theraphy Change the Human Nature?" Debate on *Closer To Truth*, Http://www.closertotruth.com/topics/healthsex/205/205transcript.html: "우리는 이미 인간 배아공학의 용감한 신세계로 들어왔다."

꾸어 나가야 된다고 주장한다.[29] 배아유전자 조작은 그 사람뿐 아니라 그의 모든 후손의 유전자를 변형시키려는 무책임한 행위로서, 다시 돌이킬 수 없는 환원불가능성(irrevocability)의 심각한 문제를 안고 있다. '유전자 치료의 아버지' 라고 불리는 이 분야의 개척자 프렌치 앤더슨 박사는 "처음 시작할 때보다 지금은 매우 두려워하고 있다" 고 토로하면서, 배아 개입은 핵무기보다도 더 가공할 파괴력을 가진 위험한 시도라고 지적하고, "스모그로 가득 찬 공기, 오염된 하천, 오탁된 지하수, 결함을 가진 핵발전소, 사라지는 오존층의 경우에는 손상을 회복시킬 수 있는 가능성이 남아 있지만, 만일 우리가 무심코 우리의 유전적 유산을 오염시켰을 경우에는 그 손상을 돌이킬 수 없다" 고 경고하였다.[30] 로버트 쿤이 지적하는 대로, 유전공학의 미래는 "예측할 수도 없고 알 수도 없고 중지시킬 수도 없다."[31] 이러한 인간 개량론적 시도는 기독교의 구원론에 중대한 도전과 위협이 아닐 수 없다.[32] 왜냐하면 기독교가 인간 죄악의 문제를 표방하면서도 외부에서 볼 때 가시적 성과가 미흡하였지만, 유전공학이 과학적으로 그 문제를 획기적으로 해결할 수 있다고 장담하기 때문이다.

신학적으로 죄악의 문제는 원죄에 기반을 두고 있다. 인간이 스스로 범하는 자범죄도 사실은 원죄로 인한 죄성 때문에 불가피하게 범

29) H. Tristram Engelhardt, Jr., "Persons and Humans: Refashioning Ourselves in a Better Image and Likeness, *Zygon* 19(1984): 281-295.

30) Anderson, Debate; J. Robert Nelson, *On the New Frontiers of Genetics and Religion* (Eerdmans, 1994), 117.

31) Robert Lawrence Kuhn, Debate.

32) Ronald Cole-Turner, *The New Genesis: Theology and the Genetic Revolution* (Westminster/John Knox Press, 1993), 87: "만일 유전학적 연구가 사람들에게 그들의 신념이나 행동이 '그들의 유전인자의 결과 이상 아무것도 아니다' 는 사실을 확신시키는데 성공한다면, 신학은 심각한 위협에 직면할 것이다."; Brungs, 703: "이 새로운 테크놀로지 혁명은 교회의 교리적 이해에 결정적인 요구를 제기할 것이다."

쟁은 섭리론의 본질을 탈선한 무모한 대립이 아닐 수 없다.

인간과의 협동

하나님은 모든 것을 통치하고 경영하지만, 대부분 인간과 협동하여 역사를 창조해 나간다. 실로, 전통적 섭리론의 3요소에는 보존과 통치 외에 협동(concurrence)이 있다. 협동이란 하나님이 인간에게 자유를 부여하고 인간의 자유로운 선택과 협동하여 자기의 뜻을 이루어나가는 하나님의 지혜와 능력이다. 하나님이 인간을 존중하여 동반자로서 협동하기 때문에, 바르트를 이것을 하나님의 동반(divine accompanying)이라고 표현하였다. 비록 어떤 경우에는 인간과 협력하지 않고 또는 인간의 선택과 반대하여 독자적으로 실행하지만, 대개의 경우는 인간의 자유로운 선택과 행동과 조화롭게 협동하여 섭리한다.[77] 바로 이러한 협동 때문에, 기독교의 섭리론은 운명론(fatalism)과 구별되며, 인간에게 순종과 책임을 요구한다. 따라서 그리스도인은 운명론자와 같이 자기의 잘못으로 발생한 결과를 신이나 운수에 떠맡기는 무책임한 행동을 하지 말고 자기가 행한 모든 일에 전적인 책임을 져야 한다.[78]

그러나 하나님은 우리가 독자적으로 결정하고 행동하도록 방치하지 않고 지혜롭게 간섭하기 때문에, 그것은 동시에 하나님의 선택과 행위이다. 웨인 그루뎀의 말처럼, 성경의 가르침에 충실하려면 신과 인간의 양면적 행위를 둘 다 수용해야 한다. 어떤 동일한 사건에 대해서, 우리는 그것이 전적으로 하나님의 행위이며 동시에 전적으로 인간

77) John Calvin, *Institutes*, I.xvii.1.

78) Ibid., I.xvii.3.

의 행위라고 말할 수 있다.[79] 그것이 모순인 것 같지만, 사실은 두 차원에서 발생하기 때문에 서로 충돌하지 않는다. 따라서 경건한 그리스도인은 비록 자신의 노력과 행동으로 이룩한 업적이라 할지라도, 그 공로를 전적으로 하나님에게 돌리고 찬양할 수 있어야 한다. 이와 같은 사고는 심지어 불신자의 경우에도 가능하다. 자신의 극한적 노력으로 어려운 시험에 합격한 자녀가 진심으로 모든 공로를 전적으로 부모에게 돌리는 경우가 그러하다. 동일한 상황에서 모든 공로를 자기에게 돌리고 부모나 스승을 무시하거나, 실패한 상황에서 모든 책임을 부모에게 돌리는 자세는 결코 정당하다고 할 수 없다. 한편, 우리 잘못에 대해서는 전적으로 자기 자신에게 책임을 부과하는 자세가 필요하다. 왜냐하면 하나님은 죄악이나 오류를 범하지 않기 때문이다.

한국의 정치적 현실

우리 민족은 오랜 세월 동안 운명론적 종교의 지배를 받아왔다. 샤머니즘은 모든 것을 귀신 탓으로 돌리며, 문제의 해결도 무당이라는 타자에게 맡긴다. 무교적 구조에서, 우리 자신에게는 아무 책임도 능력도 없다. 불교는 대표적인 운명론으로서, 모든 것이 업보에 의해 발생한다는 연기설에 근거하여 인생을 운명으로 받아들였다. 도교는 특별히 풍수지리설을 통하여 결정론적 사고를 고착화시켰으며, 우리가 할 수 있는 일이란 명당을 찾는 것뿐이다. 유교는 천명에 대한 순종을 요구하는 책임 있는 종교였으나, 한국의 경우 반상제도를 유지하는 이데올로기로 작용하여 우리 역사에 깊이 박힌 운명론적 사고를 치유하

79) Wayne Grudem, *Systematic Theology* (IVP, 1994), 319, 321.

지 못하였다.

이와 같은 운명론적 사고는 20세기에 접어들면서 인간의 능력을 강조하는 계몽주의적 사고와 결합하여 이상한 형태의 사고방식을 결과하였다. 잘된 것은 자기 자신에게 공로를 돌리고 잘못된 것은 타자를 탓하는 이기적이고 부정적인 사고가 바로 그것이다. 일본의 강점과 압제는 모든 책임과 원망을 타자에게 돌리는 부정적 사고의 온상이 되었으며, 쿠데타로 시작된 오랜 군사독재는 이를 발전시키는 저항적 사고를 강화하였다. 경제 분야에서는 자본주의에 입각한 능동적 사고가 형성되어 경제적 발전을 이룩하였으나, 정치 분야에서는 시위와 비방으로 모든 문제를 해결하려는 부정적 사고가 무비판적으로 범람하여 끝없는 혼란이 계속되고 있다.

반일에서 반공, 반정부, 그리고 반미로 이어지는 부정적 저항심은 우리 민족의 노력으로 국가를 발전시키려는 긍정적 노력을 약화시켰다. 오늘날 사사건건 미국을 비난하고 원망하는 반미는 반일과 같이 언젠가 다른 나라로 대상이 이동하겠지만, 부정적 사고를 극복하지 못한다면 정신적으로 자립하지 못할 것이다. 비록 미국이 많은 잘못을 범하고 있다 할지라도, 세계의 수많은 나라 중에서 오로지 한 나라에만 집중적으로 그리고 전면적으로 불만을 가지고 원망하며 비방하는 것은 비사실적이며, 이러한 배타적 선택은 그 이유가 실제적 요인보다 심리적 원인에 있음을 암시한다. 또한, 냉전 중에는 원망과 저항의 대상이 공산주의였으나, 냉전이 끝나면서 미국의 도움이 별로 필요 없게 된 상황에서 민족주의가 부상하여 그 대상을 미국으로 교체하게 된 것이라고 볼 수 있다. 그러나 그 대상이 어느 나라이든 비방과 원망이 우리나라를 발전시켜 주지 않는다. 우리 정치에서도 여당과 야당의 비방과 책임 전가가 한국을 위대한 나라로 만들지 못한다. 한국은 모든 나라와 평화롭고 원만한 관계를 유지하는 화해의 정치를 추구해야 하며, 우리보다 약소한 나라들을 조건 없이 도와주어야 한다.

한국의 혼란을 가중시키는 또 하나의 요인은 청년의 지배(paedocracy)이다. 저항문화는 자연히 반항(resistance)이라는 사춘기적 특성 때문에 미성숙한 청년의 정치 참여를 증가시키고, 이는 개혁의 대가로 혼란과 불안정을 야기한다. 더욱이, 인터넷의 확산은 무책임한 비방문화를 범람하게 만들고 있다. 건설적이고 안정된 사회는 중년이 주도하며 청년의 개혁과 노년의 지혜를 균형 있게 수렴할 때 가능하다.

하나님의 나라와 구속사

한국의 역사는 하나님과 우리 민족이 협동하여 창조해나가는 것으로서, 신이나 운명을 탓하는 것도 잘못이지만, 결코 일방적으로 타국이나 타파에게 그 책임을 전가해서도 안 된다. 하나님과 잘 협력하기 위해서는 그의 통치적 실체인 하나님의 나라(The Kingdom of God)에 대해서 분명한 이해가 필요하다. 예수님의 오심과 사역은 구약에 예언된 하나님의 나라를 선포하고 형성하기 위한 대업을 성취하기 위함으로서, "하늘에 있는 것이나 땅에 있는 것이 다 그리스도 안에서 통일되게"(엡 1:10) 하려는 하나님의 위대한 경륜이었다. 이 그리스도 중심적 통일 대업은 죄악으로 인해 비참하게 분리된 인류를 다시 하나로 회복하는 작업으로 집단적 이기주의라는 죄악적 동기에서 분리되어 상호 대립하는 모든 집단을 그리스도의 구속에 근거하여 성령의 능력으로 하나 되게 만드는 화해의 사역(ministry of reconciliation)을 통하여 가능하다. 바울은 그 대표적인 예를 제시한다. "거기에는 헬라인이나 유대인이나, 할례파나 무할례파나, 야만인이나 스구디아인이나, 종이나 자유인이 차별이 있을 수 없나니, 오직 그리스도는 만유시요 만유 안에 계시니라"(골 3:11). "너희는 유대인이나 헬라인이나, 종이나 자유인이나, 남자나 여자나 다 그리스도 예수 안에서 하나이니라"(갈 3:28). 이러한 목표(telos)가 실현되기까지는 격렬한 저항들이 있으며, 따라서 하나님의 나라는 거룩한 투쟁을 요구한다. 우리는 이러한 텔로스를 역사발전의 규범으로 수용해야 하며, 바로 그 절대적 기준으로 어떤 현상이 발전인지 퇴보인지를 판단해야 한다.

하나님의 나라는 우주적이기 때문에, 하나님의 통치는 자연히 모든 나라와 정권을 경영하는 정치적 측면을 포함한다. 다니엘서 2장에 나타난 신상의 예언과 해석은 세계 역사의 청사진을 분명히 보여주며, 성경에 나타난 많은 예언들은 미래사에 대해 하나님의 사전적 계획이 구조적으로 존재함을 확실히 한다. 하나님은 "민족들을 커지게도 하시고 다시 멸하기도 하시며 민족들을 널리 퍼지게도 하시고 다시 사로잡혀 가게도 하시며"(욥 12:23), 모든 민족에게 "그들의 연대를 정하시며 거주의 경계를 한정하시는"(행 17:26) 우주적 통치자로서, "모든 나라는 여호와의 것이요, 여호와는 모든 나라의 주재이시다"(시 22:28). 역사에서 보는 대로, 어떤 나라도 영원하지 않다. 모든 나라와 정권은 하나님의 인준과 분봉을 필요로 하며, "메네 메네 데겔 우바르신"이라는 원리에 의해 흥망성쇠가 결정된다. 물론, 하나님의 판단과 인간의 판단은 다르며, 하나님의 경영과 인간의 경영도 다르다. 어거스틴은 "하나님에게 적합한 것과 인간에게 적합한 것 사이에는 현저한 차이가 있다"고 지적하였다.

하나님은 모든 나라의 통치자이기 때문에, 우리는 모든 나라를 존중하고 서로 협력해야 한다. 물론, 어떤 때는 하나님이 한 나라를 사용하여 다른 나라를 심판하거나 징벌하는 경우도 있다. 하나님의 경영은 오묘하고 신묘 막측하여 세월이 지나고 거시적인 구도가 드러나면 우리의 찬양을 유발시키지만, 인간의 제한된 지성과 어리석음 때문에 당장에는 불만이 표출되기도 한다. 따라서 우리는 이해할 수 없고 불만스러운 상황에서도 하나님의 통치에 대해 확고부동한 신앙과 신뢰를 가져야 한다. 도날드 블뢰쉬의 고백처럼, "하나님을 창조자와 통치자로 인정하는 것은 곧 그가 창조한 세계의 본질적 선함과 역사의 의미를 인정하는 것이다."[80] 우리가 하나님의 통치에 협조하는 길은 성경에 계시된 거시적 구도를 추구하고 구속사(redemptive history)적 목표를 지향하며 그의 명령에 순종하는 것이다.[81] 그리스도인이 개인적으로나 집단적으로나 인간의 제한된 지혜에 따라 미래를 결정하고 그것만을 고집하며 다른 길을 모두 정죄하는 단순함의 우를 범하지 말고, 하나님의 통치에 민감하게 반응하며 유연하게 대처하는 자세가 요구된다. 우리 민족의 장래는 하나님의 손에 달려 있으며, 우리나라의 융성은 배타적 민족주의나 이기적 노력 여하에 의해 결정되는 것이 아니라, 우리가 얼마나 하나님의 통치에 협조하느냐에 달려 있다. 실로, 구속사가 지향하는 목표에 우리의 목표를 일치시키는 자기 부인의 헌신이 결정적이다. 민족주의나 지역주의를 극복하고 학벌주의와 문벌주의와 같은 파벌의식을 타파하며 약자 집단에 대한 차별과 타 집단에

---

80) Donald G. Bloesch, *Essentials of Evangelical Theology* (Harper & Row, 1978), I:26.

81) 이정석, 『세속화시대의 기독교』 (이레서원, 2000) 제4장 그리스도인의 역사의식 참조.

대한 대립을 해소하는 화해와 일치를 추구하고 실현해야 하며, 반구속사적인 시도들을 차단해야 한다.

한국교회의 과제

하나님의 섭리와 통치에 있어서 교회는 중심적 역할을 감당한다. 이는 교회가 그리스도의 몸, 즉 그가 통일 대업을 이루어나가는 행동주체이기 때문이다. 칼 바르트의 분석대로, "섭리론은 이 특별한 역사가 모든 다른 역사보다 상위에 위치되었다는 사실을 전제한다."[82] 따라서 세계의 모든 사건은 바로 구속사적 관점에서 이해되어야 한다. 또한, 구속사의 중심에는 그리스도가 있기 때문에, 모든 역사는 그리스도 중심적으로 해석되어야 한다.[83] 역사가 크리스토퍼 도슨이 지적한 것처럼, 인류가 최초로 역사에 목적과 의미가 있다는 통전적 감각을 가지게 된 것은 기독교를 통해서이며, 따라서 기독교 신앙은 어떤 사건도 무의미하거나 상대적이라고 생각하여 무시하지 않는다.[84] 하나님이 이스라엘과 교회만을 다스리는 것이 아니라 세계 모든 나라를 통치하지만, 하나님은 그의 언약 관계 때문에 구약의 이스라엘과 신약의 교회에 초점을 맞추고 그들의 순종을 통하여 그의 뜻을 이루어나간다.[85] 따라서 한국교회는 하나님의 통치에 순종하고 협력해야 하며, 그러기 위해서는 구속사의 진행방향과 그 목표에 역행하지 말고

82) Karl Barth, *Church Dogmatics*, III/3, 37.

83) Ibid, 15-33. Daniel L. Migliore, *Faith Seeking Understanding: An Introduction to Christian Theology* (Eerdmans, 1991), 108-9.

84) Christopher Dawson et al, *The Kingdom of God and History* (Allen & Unwin, 1938), 198, 203.

85) 류호준, *Zephaniah's Oracles against the Nations*, Ph.D. 논문 (Free University of Amsterdam, 1994; E. J. Brill, 1995), 358. Barth, *CD*, III/3, 183-4 참조.

적극적으로 그의 화해와 통일 사역에 참여해야 한다.

그러나 한국교회가 방향감각을 상실한 채 혼란과 갈등을 거듭하며 하나님의 통치에 제대로 협력하지 못하고 있는 것이 오늘의 현실이다. 이는 주로 교파주의, 교단주의, 개교회주의, 지역주의, 신학적 대립, 그리고 세속화에 기인한다. 이런 구조악들은 화해와 통일에 역행하여 교회를 분리 대립시켜 내분으로 인한 상호파괴와 전력 낭비를 결과한다. 타락으로 인해 발생한 힘의 논리는 강자와 약자 그룹으로 인류를 분리시켰으며, 이를 극복하고 해소하는 것이 구속과 화해인데도, 교회가 집단 이기주의를 조장하고 축복하며 지향한다면, 그 교회에서 촛대를 옮길 수도 있다. 디트리히 본회퍼가 하나님의 은총을 간구하면서도 방향감각을 상실하고 자기 영화에 빠져 있는 유럽교회의 멸망을 예언했던 사실을 우리는 한국교회에 성찰해 보아야 한다. 우주적인 교회는 결코 멸망하지 않고 발전하지만, 개 교회나 지역교회는 약화되거나 멸절할 수도 있다.

우리는 많은 한국교회에서 하나님의 나라를 추구하기보다 자기 교회의 영광을 구하는 기도를 흔히 대할 수 있으며, 복음을 자파의 신학 이데올로기로 대체하는 설교를 쉽사리 들을 수 있다. 여성 안수문제로 혼란과 대립을 겪는 것은 매우 안타까운 일이 아닐 수 없다. 안수는 교회의 사역을 공적으로 위임하는 의식으로서, 안수 여부는 사역위임 여부에 의해 좌우된다. 서구교회 중에도 여성에게 안수하지 않는 교회가 있으나, 그런 교회는 여성에게 일도 맡기지 않는다. 한국교회는 여성에게 일을 시키면서 안수는 하지 않는 모순을 시정해야 하고 일관된 자세를 취해야 한다. 우리는 언젠가 타락에서부터 야기된 남녀차별의 고질적 악습을 깊이 반성하고 구속사의 텔로스(telos, 목적)인

남녀동등을 실현해야 한다. 그러나 성차별은 오랜 세월 동안 축적되어 철저히 고착화된 문제로서, 그 회복과정도 상당한 세월과 점진적인 노력을 필요로 하기 때문에, 구속사의 진행에 따른 공동체의 합의과정을 거쳐야 하며, 결코 성숙하지 않은 상황에서 무리하고 과격하게 교회를 분리하면서까지 추진해야 될 문제는 아니다. 물론, 여성 차별의 철폐가 여성성의 폐기나 가정의 기피, 또는 출산의 거부와 같은 반동적 경향을 정당화하지 않는다. 왜냐하면 그것은 반 구속사적이며 창조질서의 회복에 역행하기 때문이다. 그리스도 중심성을 거부하는 종교 다원주의도 그리스도 안에서의 만유 통일이라는 텔로스에 역행한다. 동성애와 같은 죄악을 관용하려는 타협적 경향도 일면 화해적 행위같이 보일 수도 있지만, 그것이 창조질서의 회복보다 이탈을 지향하기 때문에 분명히 거부되어야 한다. 구속사적 화해는 조화 불가능한 죄악의 무조건적 수용을 허용하지 않으며, 오히려 죄악의 인정과 회개, 그리고 그리스도를 통한 용서를 통해서 가능하다.

자유와 섭리

인간에게 자유가 없다면 섭리가 필요 없을 것이다. 왜냐하면 섭리란 인간의 자유로운 선택과 행동에 반응하고 간섭하여 하나님의 뜻을 이루어나가는 고차원의 경영이기 때문이다. 하나님이 인간을 프로그램에 따라 움직이는 로봇이나 본능에 의해 행위 하는 동물과 같이 창조하였다면, 하나님이 일방적으로 역사를 독주하겠지만, 인간을 사랑하고 존중하여 자유를 부여하였기 때문에 세계에는 하나님이 기뻐하지 않는 많은 일들이 발생하게 되었으며, 따라서 그럼에도 불구하고 하나님의 궁극적인 뜻을 이루어나가는 섭리가 필요하게 된 것이다. 그것은 자기 마음대로 하려고 하는 자식을 기르고 인도하는 부모와 같이 어렵고 복잡한 작업이지만, 하나님은 전능하셔서 "무슨 계획이든지 못 이루실 것이 없다"(욥 42:2). 그러므로 섭리를 믿는다는 것은 모든 사람들을 자유로운 존재로 인정하고 존중하며 자기의 결정도 중시하고 책임감 있고 신중하게 일거수일투족 행동하는 것을 의미한다.

하나님과 인간이라는 자유로운 두 존재의 관계방식에 대하여 전통적으로는 제1원인과 제2원인이라는 방식으로 설명하였으나, 칼 바르트는 만유를 통치하는 하나님의 능력이 맹목적인 힘이나 통치를 위한 통치가 아니라 우리를 다스리는 아버지의 사랑임을 지적하였다.[86] 우리를 지극히 사랑하는 아버지가 또한 완전히 선하고 지혜로우며 전지하다면, 그리고 그가 우리 삶과 세계 역사를 방관하지 않고 지극한 관심으로 섭리하고 통치한다면, 우리가 할 일은 당연히 그의 다스림에 협력하는 것이다. 그러나 은혜로운 하나님은 비록 그가 역사의 기본적 구도를 정하지만, 그 실현과정에 있어서는 먼저 우리에게 결정하고 행동하게 한 후에 그것을 지혜와 능력으로 조정하며, 혹은 악을 선으로 바꾸어(창 50:20), 결과적으로 "모든 것이 합력하여 선을 이루게 하신다"(롬 8:28). 우리가 하나님의 통치에 순종하고 협력한 행위에 대해서는 하나님이 그것을 우리의 공로로 인정하고 칭찬하지만, 하나님의 통치에 역행하는 행위는 결국 아무 열매도 맺지 못한 채 하나님의 징책을 받게 된다. 그렇다면, 영원한 역사와 영원한 인생의 관점에서, 우리가 자유를 사용하여 취할 행동이 어떠해야 할지는 자명하다고 말할 수 있다. 또한, 하나님의 통치에 대한 신앙의 회복은 어떤 상황에서도 비

86) Barth, *CD*, III/3, 55.

관이나 무의미로 좌절하지도 않으며 자기중심적 자만이나 세속적 환상에 치우치지도 않고, 하나님의 동행과 인도에 대한 확신으로 영원한 하나님의 나라에 적극적으로 참여하게 만들 것이다.

3부 | 세속화의 극복

1

세속화된 교회는 미래가 없다

교회가 그리스도의 몸이기 때문에 망하지 않는다는 생각은 환상에 불과하다. 물론, 그리스도의 우주적인 교회는 망하지 않지만, 개 교회나 교회들의 집단은 감소하고 몰락하고 멸절할 수 있음을 역사가 증거 한다. 초대교회의 중심이었던 소아시아의 교회들이 이슬람의 침략으로 없어졌고, 한국교회의 중심이었던 북한의 교회들이 공산화로 사라졌다. 이와 같은 외부적 요인은 불가피했다 할지라도, 내부적 요인에 의해 쇠망해가고 있는 유럽교회는 매우 가슴 아픈 현실이 아닐 수 없다. 실로, 유럽교회는 지난 2천 년 동안 기독교의 중심이었으며 지금도 그 유산이 세계교회의 바탕이 되고 있다. 그럼에도 불구하고, 유럽교회가 20세기를 거치면서 내적 세속화로 인해 급격한 몰락의 길을 걸었으며, 많은 연구보고서들은 아무런 회생의 희망도 발견하지 못하고 있다. 거대한 교회당들과 위대한 전통에도 불구하고, 세속화된 교회에는 미래가 없다.

유럽교회의 교훈

제2차 세계대전 후 유럽교회가 급격히 몰락하자 유럽교회는 당황하기 시작하였으며, '신의 일식' (eclipse of God)이 유럽대륙을 뒤덮고 '신의 장례식' (God's funeral)이 확산됨에 따라 신학계를 비롯하여 사회학, 역사학, 철학 등에서 대대적으로 그 원인을 탐구하기 시작하였다. 역사적으로는 그 원인을 르네상스, 계몽주의, 진화론, 산업혁명, 그리고 포스트모더니즘에 이르는 일련의 탈 기독교적 운동들에서 찾았으며, 심지어 콘스탄티누스 대제의 기독교 국교화와 중세 로마 가톨릭 교회의 타락을 지적하기도 하였다. 물론, 그와 같은 원인들이 일조한 것은 부인할 수 없으며, 유럽교회의 몰락과 연관된 거대한 메가 트렌드를 무시할 수 없지만, 어려운 외적 상황 속에서도 순수하고 힘차게 발전한 초대교회를 고려한다면, 칼 바르트의 분석처럼 보다 내적인 원인이 더 결정적이었다고 할 수 있다. 그는 세속화를 소금이 그 맛을 잃어가는 과정이라고 정의하고, 그런 교회는 세상에게 짓밟혀 마땅하다고 탄식하였다.[1]

유럽교회는 종교개혁자들이 회복하고자 그토록 노력했던 복음을 상실한 것이다. 그리스도의 사랑을 전하기보다 세계의 약소국들을 침략하여 4백 년 이상 식민통치를 자행하고 교만이 극에 달하면서 기독교 신앙의 혼을 상실하게 되었으며, 이제 기독교란 유럽인들의 이기적 욕망을 정당화하고 신성화하는 종교문화로 전락한 것이다. 그래서 디트리히 본회퍼는 하나님께서 촛대를 옮기리라는 사실을 직감하면서, 유럽교회가 십자가의 복음을 상실하였다고 울부짖었다.[2] 유럽

1) Karl Barth, *Church Dogmatics*, IV/2. 668.

교회가 기독교를 철저히 문화화하고 종교화하였기 때문에, 그는 기독교의 비종교화를 주장하였다. 종교란 일반은총이지만, 특별은총에 기초한 기독교가 종교로 전락하는 것은 복음을 포기하는 타락이 아닐 수 없다. 종교는 아직도 죄악을 극복하지 못하고 있기 때문에 외형적으로는 신 중심적인 것 같지만, 사실은 자기중심적이며 자신의 행복과 안전을 위해 신을 이용하려는 경건한 위선이기 때문이다. 복음은 하나님을 위해 자기를 포기하도록 초청하는 부름이다. 종교개혁자들이 구호처럼 외쳤던 '오로지 하나님께 영광을'(soli Deo gloria)이 의미하는 바는 신앙을 빌미로 우리의 영광을 추구하지 않겠다는 양심선언이었다.

기독교가 종교화되고 세속화되는 제1단계에서는 교회가 흥왕하고 교인도 증가하지만, 점차 그 허구성이 드러나면서 제2단계에서는 급격한 탈교회화 현상이 발생하게 된다. 실로, 기독교가 복음을 상실하면 아무 능력도 실체도 없다. 바울 사도가 지적한 것처럼, 그리스도의 육체적 부활을 믿지 않는다면 기독교는 허구에 불과하다. 그러나 유럽교회는 반기독교적 계몽주의운동을 극복하지 못하고 오히려 거기에 휩쓸려 자유주의가 횡행함으로써 복음을 포기하고 만 것이다. 아무리 지성적인 언어로 포장되어 있다 할지라도, 그리스도의 십자가 대속과 육체적 부활의 소망을 불신한다면 교회를 유지해야 할 아무 이유도 없다. 사신 신학, 세속화 신학, 종교 다원주의를 주장하면서도 여전히 기독교 신학자로 행세하려는 것은 이해할 수 없는 행태가 아닐 수 없다. 그리스도 중심성이나 그리스도의 유일성을 거부하고 어떻게 해서든지 기독교를 종교의 하나로 끌어내리고 그리스도를 감추려고

2) Dietrich Bonhoeffer, *Gesammelte Schriften*, II:182.

노력하는 종교 다원주의자들과 오로지 일신의 심리적 평안과 세속적 축복에만 관심을 가지고 자기의 끝없는 욕심을 포기할 줄 모르는 기복 종교적 신자들이 서로 매우 달라보여도 사실은 둘 다 복음이 아니라 종교를 추구하는 종교인들에 불과하며 참된 기독교인이라고 볼 수 없다. 그리스도가 복음이기 때문에, 복음의 상실은 그리스도의 상실을 의미하며, 그리스도는 하나의 상징이나 개념으로 전락하고 그리스도와의 인격적 관계가 인생의 중심적 동인이 되지 못한다.

필립 얀시(Philip Yancey)는 최근 유럽을 방문하여 유럽교회의 비극적 상황을 목도하고 미국교회도 유럽교회의 전철을 밟지 않을까 염려하면서, 그러지 않기 위해서는 중국교회와 한국교회에서 배워야 한다고 주장하였다.[3] 실로, 한국교회는 비서구세계에서 가장 활력적인 교회로서, 세계교회로부터 찬사와 기대를 받고 있다. 따라서 한국교회가 급격히 몰락하리라는 비관적 전망은 비현실적이지만, 장기적으로는 한국교회가 유럽교회의 전철을 밟지 않으리라는 보장도 없다. 급성장하는 한국교회를 배우기 위해 1988년 네덜란드에서 한국을 방문하여 1년 동안 한국교회를 관찰하고 연구한 레오 오스터롬(Leo Oosterom)은 한국교회에도 세속화가 심각하게 진행되고 있음을 발견하고, "한국의 모든 교회가 가까운 미래에 직면하게 될 최대의 이슈는 세속화의 문제가 될 것이다"고 결론내렸다.[4] 그러므로 우리가 철저한 자기성찰과 자체개혁을 수행하지 않는다면, 한국교회의 미래도 그리 밝다고 할 수 없다.

3) Philip Yancey, "God' s Funeral", *Christianity Today* 2002년 9월 9일자.

4) Leo Oosterom, *Contemporary Thought in the Republic of Korea*, IIMO Research Publication 28 (Utrecht-Leiden, 1990), 15.

그리스도의 주권 반환

한국교회의 미래를 가장 위협하는 것은 교권투쟁이다. 과거에는 교권쟁탈전이 총회차원에 제한되었으나, 이제 한국의 민주화 이후 모든 개교회로 확산되었다. 거의 모든 교회들에서 목사와 장로들의 주도권 대립이 심화되고 있으며, 많은 교회들은 극한적인 투쟁과 분열을 경험하고 있다. 서로 교회의 주인이라고 생각하며 주인의식을 강조하고 있다. 목사는 목사대로, 장로는 장로대로, 평신도는 평신도대로, 모두 교회의 주인임을 자부하고 있다. 실로, 교회의 실제 주인인 그리스도는 소외되고 밀려나고 있으며, 이는 교회의 근본적 세속화를 초래한다. 그리스도가 주인이 아니라면, 그런 교회는 더 이상 그리스도의 교회가 아니다.

도스토예프스키의 소설 『카라마조프가의 형제』에 보면, 종교재판이 기승을 부리던 중세에 예수님이 스페인의 세빌을 방문하여 대재판관인 추기경과 만나는 유명한 이야기가 있다.[5] 추기경은 예수님을 알아보고 기겁하여 즉시 그를 깊은 감옥에 가두고 처형하려다가 어두운 밤에 풀어주며 다시 교회를 찾아오지 말라고 경고한다. 왜냐하면 이제 이미 인간들의 체제로 안정된 교회에 예수님의 개입이 대혼란을 야기하기 때문이라는 것이다. 이는 포도원 농부의 비유를 연상시킨다. 주인이 보낸 종들과 아들을 죽이고 포도원을 차지하려다가 진멸당하는 비극적 운명에 처하게 된다(마 21:33-41)

한국교회가 자본주의적 논리를 받아들여 세속화하고 있다. 모두가 대형화를 추진하며 수단 방법을 가리지 않고 맹목적인 교회성장을

5) 5장 5절 대재판관.

추구하고 있다. 현대문화의 해악인 허영과 광기를 조장하고 군중심리를 이용하여 대형교회가 되는 것으로 만족하지 않고, 나아가 위성교회를 만들고 자기 브랜드의 교회를 확산시키고 있다. 그리스도인이라는 자부심보다 특정 교회의 일원이라는 프라이드가 더 강하도록 유도한다. 이런 상황에서 더 이상 교회의 주인은 그리스도가 아니다. 목사가 주인이 되어 절대교권을 휘두르며 교회 인사권과 재산권을 자기 마음대로 사용하고 특권적인 당회장직을 세습하는가 하면, 정치적인 장로들이 교권을 장악하고 목사들을 마음대로 갈아 치우면서 자기의 목자를 피고용인 취급하여 목회를 힘들게 하기도 한다. 한국교회가 그리스도의 주권을 반환하고 모두 그의 충성된 손발이 되어 섬기는 공동체로 변화되지 않는다면, 한국교회의 미래는 비극적인 심판에 직면하게 될 것이다.

교회의 파벌 철폐

그리스도의 주권이 확립될 때 교회는 하나가 된다. 이 말은 역으로 교회가 하나 되지 못하고 파벌적 대립과 분리가 존재한다면 그리스도의 주권적 보좌를 파벌의 보스들이 차지하고 있다는 뜻이다. 교회의 주인이 한 분이기 때문에, 교회는 하나여야 한다. 따라서 교회에 분리가 발생하였다면 그것은 전혀 그리스도와 관련이 없는 인간들의 독자적 행위일 뿐이다. 초대교회도 하나였고, 천상의 완성된 교회도 하나일 것이다. 그러나 교권주의자들은 교회를 수많은 교파와 교단으로 분리하고 백가쟁명(百家爭鳴)을 벌리며 한결같이 자기 교파와 자기 교단의 우월성과 정통성을 주장하고 있다. 유럽교회의 세속화와 몰락의 원인을 탐구하던 학자들은 종교개혁 이후에 발생한 교회 분열이 국가와 교회의 균형을 와해시켰으며, 그 결과 교회가 국가 아래 복속되는 정치적 세속화가 발생하였고 교회의 약화로 이어졌다는 사실을 발견하였다.[6] 분열된 교회는 힘이 약화되고, 결국 국가와 사회로부터 무시와 소외를 당하게 된다. 예수님은 그 당위성을 이렇게 말씀하였다. "스스로 분쟁하는 나라마다 황폐하여질 것이요, 스스로 분쟁하는 동네나 집마다 서지 못하리라"(마 12:25). 그래서, 그는 교회의 미래를 걱정하며 이렇게 기도하였다. "아버지께서 내 안에 내가 아버지 안에 있는 것 같이 그들도 다 하나가 되어 우리 안에 있게 하사, 세상으로 아버지께서 나를 보내신 것을 믿게 하옵소서!"(요 17:21) 즉 세상이 그리스도의 구원을 믿도록 하기 위해서는 먼저 교회가 하나 되어야 하며, 분열된 교회는 이 거룩한 소명을 성취할 수 없다.

바울 사도는 교회가 하나됨을 유지하기 위해서는 온유와 겸손의 미덕이 있어야 한다고 가르친다(엡 4:2-3). 즉 과격하고 교만해지면 분열된다는 말이다. 기독교는 어떤 인간도 계시의 담지자로 보지 않으며 예배하거나 숭배하지 않는다. 예수님의 후계자는 아무도 없으며, 인간 후계자가 가능하지도 않다. 사도의 권위는 존중하지만, 12명이나 되는 사도를 인정하며 4권이나 되는 복음서를 수용함으로써 신앙형태의 다양성을 인정한다. 바울이나 베드로를 절대화하거나 특정 복음서의 우월성을 주장하는 것은 이단적 발상이다. 고린도교회에 파벌이 존재하였으나 바울은 자기를 추종하는 파벌을 책망하며 해체를 요구하였

6) David Martin, *A General Theory of Secularization* (Oxford: Blackwell), 278-305; J. T. McNeill, "Historical Introduction to Secularism", in Spann, ed. *The Christian Faith and Secularization* (New York: Abingdon-Cokesbury), 34; Wolfhart Pannenberg, *Christianity in a Secularized World* (London: SCM), 12-14.

다: "그리스도께서 어찌 나뉘었느냐! 바울이 너희를 위하여 십자가에 못 박혔으며, 바울의 이름으로 너희가 세례를 받았느냐!"(고전 1:13) 실로, 초대교회에 다양한 형태의 기독교 신앙이 존재하였으나, 그것 때문에 분리를 허용하지 않았다. 복음의 본질에 대해서는 철저하였으나, 그 이외의 이슈나 제도에 대해서는 양심의 자유를 수용하고 아디아포라(adiaphora)의 영역으로 관용하였다(롬 14장). 교회가 하나됨을 유지하기 위해서는 비본질인 사안에 대해서 다양성을 인정하고 존중해야 한다. 예를 들어, 미국교회가 한국교회를 비판하거나 한국교회가 미국교회를 비판하는 것은 잘못이다. 서로 문화와 정서가 다르고 상황과 역사가 다른데 어떻게 모든 면에서 일치할 수 있겠는가! 하물며, 아프리카교회나 정교회와 같이 우리와 별 문화적 교류가 없는 교회들은 더욱 그러할 것이다.

그럼에도 불구하고, 수많은 교파와 교단이 분열하여 난립하게 된 데에는 다양성을 수용하지 못하는 독선주의 때문이었다. 지성적인 장로교회는 감성적인 오순절교회를 관용하지 못하고, 사회적 관심이 많은 진보교회는 내면적 관심이 많은 보수교회를 이해하지 못하였다. 인종이 달라도 모두 한 몸이듯이, 신앙의 성향이 달라도 그리스도를 주로 고백하고 중생하였다면 모두 하나님의 자녀들이다. 그런데도, 교회가 분열되고 분열이 영속화되는 이유는 무엇인가? 교권 정치가들은 정적으로부터 자기의 주도권을 확보하기 위해 선동적으로 교회를 분열하였고, 그 후에는 어용신학자들이 분리주의(separatism)를 미화하며 그러한 파벌을 정당화하는 논리와 신학체계를 계발하고 강화하였기 때문이다. 한국교회는 기원도 잘 모르는 수많은 외국의 교파와 파벌들의 각축장으로 전락하였고, 끝없이 허무한 대리전을 벌이고 있다.

교회 정치가들은 자기 집단의 강화를 위해 무조건 자기 교파와 교단의 전통을 강조하고, 신학자들은 미리 파벌적으로 선택된 학교에 유학하여 자기 모교 신학의 노예가 되고 자기 지도교수의 학파를 섬기고 대리 전을 하는데 일생을 바친다. 초기의 선교사들이 성령의 인도 아래 교파의 차이에도 불구하고 한국에 오로지 하나의 교회만을 세우자고 합의하였으나, 모국 선교부의 교파주의로 말미암아 그 숭고한 뜻이 이루어지지 못한 것이 애통하다.[7] 이제라도 한국교회가 서구교회 파벌의 맹목적 추종에서 벗어나 모든 전통과 교파신조를 상대화하고 하나의 교회를 건설한다면 한국교회는 세계교회의 지도적 위치를 점하게 될 것이며, 한국교회의 미래는 하나님의 축복 가운데 그야말로 찬란할 것이다.

한국교회는 전통과 신학의 이데올로기로부터 어서 해방되어 성경으로 돌아가야 한다. 성경 이외에 어떤 것에도 심판권을 부여하지 않는 '오로지 성경'(sola Scriptura)의 사도적 전통으로 돌아가야 한다. 예수님이 만난 이스라엘교회는 전 민족이 신앙을 고백하고 성경을 암송하며 철저한 종교생활을 하는 집단으로서, 외형적으로는 강력한 교회였으나 내면적으로는 자기들의 종교적 전통에 사로잡혀 하나님을 떠나버린 죽은 교회였다. 하나님이 보낸 그의 독생자도 배척하고 그토록 기다린 메시아도 알아보지 못하는 자아도취적이고 자기숭배적인 종교집단으로 전락해 있었다. 그래서 심지어 예수님의 신앙이 의심스럽다고 비판하는 그들에게 "너희는 어찌하여 너희 전통으로 하나님의 계명을 범하느냐!" 하고 지적하면서, "이 백성이 입술로는 나를 공경하되 마음은 내게서 멀도다. 사람의 계명으로 교훈을 삼아 가르치니

7) 민경배, 『한국기독교회사』, 269-275.

나를 헛되이 경배하는도다!" 라고 탄식하였다(마 15:3, 8-9). 한국교회가 파벌적 신조와 전통을 절대시하면서 그 기준으로 정죄하고 징계하는 범죄를 중단하고, 성경 안에서 하나가 되지 않는다면 이스라엘교회와 같은 비극적 운명에 처하게 될 것이다.

이웃 사랑의 실천

이스라엘교회는 하나님의 은혜에 감사하고 겸손하기보다 선민사상에 젖어 교회 외부에 있는 불신자들을 철저히 무시하고 그들에 대한 선교적 의무를 외면했기 때문에, 그 존재가치를 상실하게 된 것이다. 교회는 하나님의 사랑을 세상에 전할 사명을 가지고 있다. 한국교회는 대부분 선교와 전도에는 열정이 많지만 사랑의 실천에는 별 관심이 없다. 그러나 선교와 전도가 이웃 사랑의 부속개념이며, 말씀과 행동(word and deed)이 병행될 때 진정한 선교가 가능하다. 사랑이 결여된 선교나 전도는 자기 집단의 세력을 확장하려는 집단이기주의적 사업으로 전락한다. 한국교회는 교회성장주의에 사로잡혀 모든 것을 수단화하는 결정적 오류를 범하였다. 전도도 심방도 예배도, 그리고 심지어 구제도 한결같이 사람에 대한 인격적 관심이나 사랑보다 교회성장의 도구로 이용되고 있다. 그러나 성경의 모든 가르침이 하나님 사랑과 이웃 사랑으로 집약되며 이웃 사랑 없는 하나님 사랑이 불가능하기 때문에, 교회가 이웃 사랑에 실패하면 모든 것에 실패하는 것이다. 한국교회가 교회 안에만 칩거하면서 교인들끼리의 교제와 프로그램 확장으로 만족하고 외부로 나가서 이웃 사랑을 실천하는데 게으르다면, 사회로부터의 비판이 심화되어 결국 배척을 받게 될 것이다.

현대의 개인주의적 사고는 이웃에 대한 인격적 관심이나 사랑을 외면하게 만들며, 이는 결과적으로 교회의 도덕적 수준을 하락시킨다. 더욱이, 한국교회가 교회성장을 최고의 목표로 삼고 경쟁하면서 타파를 제압하려는 정치적 징계를 제외하고는 건전한 권징이 거의 사라져 버렸다. 교인들이 어떤 죄를 범하든지 개입하지 않으며 방관과 관용 일변도로 교회가 운영된다. 심지어 교회 지도자들 중에도 도덕적 불감증이 횡행하고 있으며 심각한 죄악을 범하고서도 별로 죄의식을 느끼지 않는 실정이다. 이혼이 관용되면서 한국의 이혼율이 40퍼센트에 이르렀으며, 가정이 파괴되고 출산율이 급감하고 있다. 이는 한국의 도덕적 보루가 되어야 할 교회가 도덕적으로 와해되고 있기 때문이며, 그 결과는 한국사회의 몰락으로 이어질 것이다. 유럽교회가 세속화되고 도덕적 구속력에 실패하면서 이혼이 증가하고 출산율이 모두 1.4명 이하로 급락하여 유럽이 심각하게 약화되고 있다. 1950년에 유럽 인구가 세계의 20퍼센트를 점하였으나, 2000년에는 10퍼센트로 감소하였고, 2050년에는 5퍼센트로 축소되리라 전망되고 있다.[8] 결국 도덕적 실패는 자멸을 초래하게 만든다. 유럽이 경제적으로는 선진국이지만, 신앙과 도덕의 실패로 인해 세계의 중심에서 밀려나고 외국인들이 범람하면서 점차 이슬람화 되어가고 있다. 구원의 일차적 목적이 성화에 있으며 진정한 사랑의 실현에 있기 때문에, 한국교회의 미래가 위로부터 보장받기 위해서는 하나님의 계명에 대한 전적 순종을 통한 영적 성장과 성화가 절실히 요청된다.

8) UN Population Division, *World Population Prospects: The 2000 Revision*, 1.

차세대에의 신앙 전수

한국교회는 70년대와 80년대에 10년마다 2-3배의 획기적 성장을 이룩하였는데, 이는 주일학교의 성공에 힘입은 바 크다. 그 당시에는 주일학교가 장년 수보다 많은 교회들이 대다수였으나, 오늘날은 그런 교회를 거의 찾아볼 수 없다. 이미 한국인의 20퍼센트 이상이 복음화되었기 때문에, 기독교인의 자녀에게만 성공적인 신앙 전수가 이루어진다면 한국교회의 미래는 지속될 것이며, 기독교인이 불신자보다 더 출산율이 높다면 자연적 성장만으로도 한국교회는 성장할 것이다. 그러나 현실은 보다 비관적이다. 심지어 목사와 장로의 자녀들 가운데도 교회를 떠나는 사례들이 속출하고 있으며, 주일학교는 약화일로에 있다. 물론, 여기에는 시대적 요인이 있으며 세계적 현상이지만, 한국교회가 이를 극복하지 못한다면 미래가 비관적이다.

따라서 미국의 경우 성공적인 교회들은 세대간의 관계 개선에 최대의 관심을 가지고 세대간 목회(inter-generational ministry) 혹은 다세대 목회(multi-generational ministry)라는 새로운 패러다임으로 전환하고 있다.[9] 이는 과거의 장년중심 목회를 탈피하여 차세대를 교회의 중심으로 영입하는 혁신적 방법이다. 열린 예배가 본래 불신자의 문화적 적응을 위해 시작되었으나, 이제 차세대가 적극적으로 예배할 수 있는 문화적 적응으로 발전되고 있다. 기성세대가 문화적 주도권을 가지고 차세대

---

9) Cf. Gary L. McIntosh, *One Church, Four Generations: Understanding and Reaching All Ages in Your Church* (Baker, 2002); Jackson W. Carroll, *Bridging Divided Worlds: Generational Cultures in Congregation* (Jossey-Bass, 2002); Bob Whitesel and Kent R. Hunter, *A House Divided: bridging the generational gaps in your church* (Abingdon, 2000); Randy Freeze, *The Connecting Church* (Zondervan 2001); Anthony B. Robinson, *Transforming Congregational Culture* (Eerdmans, 2003).

의 문화를 소외시킨다면 차세대가 교회를 이탈할 수밖에 없다. 문화적 주도권을 한 세대가 독점하지 않고 서로의 문화를 존중하며 조화를 추구할 때 세대간의 문화적 갈등이 해소되고 교회의 미래가 보장될 수 있을 것이다. 한국교회가 계속 발전하면서 한국의 완전 복음화를 실현하기 위해서는 차세대의 교육과 양육을 위해 전폭적인 후원과 헌신적인 노력이 필요할 뿐 아니라, 차세대를 존중하고 그들을 교회의 중심으로 환영하는 열린 자세가 필요하다.

2

세속화를 어떻게 극복할 수 있는가

세속화는 현대의 메가 트렌드로서, 기독교의 미래는 세속화의 극복 여하에 의해 좌우된다고 말할 수 있다. 2천년 동안 기독교의 중심이었던 유럽교회가 19세기 중엽 이후 세속화에 의해 여지없이 몰락하고 말았다. 그러나 세속화가 서구의 현대정신에 깊이 내재되어 있기 때문에, 비서구세계도 서구화를 추진하는 한 세속화의 영향을 회피할 수 없다. 따라서 급성장하던 한국교회도 정체를 보이고 있으며, 이는 세속화와 무관하지 않다. 따라서 한국교회가 유럽교회를 비난만 할 것이 아니라 세속화를 올바로 이해하고 겸허하게 유럽교회로부터 심각한 교훈을 배워야 한다. 그러면, 세속화란 무엇이며 어떻게 세속화를 극복할 수 있을까?

세속화의 본질

세속화(secularization)란 비종교화 혹은 종교의 사회적 소외현상을 가리킨다. 세속화에 대해 수많은 사회학적, 역사학적, 또는 신학적 정의들이 존재하는데, 래리 샤이너는 이러한 정의들을 5개의 범주로 요약하였다. 첫째는 종교의 사회적 감소(decline), 즉 교인의 감소를 의미한다. 둘째는 종교집단의 세상에 대한 융화(conformity), 즉 세상적 방식과 타협하는 것이다. 셋째는 세계의 비신성화(desacralization), 즉 하나님의 임재를 부정하는 것이다. 넷째는 종교의 사유화(privatization), 즉 신앙을 일상생활에서는 적용시키지 않고 단지 내면적이고 영적인 측면에만 의미를 부여하는 것이다. 그리고 다섯째는 신앙내용과 행동방식의 종교적 영역에서 세속적 영역으로의 전이(transposition), 즉 신앙이나 윤리를 성경적 원리보다 과학적이고 세속적인 원리에 따라 재구성하는 것이다.

서구에서 발생하여 서구사회를 세속화시키고 이제는 서구화의 바람을 타고 전 세계로 확산되고 있는 세속화는 종교적 사회를 비종교적 사회로 변화시킨다. 르네상스는 중세의 종교적인 사회를 비종교적 사회로 전환시키는데 중요한 계기를 제공하였으며, 반기독교적인 계몽주의가 결정적 역할을 감당하였다. 신 중심에서 인간 중심으로, 계시 중심에서 이성 중심으로, 교회 중심에서 국가 중심으로, 신학 중심에서 과학 중심으로, 정신 중심에서 물질 중심으로 모든 가치관을 변화시켰으며, 그 결과 기독교는 점차 사회의 중심에서 주변으로 밀려나기 시작하였다. 이러한 사회적 소외(alienation)와 지엽화(marginalization)현상은 자연히 교회의 급격한 약화를 결과하였다. 세속화는 초대교회의 중심이었던 소아시아가 이슬람의 침략으로, 그리고 한국 초대교회의 중심이었던 북한이 공산정권의 지배로 인해 교회가 급격히 몰락하고 소멸되게 만든 정치적 변화보다 더 강력하고 무서운 문화적 대변화를 의미한다. 따라서 유럽교회의 몰락을 단순히 신앙적 열정의 부족이나 자유주의신학의 영향에서 그 이유를 찾는 것은 너무 단순하고 무지한 생각이 아닐 수 없다. 세속화는 거대한 흐름이기 때문에, 그 원인을 분석함으로써 그 대책을 마련하고 장기적인 노력을 기울여야 한다.

정치적 주도권의 회복

세속화는 국교의 폐지(disestablishment)와 깊은 관련을 가지고 있다. 초대교회는 핍박을 받았으나 기독교가 로마제국의 국교로 선포되면서 사회의 중심으로 진입하여 정치적 배경을 가지고 유럽을 완전 복음화하는데 성공하였다. 그러나 반기독교적인 계몽주의운동은 국교의 폐지와 종교의 자유를 주장하였고, 그 영향에 의해 유럽의 모든 기독교 국가들이 국교를 폐지하게 됨으로써, 기독교는 정치적 소외를 당하기 시작하였다. 미국의 경우에도, 1776년 연방국가의 탄생 이전에는 13개 주 모두가 기독교를 공식적 종교로 규정하였으나, 하루 밤에 연방헌법은 국교를 폐지하고 종교의 자유를 채택하게 되었는데, 이것은 당시 지도자들에게 영향을 미친 계몽주의와 자연신론(deism)에 의한 것이었다. 사실상 전 인구가 기독교인인데 종교의 자유를 선포하는 것은 교회로부터의 이탈을 부추기는 결과를 초래할 뿐이다. 그 결과, 청교도정신에 기초한 미국도 점점 기독교의 정치적 입지가 약화되어, 급기야는 오늘날 정부의 재정으로 크리스마스트리 하나도 세우지 못하는 지경에 처하게 된 것이다.

정종분리(政宗分離)란 결코 기독교 사상이 아니다. 기독교는 염세적인 불교와 달리 이 세계를 하나님의 창조와 소유로 믿으며, 따라서 국가의 권력이나 정치도 하나님의 영광을 도모해야 된다고 생각한다. 모든 정치권력의 근원이 하나님에게 있으며, 따라서 모든 정치 지도자들은 하나님의 뜻을 따라야 된다. 종교개혁자들은 정부의 중요한 존재근거가 복음의 진보를 돕는 것이라고 강조하였으며, 교회는 정부를 지도해야 될 선지자적 책임이 있다. 초대교회가 유대나 로마정권과 충돌을 빚은 것도 하나님의 나라(The Kingdom of God) 사상 때문이었다. 기독교인은 불사이군의 정신으로 하나님만을 절대적인 왕으로 섬기며, 지상의 권력은 아무리 막강하다 할지라도 하나님을 무시하고 하나님의 뜻을 거스르는 명령을 발할 때에는 거부하고 저항한다.

물론, 하나님의 나라는 보이지 않는 영적 국가이지만, 왕과 백성과 군대와 시민이 있다는 점에서 정치적 성격을 배제할 수 없다. 하나님의 나라는 지상에서 교회로 대표되며, 따라서 교회의 발전과 확장이 중심적이다. 정치는 교회의 증감에 심각한 영향을 미칠 수 있다. 소아시아나 북한, 소련과 중국 등에서 보는 대로 비기독교적 정권의 지배는 교회의 몰락과 소멸을 결과하는 반면, 남미나 필리핀 등에서 보는 대로 친 기독교적 정권의 지배는 기독교의 급격한 확장을 결과한다. 식민주의가 종식된 현대에는 그와 같은 전면적 영향이 감소하고 있지만, 지금도 이슬람 정권의 침략과 지배로 기독교가 위협을 받고 있다.

국교가 폐지된 이래 기독교권뿐 아니라 타 종교권에서도 종교는 더 이상 우리 생활의 필수적인 요소가 아니라 선택의 문제로 격하되었으며, 점차 무종교가 선호되고 있다. 이런 상황에서 다시 국교제도를 회복하는 것은 바람직하지 않으나, 기독교가 정치적 주도권을 회복하는 것이 세속화, 즉 기독교의 정치적 소외를 극복하는데 있어서 매우 중요하다. 한국 개신교회는 수에 비해 매우 연약한 정치적 영향력을 가지고 있으며, 그 결과 정치적 소외를 당하고 있다. 오히려 기독교보다 소수를 가진 종교들이 더 큰 정치적 영향력을 행사한다. 또한, 기독교 정치인들이 다수 있지만, 선거철에 교회를 이용만 할 뿐 하나님의 영광과 교회의 발전에 기여하는 정치를 하지 못하고 있다. 수많은 이익단체들이 자기 집단의 정치적 이익을 위해 많은 노력을 기울이고 있는 오늘의 정치현실에서 정권의 주인이신 하나님의 백성들이 소외당하지 않도록 적극적인 정치참여가 요청된다.

적극적인 문화 창조

사회의 방향을 움직이는데 있어서 정치 못지 않게 중요한 것이 바로 문화이며, 특별히 현대는 문화의 거대한 영향력 때문에 문화의 시대라고도 불린다. 종교와 문화의 관계는 분리하기 어렵다. 종교의 존재는 종교문화를 산출하며, 그 문화는 종교의 존속을 도와준다. 종교와 문화가 충돌하면 종교의 발전에 부정적 장애가 되며, 종교와 문화가 일치하면 종교의 발전에 기여한다. 신기형 교수의 연구에 의하면, 한국교회가 이조 말 그리고 일제하에서 신문화의 주도권을 행사하였으며, 그 결과 한국문화가 서구문화로 변화하면서 한국교회는 사회적 호감을 받으며 급격히 발전하였다. 그러나 1970년대 이후 점차 문화적 주도권을 상실하면서 한국교회는 사회적 반감의 대상이 되어 교회가 정체되는 결과를 초래하였다.

유럽에서는 오랫동안 기독교가 존재하면서 미술과 음악과 문학과 건축을 비롯하여 모든 분야에서 우수한 기독교문화를 건설하였으며, 이는 서구화의 바람과 함께 전 세계로 확산되었다. 그러나 르네상스와 계몽주의의 영향으로 형성된 반기독교적 문화가 공존하면서 문화적 투쟁이 계속되고 있는 실정이다. 더욱이, 한국과 같은 비서구세계에서는 식민주의 시대 이후 발생한 민족주의와 전통문화의 재흥으로 기독교문화는 위축되고 있다.

그런데, 이런 상황에서 문제를 더욱 어렵게 만드는 것은 현대교회가 문화의 중요성을 이해하지 못하고 교회의 울타리 안에서 자체 부흥만을 중시하면서 문화적 사명을 망각하고 있다는 사실이다. 한국의 초대교회는 비록 소수였지만 교육과 의료, 그리고 문화의 전 영역에서 주도적인 공헌을 하였으며, 그것을 교회의 중요한 선교적 사명으로 인식하였다. 그러나 개교회주의가 부상한 오늘날 교회가 소유한 문화적 자산들도 처분하고 사회와의 관련을 단절해 버렸다. 그 결과, 이러한 기독교의 문화적 공백에 반기독교적 문화가 진입하여 문화적 주도권을 장악해 버렸다. 현대문화의 중심인 매스컴이 기독교나 기독교인을 냉소적으로 묘사하는 반면, 불교와 같은 타 종교에는 한결같이 긍정적으로 묘사하고 있는 현실은 기독교의 문화적 실패를 증거한다. 또한 일부 기독교의 문화적 노력이 있으나, 대부분이 비판적이고 반감을 조성하는 부정적 노력이라는 점이 아쉽다. 오히려, 한국교회는 적극적으로 기념비적 문화를 창조하며 문화계에 참여하고 많은 기독교 문화인들을 양성하고 후원해야 한다. 물론, 문화란 단시간에 이루어지지 않지만 계속적인 관심과 노력을 기울인다면 수많은 문화적 자원이 있기 때문에 또다시 문화적 주도권을 회복하고 대중문화의 호감을 창출할 수 있을 것이다.

교회의 일치

유럽의 세속화와 교회의 몰락을 다각도에서 분석한 결과 한 가지 의견으로 집중되었는데, 그것은 교회의 분열에 그 궁극적인 원인이 있다는 것이다. 교회가 분열되지 않았을 때에는 정부와 함께 사회의 양대 중심축이었으나, 교회가 분열되면서 세력이 약화되어 하나의 정부와 여러 교회가 관계하게 되었고, 그 결과 자연히 주도권이 국가로 편중되면서 교회는 무시와 소외를 당하게 되었다는 분석이다.

분열하는 집단이 무시를 받게 되는 것은 당연한 귀결이다. 뭉치면 살고 헤어지면 죽는다는 말은 교회에도 적용된다. 하나님의 나라를 도모하는 하나님의 군대가 내분을 겪고 자체 전투에 임한다면, 교회의 적으로부터 웃음거리가 되며 내분을 이용하여 공격한다면 적의 승리는 당연하다. 교회의 분리가 결국 그리스도와 성경이 아닌 제3의 이데올로기나 정치적 주도권에 의해 발생한 것이기 때문에, 이는 교회의 세속화를 의미한다.

또한, 교회의 분열과 이전투구는 교회의 윤리적 우위를 기대하는 사회로부터 비방의 대상이 되며, 그 결과 전도의 문이 막히게 되고 교회에 대한 실망은 기독교의 약화와 소외를 결과한다. 이 점은 이미 성경에서 지적되었다. 예수님은 대제사장적 기도에서 교회의 하나됨을 위해 간절히 기도하였으며, 교회의 하나됨이 효과적 전도에 결정적 영향을 미치게 된다고 말씀하였다(요 17:21). 한국교회의 정체와 사회적 반감은 다분히 한국교회의 심각한 분열과 자체투쟁에 기인하고 있기 때문에, 다시 사회적 소외를 극복하기 위해서는 교회가 하나 되는 화해와 연합의 노력이 절실히 요청되며, 이 과정에서 제기되는 교파주의 이데올로기와 교권정치가 극복되어야 한다.

적극적인 전도와 기복신앙의 극복

교회의 감소를 막고 성장하기 위해서는 무엇보다 직접적으로 전도의 열기가 확산되어야 한다. 최근 한국교회는 돈만으로 진행되는 해외선교에는 열심이지만, 직접 자신이 노력해야 하는 전도에는 소극적이다. 전도자의 노력 없이는 신앙에 이를 수 없기 때문에(롬 10:13-15), 전도는 교회의 흥망을 결정하는 관건이다. 한국교회가 아직 민족의 소수밖에 구원받지 못한 상황에서 교만해져서 자기만족을 느끼고 있다면 영적으로 심각한 문제를 안고 있는 것이다. 한민족의 완전복음화가 이루어질 때까지 고삐를 늦추지 말고 전진해야 한다. 타 종교에도 구원이 있다는 종교 다원주의나 개인 전도를 비하하는 체면주의를 거부하고 영혼구원에 전력해야 한다.

특히, 새로 자라나는 후세를 복음화하는 일이 한국교회의 미래를 좌우하는 중대사이며, 따라서 주일학교에 대한 집중적인 투자와 문화적 수용이 필요하다. 많은 교회들은 기성세대의 문화적 안정감을 위해 청년문화를 정죄하고, 그 결과 주일학교가 급격히 약화되고 있다. 보다 근본적인 문제는 기성세대나 신세대나 문화적 이기주의에 젖어 서로 문화적으로 양보하려고 하지 않는 세대간의 분열과 대립양상이다. 이 문제가 상호의 양보와 적응으로 해소되고 대예배의 문화가 모든 세대의 참여가 가능하도록 개선되지 않는다면, 세대간의 단절과 신세대의 무시로 교회의 미래가 더 어두워지고 세속화가 가속화될 수 있는 위험을 안고 있다.

마지막으로, 한국교회가 기복신앙을 극복하지 않는다면 세속화를 극복할 수 없다. 이는 자연 종교(natural religion)의 문제로서, 모든 종교에 공통적인 종교적 본능과 절대자에 대한 의존감정이다. 여려움을 당한 사람이 힘이 있는 자에게 도움을 요청하는 것은 자연스러운 일이며, 자연 종교를 모두 정죄할 필요는 없다. 그러나 기독교는 자연 종교에 머물지 않고 한 걸음 더 나아가 하나님에 대한 절대 헌신과 자기부인을 요청하며, 여기에 기독교의 독특한 의미가 있다. 그런데 자연 종교에만 머물러 자기의 이익과 평안만을 추구한다면 죄악의 본질인 자기중심성(ego-centricity)을 극복하지 못하게 되며, 따라서 하나님의 나라에 대한 추구는 약화되게 된다. 자연 종교는 자력 종교이며 회개하지 않는 죄인들의 종교로서 언제나 인류의 사랑을 받아왔지만, 기독교가 이와 같은 이기적 요구와 타협하면서 자본주의나 물량주의에 편승하여 일시적으로 수가 증가하고 번창한다 할지라도 그것은 본질상 세속화를 의미한다. 칼 바르트는 세속화를 정의하여, "소금이 맛을 잃어가는 과정"이라고 지적하였거니와, 기독교 복음과 구원의 독특성을 상실하지 않는 것이 진정으로 기독교가 발전하는 길이다.

3

성경적 신앙의 한국적 실천

종교개혁은 기독교 역사상 최대의 전환점으로서, 세계사에도 지대한 영향을 미쳤다. 그러나 5백 년이 다가오는 이 시점에서 과연 종교개혁이 필요했는지, 그리고 종교개혁의 결과는 성공적인지를 진지하고 겸허하게 반성할 필요가 있다. 특히, 개신교회는 수많은 분파로 분리되어 천차만별로 대립됨으로써, 과연 로마교회나 동방교회와 구별되며 개신교회 전체가 공유하는 개신교회의 독특한 본질과 정체성이 존재하는지에 대해 회의하지 않을 수 없는 현실을 초래하였다. 과연 개신교의 정체성이 존재한다면, 그것은 무엇인가?

개신교의 정체성

1517년 마르틴 루터가 95개항의 로마교회 비판문을 게시함으로써 시작된 종교개혁의 중심적 주장은 무엇이었는가? 루터의 경우, 그것은 칭의 교리였다. 그러나 1999년 마르틴 루터의 후예인 루터교회와 로마교회가 칭의의 본질에 대해 의견을 일치하고 '칭의 교리에 대한 공동 선언문' 을 발표함으로써 그것이 상당한 오해에 근거하였음을 자인하였다. 물론 칭의 교리의 모든 요소에 완전히 일치한 것은 아니지만 본질적 차이가 없다는 결론은 가히 충격적이다.

그렇다면, 캘빈의 예정론이 개신교의 공통적 본질인가? 그것은 예정론을 반대하는 웨슬리파의 탄생과 발전으로 거부되었다. 오순절 운동과 영성운동도 신 구교에 공통적으로 발생하였다. 기독교의 중심 교리인 삼위일체론이나 기독론에 있어서도 근본적인 차이가 없다. 물론, 흔히 제기되는 로마교회의 차이로 마리아 무죄설, 연옥설, 교황 무오설, 성례론 등이 있는데, 그 본질적 차이는 무엇인가?

그것은 성경적 신앙이라고 말할 수 있다. 개혁자들은 성경과 전통의 이중 권위를 따르는 로마교회에 대항하여 성경의 유일권위, 즉 '솔라 스크립튜라' (sola Scriptura)를 외치면서 교회의 정화를 추진하였기 때문이다. 물론, 로마교회는 성경 외에 자기 교회회의들의 결정사항이나 교황의 교칙서들에도 결정적 권위를 부여하지만, 성경이 중심적인 것도 사실이다. 문제는 신구교가 둘 다 성경을 경전으로 인정하고 규범적 권위를 부여하지만, 그 구성에 차이가 있다는 점이다. 신약 27권에서는 동일하지만, 구약에 있어서 로마교회는 46권을 인정하는 반면, 개신교회는 외경 7권을 제외한 39권만을 정경으로 인정한다.

종교개혁에 대응하기 위해 소집된 트렌트 회의에서는 외경 7권을 포함한 73권을 성경으로 인정하고, "만일 누구든지 그동안 가톨릭 교회에서 읽어왔고 역사적인 라틴 벌게이트 역본에 포함된 여기 열거한 책들 전체의 모든 부분을 받아들이지 않고 의식적으로 그리고 의도적으로 앞에 말한 전통을 업신여기면, 그는 저주를 받을지어다" 라고 선언하였다. 이것은 외경을 부정하는 개신교도를 향한 저주였다. 이러한 경고에도 불구하고 개혁자들이 외경을 부정한 이유는 무엇인가?

외경을 거부한 이유

실로 외경은 긴 전통이었다. 주전 2세기경에 헬라어로 번역된 70인경에 외경이 들어 있었으며, 이 성경이 그리스도의 활동기에 널리 사용되었다. 예수님과 사도들이 '그라파', 즉 성경이라고 부르고 인용한 책도 바로 이 70인 역이라고 생각된다. 따라서 초대교회에서는 외경들이 자연스럽게 읽혀졌다. 신약성경을 포함하여 성경 전체가 라틴어로 번역된 벌게잇 성경에도 외경이 들어 있었다. 신약 27권을 정경으로 확정한 히포와 제3차 칼타고 회의에서도 성경 목록에 외경을 포함시켰다. 비록 초대교회에서 외경에 대한 문제가 제기되었으나, 외경을 완전히 제외한 교회의 결정이나 기록을 찾아볼 수 없다. 따라서 종교개혁 시까지 교회는 자연스럽게 외경을 읽어왔다.

그런데, 갑자기 개혁자들이 외경을 거부한 이유는 무엇인가? 루터교회와 영국교회는 외경을 경건서적으로 읽도록 허용하였으나 진리의 기준이나 교리의 근거가 될 수 없다고 명시하였다. 한편, 캘빈파는 외경을 철저히 거부하였다. 그런데, 루터의 95조항에 외경에 대한 언급이 없고 캘빈도 『기독교강요』에서 외경문제를 집중적으로 논하지 않는 것을 보면, 그것이 일차적인 관심사는 아니었던 것 같다. 그들은 오히려 극도로 오염된 교황권과 로마교회의 미신적 의식주의를 보면서 근본적인 개혁의 필요를 절감하였고, 그것을 위해 교황을 중심으로 한 로마교회의 모든 전통을 부정하고 그리스도와 사도들의 시대로 돌아가서 다시 시작하기를 원하였다. 전통은 축적되는 것으로서 일부만 제거하면 정리되는 것이 아니다. 오염이 축적된 천오백년의 교회 전통을 전면적으로 부정하고 사도들의 증거 위에 다시 교회를 재건하려고 한 것이다. 물론 선한 전통도 모두 부정한 것은 아니지만, 원칙적으로 모두 사도적 기반에서 검증하여 진위를 판단할 필요가 있었다.

전통과 성경

개혁자들이 전통을 성경과 상반된 것으로 간주하여 거부하였는데, 여기서 전통이란 하나님의 말씀과 다른 인간의 지혜와 철학, 그리고 제도와 의식 등을 의미한다. 로마교회는 이러한 전통을 절대화하여 신격화함으로써 성경적 기반 없이도 영속화하려고 하였다. 그리고 그 신적 권위를 교황과 교회 회의를 통해 부여하였다. 복음서(마 15장, 막 7장)에서 예수님은 이러한 인간적 전통을 통렬히 비판하였다. 바리새인들과 서기관들이 유대교회의 결례 전통을 위배했다고 도전하였을 때, 예수님은 고르반의 전통을 예로 들어 그것이 하나님의 말씀과 상반된다고 지적하였다.

'파라도시스', 즉 전통이란 특정 신앙 공동체 안에서 단순히 과거로부터 전수받은 것을 의미하는데, 한글 개역성경에서는 '유전'(遺傳)이라고 번역하였다. 예수님이 '장로들의 유전', '너희 유전', 혹은 '사람의 유전'이라고 규정한 유대교의 전통은 비록 신앙적 동기에서 형성된 것이지만 그것을 절대화하여 성경과 동격화 혹은 심지어 상위화함으로써 결과적으로 '하나님의 계명', '하나님의 말씀'을 거스르게 만들고, 나아가 말씀 자체인 예수 그리스도를 거부하고 불순종하도록 만들었다. 바울 사도는 이러한 인간의 집단적 전통을 세상의 초등 학문과 동치시키고, 그것을 따르면 그리스도를 따를 수 없다는 반정립성(antithesis)을 강조하였다.

물론, 모든 전통이 잘못된 것은 아니다. 어떤 신앙 공동체이든 역사가 누적되면 전통도 누적되기 마련이다. 그리고 그 중에는 잘못된 전통도 있고 아름다운 전통도 있다. 문제는 전통을 절대화하고 성경적 검증을 거부하는 것이다. 바울 사도는 긍정적 의미의 '파라도시스'를 가르친다. "너희가 모든 일에 나를 기억하고 또 내가 너희에게 전하여 준 대로 그 전통을 너희가 지키므로 너희를 칭찬하노라"(고전 11:2), 또는 "우리에게 받은 전통대로 행하지 아니하는 모든 형제에게서 떠나라"(살후 3:6)는 언급은 사도의 전통을 절대적 권위로 규정하고 있다. 사도의 전통은 "말로나 우리 편지로 가르침을 받은 유전"(살전 2:15)으로서, 초대교회의 유일한 규범이었다. 그것은 결코 사도들을 인간적으로 절대화하는 전통이 아니라, 그리스도에게 받은 전통을 의미한다. 따라서 바울 사도는 "우리나 혹은 하늘로부터 온 천사라도 우리가 너희에게 전한 복음 외에 다른 복음을 전하면 저주를 받을지어다"(갈 1:8)라고 그리스도의 전수자와 증인으로서의 사도와 인간으로서의 사도 자신을 철저히 구별하였다.

개혁자들은 바로 이 사도의 전통으로 돌아가기를 원했던 것이다. 교회가 천오백년을 지나는 동안 수많은 비사도적 전통이 교회로 들어와 누적됨으로써 교회를 심각하게 오염시켰으므로 이를 추방하고 교회를 정화하려고 하였다. 외경의 도입은 비사도적 전통의 대표적 산물이었다. 신약은 사도적 전통 자체이며, 구약 39권은 예수님과 사도들이 인정하는 구약시대 신앙공동체의 경전이다. 그러나 유대교가 인정하지 않는 외경이 슬며시 기독교 경전에 들어온 것은 유대교의 한 분파이며 70인경을 편집 번역한 알렉산드리아를 중심으로 형성된 헬라파 유대교의 작업에 휘말린 결과이며, 그 후 로마의 팔레스틴 정복과 예루살렘 멸망이라는 정치적 흐름 속에서 외경을 방관하다 결국 전통주의적 사고에 빠져 천오백년을 수용해온 로마교회의 잘못이었다. 개혁자들은 비록 늦었지만 이것을 바로잡고 오로지 사도의 전통만을 순수하게 회복하려고 하였다.

사도의 전통

왜 사도의 전통이 그토록 중요하였는가? 그것이 바로 교회의 본질이며 기반이기 때문이다. 정경의 범위를 결정할 권리가 교회에 있다는 로마교회의 주장에 대하여, 캘빈은 그것이 전후관계를 이해하지 못하는 어리석음이라고 반박하였다. 에베소서 2장 20절에 의하면, 교회는 "사도들과 선지자들의 터 위에" 건설되었다. 따라서 "만일 선지자들과 사도들의 말씀이 교회의 기초라면, 바로 이것이 교회가 존재를 시작하기 전에 이미 권위를 가지고 있었음에 틀림없다." 후에 생긴 교회가 그 기초를 결정하겠다는 발상이 얼마나 어리석은가. 그것은 마치 자식이 부모를 결정하겠다는 망상과 같다. 교회의 주인은 그리스도이며, 그리스도가 교회의 기초를 결정하였다. 교회가 할 수 있는 일은 거기에 순종하는 일이다.

그럼에도 불구하고 교회를 마음대로 운영하고 신앙의 내용과 예배 의식과 신자들의 생활을 마음대로 규정하였던 로마교회는 성경의 해석권을 빙자하였다. 그들은 교황과 감독들만이 성경을 해석할 수 있으며, 평신도들은 알 수도 알 필요도 없고, 그것은 전문적이기 때문에 소수의 교권자들과 신학자들만이 성경을 해석할 수 있다고 주장하였으나, 캘빈은 하나님의 말씀이 인간들의 판단 대상이 되어야 한다는 발상이 얼마나 하나님을 멸시하는 행위인지 말할 수 없다고 개탄한다. 더욱이, 소위 '해석'의 이름으로 성경에 한 자도 없는 연옥이나 성자의 중보, 또는 고해성사는 성경적이라고 주장하고, 성경이 명시하는 성찬의 필수적인 두 요소 대신 평신도에게는 잔을 주지 않고 사제들만 마신다든가, 또는 결혼 금지를 규정할 수 없다는 말씀에도 불구하고 성직자들의 결혼을 금지시키는 것도 성경적이라고 주장하는 비합리성을 한탄한다.

따라서 개혁자들은 성경에 있어서 성직자와 평신도의 구별을 철폐하고 성경을 자국어로 번역하여 모두 함께 읽고 함께 이해하고 함께 순종하도록 하였다. 성경은 어려운 책이 아니라 모든 그리스도인들이 대부분 별 어려움 없이 이해할 수 있도록 기록된 책이라는 성경의 평이성(perspicuitas)과 성령의 보편적 조명(illuminatio)을 주장하여 사실상 교회의 해석권을 일반화하였다. 나는 한국의 한 유명한 성경신학사가 일평생 고린도전서 15장을 연구했어도 거기서 육체적 부활을 가르치는 것을 한 자도 보지 못했다는 말을 직접 듣고 개탄한 적이 있다. 신학적 이데올로기나 정치적 정당화에 눈이 가려 평신도가 자연스럽게 볼 수 있는 것을 보지 못하는 신학자나 교권가들의 맹안을 지금도 쉽게 발견할 수 있다. 자기 정당화는 성경을 왜곡하는 결정적 동기가 된다. 로마교회가 수많은 제도와 의식을 마음대로 도입하고 그것을 정당화하기 위해 성경해석과 신학을 이용하였으며, 개혁자들이 외경을 거부한 것도 이러한 로마교회의 근본적 문제를 제기한 것이다. 특히,

로마교회의 가장 심각한 문제는 예배와 성례가 사도적 전통을 너무 멀리 이탈하였다는 것이었다.

예배의 정화

교회역사상 가장 큰 예배의 위기는 중세에 발생하였으며, 종교개혁은 이러한 예배를 회복한 운동이었다. 종교개혁은 교회개혁이며 예배 개혁이었다. 캘빈이 1544년 로마제국회의에 제출한 "교회 개혁의 필요성" 제하의 변증서에서 그가 왜 교회개혁에 참여하게 되었는지를 분명히 설명한다.

> 하나님께 드리는 예배가 너무나도 많은 잘못된 의견들에 의해 손상되었고 너무나 많은 불경하고 부정한 미신들로 왜곡됨에 따라, 하나님의 거룩한 위엄이 흉악한 오만무례로 모욕당하고 그의 거룩한 이름이 더럽혀졌으며 그의 영광이 발아래 짓밟히고 있다. 오호라, 모든 기독교 세계는 공개적으로 우상숭배에 의해 오염되었고, 사람들은 그 대신 자기들의 허구를 숭배하고 있다. 수천의 미신들이 지배하고 있다!

캘빈은 예배가 하나님께 영광을 돌리는 행위인데, 예배가 타락하고 오염되면 하나님의 영광을 훼손한다는 단순하고도 명백한 원리에 따라 예배의 회복을 통한 하나님의 영광 회복에 그의 생명을 걸었다. 그는 성경이 가르치는 참된 예배와 비성경적인 그릇된 예배를 구별하면서, 로마교회의 우상숭배가 그릇된 예배의 전형이라고 비판하고, 그릇된 예배의 세 가지 유형을 소개하였다. 첫째는 사람의 생각을 가르치는 예배이다. 사람의 계명을 가르치는 예배, 사람의 유전과 세상의 초등학문을 가르치는 예배로서, 하나님의 말씀을 빙자하여 실질적으로 그 시대의 정신과 민족적 전통, 또는 교파적 전통 등 인간의 생각을 가르치는 예배의 왜곡이다. 특별히, 그는 골로새서 2장의 "자의적 숭배"를 가장 전형적인 그릇된 예배로 규정하였다. 그들은 혹독한 금욕주의를 실천하는 종교적 철저성을 보여주지만, 그것이 전혀 주님의 명령이 아니라 스스로 만든 종교성이다. 자기의 종교성과 영성을 만족시키기 위해서 추구하는 종교적 노력과 예배행위는 그것이 아무리 철저하고 인간적으로 존경스럽다 할지라도 하나님에게는 그릇된 예배인 것이다. 그것은 그 시대인들의 종교적, 정서적 필요를 충족시키고, 그 민족의 종교적 전통을 반영하며, 그 문화적 욕구를 충족시킨다 할지라도, 올바른 예배가 아니며 인간중심적인 자기 예배(self worship)일 뿐이다. 둘째는 바리새인의 예배이다. 캘빈은 "바리새인의 누룩"을 조심하라고 경계한 예수님의 말씀을 상기시키면서, 율법의 해석자로서 모세의 자리에 앉아 권위를 주장하며 무리한 실천을 강요하고, 스스로 본을 보이지 않으면서 지식만 팔고 있는 삯군이 인도하는 예배가 바로 그릇된 예배라고 규정한다. 예배를 좌우하는 것은 예배 인도자라는 점에서, 이 지적은 중요하다. 하나님을 두려워하거나 경배하지 않는 형식적이고 지식적인 차가운 죽은 정통의 예배가 여기에 속한다. 셋째는 연극적 예배다. 분위기와 의식은 우아하고 화려하며 음악과 설교는 장엄하지만, 인도자는 연극배우와 같이 연기를 하고 신의식과 외경심이 결여된 멋있는 예배다. 교인들은 예배를 즐기지만, 하나님과의 만남은 없다. 정열적이고 감성적인 예배이지만, 연극을 관람하거나 음악회에 참석하거나 감동적인 영화나 드라마를 보거나 강의를 들은 것과 별 차이가 없다. 순간적인 엑스타시가 있지만, 삶에 아무런 영향도 미치지 못하고 그 경험 자체를 소중히 생각하고 흠모할 뿐이며, 그 체험은 마음의 열기를 고조시키는 종교 심리적 조작에 의한 유사경험일 뿐이다.

캘빈은 이러한 거짓 예배를 교회에서 정화하기 위하여 성상 철거, 미신 타파, 단순한 성경적 예배로의 복귀, 말씀에 대한 강조, 예배자가 이해할 수 있는 서민적 언어 사용을 통하여 경건하고 순수한 영적 예배를 드림으로써 하나님께 영광을 돌리는데 최선을 다하였다. 물론, 성경에는 구체적인 예배 순서나 형식이 규정되어 있지 않다. 단지 찬송과 기도, 그리고 성례와 말씀이 명령되었으며, 예배 시 연보가 관례화되었다. 이에 따라, 개혁자들은 사도적 기반이 없는 요소들을 과감히 예배에서 폐지하는 한편, 그 문화적 형식은 과감히 동시대화하였다. 로마교회가 성경적 근거도 없이 로마문화를 절대화하여 모든 교회로 하여금 이해하지 못하고 정서에 맞지 않아도 로마의 노래를 부르고 로마의 언어로 성경을 듣고 로마의 옷을 성직자들에게 입힌 특정 문화숭배를 거부하고, 자국어로 성경을 번역하여 읽고 자국어로 기도하며 각기 자기 정서에 맞는 찬송을 만들어 불렀다. 또한 비사도적인 미신 타파에도 전력을 다하였는데, 이는 외경 거부와도 관련이 있다. 외경들은 한결같이 미신적이고 마술적이며 세속적인 요소들을 포함하고 있었기 때문이다. 오히려 사도적 예배는 보다 단순하면서도 진실하고 하나님에게 집중하는 경건한 예배였다.

한국교회는 초기에 사도적 예배가 유지되었으나 교회성장주의와 개교회주의가 경쟁적으로 확산되면서 예배가 하나님보다 사람들의 기호를 중시하고 예배의 중심이 사실상 헌금으로 이동하여 수많은 헌금들이 발생하고 심지어 비성경적인 일천번제나 기복적 감사헌금들이 범람하고 있다. 아예 헌금을 위해 집회를 구상하기도 한다. 그리고는 헌금에 대해 마음대로 축복을 남발하고 있다. 예배가 헌금자들을 즐겁게 하기 위한 '엔터테인먼트'(entertainment)가 되고 예배 인도자들은 연기자들이 되며 교인들의 웃음을 유도하기 위한 코미디가 연출되기도 한다. 이러한 예배의 자본주의적 변질은 중세의 면죄부나 축복헌금들과 그리 다르지 않다.

교권의 청산

루터를 직접적으로 자극한 것은 면죄부였다. 돈을 내면 죄를 용서해주며, 면죄증서까지 준다는 기상천외한 발상이었다. 로마교회는 바티칸의 베드로 대성당을 건축하는 경비를 마련하기 위해 면죄부라는 종교상품을 계발하였고, 이것을 통하여 유럽 전역에서 수많은 헌금을 거두어들이고 있었다. 종교상품은 면죄권, 구원권, 축복권, 저주권 등과 같은 종교적 이권들을 이용하여 계발하는 것으로, 모두 돈과 관련되어 있다. 주고받기식의 자본주의적이고 세속적인 발상이다. 이것은 그리스도 안에서 주어지는 구원과 사죄와 축복이 전적으로 하나님의 은혜와 사랑에 기인한다는 성경적 가르침과는 완전히 배치되는 다른 복음이다. 물론, 그리스도인이 구제와 사역을 위해 헌금을 하는 것은 당연한 의무이지만, 그것이 결코 제도적으로 강요되거나 기복의 방편으로 요구되어서는 안 된다. 한국교회에서 신유나 축복을 위해 돈을 요구하는 것은 관행이 되었다. 세계에 유례없이 한국교회에서 계발된 비성경적 종교상품들과 헌금종목들은 과감히 폐지되어야 한다.

또한, 교권주의는 그리스도인의 삶을 교회생활에 얽매어 교회 주위를 맴돌도록 만들었으며, 이는 결국 적극적인 세상의 개혁과 하나님나라의 실현보다는 내세주의적이고 염세적인 자세로 끝없는 교회의 요구에 시달려야 했다. 수많은 의식들과 종교적 규정들을 준수하기 위해 분주하였으나 율법주의적 외식에 그칠 뿐 진정한 그리스도인의 자유와 평화에 이르지 못하였다. 개혁자들은 성경적 근거 없이 로마교회가 제정하여 부과한 수많은 종교적 의무들의 폐지를 주장하였으며, 특히 과도한 성례의 확장과 기도 제도를 비판하였다. 그리스도가 제정하여 명령한 세례와 성찬 외에, 로마교회가 추가한 고해, 견진, 혼배, 종부, 신품의 성례적 의무를 부정하였다. 그 외에도, 온갖 종류의 미사를 거부하였다. 실로, 성경이 규정하는 것 외의 종교적 의무나 의식을 요구하는 것은 갈수록 축적되기 마련이며, 결국은 그것들을 준수하는데 시간이 부족하다. 또한, 그것은 교권을 강화하고 성직자주의를 결과하며 평신도들을 무지하고 무능하게 만든다. 모든 것을 성직자에게 의존하며, 하나님과의 관계는 모두 간접적이 된다. 이에, 루터는 만인제사장설을 주장하고 성자나 마리아뿐 아니라 성직자를 경유할 필요 없이 하나님에게 모두 직접 기도할 수 있으며, 성직자와 평교인의 기도에 아무 효력 상의 차이가 없다고 선언하였다. 이와 같이 성직자들의 전유물로 되어 있었던 수많은 성례나 의식이나 권리를 폐지하고 평신도들에게 돌려주는 것은 실상 성직자들의 자살행위와 같은 것이었으나, 개혁자들은 그것이 성경적이기 때문에 과감히 추진하였다. 오늘날 한국교회의 성직자들은 한국의 기복적 종교문화에 힘입어 확보한 많은 종교적 권리나 전유권을 평신도들에게 환원해 주어야 한다.

신학 이데올로기로부터의 자유

교회와 성경이 직접 만나는 것을 방해하는 것은 아이로니 하게도 교파와 신학이다. 왜냐하면 그것들이 본질상 이데올로기의 성격을 가지고 있기 때문이다. 이데올로기(Ideology)란 흔히 '주의'(主義, ism)라고 표현되는 절대사상으로서, 특정한 이념(Idea)을 중심으로 모든 사고를 재편성한다. 이러한 사고는 전투적이어서, 자기의 이념에 동의하지 않는 자는 적으로 간주하고 전투적 자세를 취하게 된다. 칼 바르트가 '성경적' 자세에서 '성경주의적' 자세로 넘어가게 되면 불가피하게 이성주의에 종속된다고 지적하였는데, 이는 신학의 이데올로기화를 의미한다.

기독교는 이러한 이데올로기를 허용하지 않으며, 개념이나 사상의 신봉이 아니라 삼위일체 하나님과의 인격적 화해와 관계를 그 본질로 한다. 따라서 특정한 개념이나 교리나 사상을 절대시하고 추구하는 이데올로기의 도입은 기독교를 세속화시키고 급기야 분열을 결과하게 만든다. 장로교회나 감리교회나 회중교회는 정치이데올로기를 중심으로 형성된 교파들이다. 성경은 특정한 정치체제를 명령하지 않는다. 장로정치나 감독정치나 회중정치 체제는 모두 성경적 배경을 가지고 있는 가능한 방식들이지만 결코 배타적으로 절대화되어서는 안 된다. 그럼에도 불구하고 자기의 정치체제를 절대화하는 것은 이데올로기에 종속하는 결과를 초래하며 분열을 불가피하게 만든다. 또한, 보수주의나 진보주의도 교회를 분열시키는 이데올로기들이다.

한편, 특정한 개념을 중심으로 분열하는 경우도 있다. 침례교회는 침례를 절대화하여 완전히 몸 전체를 물속에 담구어야 유효하다고 믿고 대다수의 교회가 행하는 세례를 무효라고 주장한다. 성결교회는 성결을 중심적 이상으로 생각하지만, 성결교인이 다른 교파의 교인보다 더 성화되었다는 증거는 없다. 개혁교회는 끊임없는 개혁이라는 이념을 중시하지만, 사실은 새로운 개혁을 거부하고 과거의 개혁을 절대화하는 모순된 태도를 취하기도 한다. 오순절교회는 특정한 신앙방식을 절대화한 것이다.

그리고 특정인의 신학을 절대시하고 추종하는 것이 분열의 원인이 되기도 한다. 루터교회는 루터의 신학사상을, 캘빈주의는 캘빈의 신학사상을 절대화한다. 훌륭한 신학자는 교회에 필요하지만, 그의 신학을 절대화하여 무오의 경지에 올려놓을 때, 그것은 더 이상 신학이 아니라 이데올로기가 된다. 모든 신학은 인간의 작업으로서 불완전하며 신앙에 보조적인 역할을 감당할 뿐이다. 많은 사람들이 '캘빈주의'나 '개혁주의' 라는 말을 자랑스럽게 사용하지만, 그것은 그리스도의 제자들로서 수치스럽게 생각해야 될 언사가 아닐 수 없다.

교회들의 집합으로서의 교단은 특정한 이데올로기를 배타적으로 주장하지 않는 한 필요하며, 교회의 연합과 협동을 위해 유익하다. 그러나 다양성을 인정하지 않는 것은 성경적이지도 않으며 개신교적이지도 않다. 실로, "니케아 회의 이전의 초대교회에서는 '솔라 스크립튜라' 도 '솔라 트라디티오'(sola traditio, 유일한 전통)의 개념도 존재하지 않았다." 아직 신약 정경이 확정되지 않아서 교회마다 성경의 내용이 다소 달랐으며, 하나의 신앙전통만이 옳다는 독선도 없었으면서도, 교회사가 흠모하는 순수한 신앙과 헌신적 실천이 가능하였다. 신약 27권의 수용은 각기 약간씩 관심과 강조가 다를지라도 복음의 본질에 위배되지 않는 다양한 전통을 인정한다는 선언의 성격을 가지고 있다.

종교개혁은 복음의 본질을 훼손하지 않는 비본질적인 면에서는 다양한 해석과 선택이 가능하다는 것을 상호 인정한 사건이다. 그래서 헤르만 바빙크는 성경의 평이성 교리가 종교개혁 사상의 최고봉으로서 로마교회의 유일한 해석만을 절대화하지 않고 모두가 해석할 수 있으며 상대화함으로써 복음 안에서 다양한 해석과 이해를 가능하게 만들었다고 주장하면서, 물론 이것이 교회를 분열시키고 혼란을 야기하기도 하였으나 "불이익이 유익을 따르지 못 한다"고 옹호하였다.

성경은 그리스도의 복음에 관한 한 분명한 통일성을 요구하지만, 신앙방식이나 정치형식이나 비본질적 사안에 대해서는 다양성을 허용하고 있다. 성령은 각 교회의 상황에 따라 다양하게 적용하고 인도하기 때문에 교회가 모두 획일적으로 동일할 수는 없다. 이단이 아닌 한 분리해야 될 하등의 이유가 없다. 한국교회가 종교개혁의 올바른 후예가 되기 위해서는 교회의 머리이며 주인이신 예수 그리스도의 간절한 기도를 명심하고, 교파교회를 믿지 말고 그리스도를 머리로 하는 하나의 교회(una ecclesia)만을 믿으면서, 진보와 보수의 대립적 양극화를 회개하고 하나됨과 형제 됨을 회복하여야 한다. 실로, 교파분열을 전혀 죄악으로 인정하지 않고 돌이키지 않으며 하나의 교회가 회복되도록 노력하지 않는 것은 가슴 아픈 일이 아닐 수 없다. 도날드 블래쉬가 지적한 대로, "우리 시대에서 교회의 재 연합 없는 진정한 개혁은 없다."

실천적 무신론의 극복

클락 피녹이 오늘날 '성경의 원리'(Scripture Principle)가 위기에 직면하고 있다고 통탄하였을 때, 그것은 비록 성경이 여전히 애독되고 선포되지만 그것이 직간접적으로 부인되고 있는 실천적 무신론의 문제를 지적하고 있는 것이다. '실천적 무신론'(practical atheism)이란 이론적으로 유신론을 인정하지만, 실천적으로는 무신론적 전제와 구조에 따라 사는 신앙 형태를 가리킨다. 이러한 신앙인들도 성경을 중시하고 애독하지만 성경의 본질을 오해하고 자의적으로 사용함으로써 결국 참된 성경적 신앙에 이르지 못하는 것이다.

그러면, 실천적 무신론의 성경관은 무엇인가? 첫째, 삶에 유익한 도움을 주는 영감된 책으로 보는 실용주의적 견해이다. 성경은 잠언과 같이 인생을 살아가는데 필요한 천상적 지혜를 주며, 사랑에 근거한 고상한 도덕적 규범을 가르치고, 정신적 세계를 조명해주는 영혼의 양식이며, 고통스럽고 불안할 때 마음에 평안을 주는 진정제와 같다. 이러한 낭만적이고 심리적이며 영성적이고 도덕적인 성경관은 실제적으로 삶에 많은 유익이 된다. 그러나 그것이 참된 성경적 신앙이 되지 못하는 이유는 자기를 부인하고 하나님의 말씀에 순종하려는 자세보다 생활의 필요에 도움을 받으려는 자기중심적이고 이기적인 동기뿐 아니라, 비록 탁월하지만 심리학이나 의학이나 철학이나 문학과 같은 세속적 도움과 같은 범주로 하나님의 말씀을 전락시키고, 나아가 세계관이나 인생관과 같은 근본적 구조는 사실상 세속적이고 무신론적인 구조를 유지하기 때문이다.

둘째, 삶에 통찰력과 결단력을 부여하는 신적인 책으로 보는 실존주의적 견해이다. 성경신학자 루돌프 불트만은 성경이 원시적 세계관과 비과학적 신화들로 가득 찬 고대의 종교문헌이지만, 그것의 상징적이고 실존적인 가치는 신적이라고 평가하였다. 현대인들, 특히 지성인들은 성경에 들어있는 탁월한 통찰력과 실존적 가치는 인정하지만, 그 세계관이나 사건들의 역사적 진실성은 수용하지 않는다. 오강남이나 김용옥, 또는 종교 다원주의자들의 성경관이 그러하고, 많은 지성인들이 기독교 상대주의 사상을 가지고 있으면서도 성경을 읽고 이용한다.

셋째, 성경의 불변성만을 강조하고 성령의 구속사적 적용을 거부하는 근본주의적 견해이다. 성경은 '살아있는 하나님의 말씀' 으로서 한 시대나 한 문화에 고정되지 않으며, 과거 성경시대에 말씀하신 하나님은 새로운 상황에서 새롭게 말씀하신다. 그런데도, 그들은 구속사적 진보나 성령의 현재적 인도를 거부하고 2천 년 전의 성경시대에서 더 이상 나아가기를 거부한다. 예를 들어, 그들은 노예해방을 반대하였으며 왕정폐지도 반대하였다. 성경시대에 노예제도와 왕정이 인정되었기 때문이다. 심지어 이단교파들도 성경을 내세우지만, 최초에 채식만을 허용하였기 때문에 영원히 고기를 먹어서는 안 된다고 주장하고 자기들만이 참으로 성경적이라고 고집하는 안식교도나 구약에 일부다처제가 있기 때문에 오늘날도 가하다고 주장하며 성경적임을 옹호하는 전통적 몰몬교도가 이런 성경관을 가지고 있다.

이와 같이 외적으로는 가장 성경적인 것 같지만, 실제는 성령의 활동이 2천 년 전에 끝났다는 실천적 무신론으로 전락하는 오류를 경계해야 한다. 하나님은 오늘도 성경을 통해 창조적으로 말씀하시며, 개혁자들이 목숨을 걸고 외쳤던 '솔라 스크립튜라' 는 하나님의 말씀을 세상의 지혜나 철학과도, 이데올로기나 신학과도, 심지어 교단의 신앙노선이나 총회의 결정과도 혼합하지 않고, 성경의 자명하고도 상식적인 가르침을 절대적으로 순종하며, 그 이외의 어떤 권위도 상대화하는 용기 있는 신앙이었다. 한국교회는 성경이 명시하지 않는 모든 제도와 규정과 의식을 비판적으로 재검증하고 성경이 명령하는 것은 어떤 경우에도 순종하는 개혁자의 성경적 신앙을 회복해야 한다.

4

교파는 필요한가

기독교는 수많은 교파로 나누어져 있다. 그리스도가 십자가의 고난과 대속에 기초하여 설립한 그의 교회는 초기 4백 년 동안 하나의 교회를 유지하였으나, 5세기 이후 여러 교회로 분열되었는데, 이슬람의 침략으로 일부는 거의 소멸되고 서유럽의 로마 가톨릭교회와 동유럽의 그리스 정교회가 존속하였다. 개신교회는 16세기 종교개혁 이후 오로지 성경에 기초한 하나의 교회를 이룩하지 못하고 소수의 과격파 외에도 캘빈 계열의 개혁교회와 루터계열의 루터교회로 분열되었다. 교회의 분열이 가장 심각한 곳은 영국으로서, 국교인 영국교회로부터 회중교회와 침례교회와 장로교회가 분열하였고, 후에 웨슬리는 감리교회를 분리하였다. 또한 감리교회는 미국으로 건너와 20세기 초 오순절교회가 분리되었다. 물론, 이 외에도 수많은 소수 교파들이 있다. 과연 이와 같은 교파는 필요하며, 교파의 분리는 정당한가?

최초의 분열

교파(教派, sect)란 종교의 분파를 가리키는데, 일반적으로 한 종교의 일부로 상호 인정되는 집단으로서 그 종교와 무관하다고 평가되는 이단과는 구별된다. 그러면, 교파는 왜 발생하는가? 우리는 역사적인 분열 과정들을 살펴봄으로써 교파 발생의 원인을 이해할 수 있다. 먼저 로마교회가 야기한 최초의 분열을 살펴보기로 하자. 사도행전과 서신서들에는 다양한 교회들이 나오며 상당한 갈등들이 노출되지만, 그럼에도 불구하고 교회의 분열이란 생각할 수 없었다. 성령의 하나되게 하신 것을 힘써 지키라는 권면은 분열의 징후가 이미 있었다는 사실을 암시하지만, 초대교회는 핍박 중에서도 소수의 이단운동 외에는 하나됨을 유지하였다. 로마제국 전역에 산재한 지역교회들은 감독을 중심으로 다수의 교구들을 형성하였으며, 모든 교회와 교구는 규모나 역사에 관계없이 형제로서의 평등성과 상호존중의 관계를 유지하였다.

그러나 콘스탄티누스 대제가 4세기에 이르러 기독교를 공인하고 얼마 후에는 로마제국의 국교로 선포하면서 교구간의 균형과 신뢰가 무너지기 시작하였다. 이러한 분열을 야기한 것은 로마감독이었다. 로마는 로마제국의 수도로서 정치, 경제, 문화, 교육의 중심지였으며, 따라서 로마교회는 점차 강력한 교회로 부상하였다. 특히, 기독교가 국교가 되면서 로마교회는 권력과 부귀가 집중되었다. 이에, 로마교회의 감독들은 자만해져서 모든 감독들 위에 군림하려는 자세를 가지게 되었고, 다마수스나 레오 같은 감독들은 노골적으로 다른 교구와 감독들의 복속을 요구하며 마태복음 16장을 이용하여 로마감독의 수위성

(superiority of the Roman bishop)이라는 허무맹랑한 교리를 주장하면서 자신을 정치권의 황제와 동일한 교회의 황제, 즉 교황(敎皇)으로 자처하였다. 물론, 베드로가 로마교회와 무관하지 않지만 오히려 바울사도가 더 깊은 관련을 가지고 있는데도 성경을 이용할 목적으로 베드로를 초대 로마감독으로 규정하였으며, 베드로와 바울의 동상을 만들어 로마교회의 중심성을 강조하였다.

이러한 로마감독의 행동을 다른 교회의 감독들은 이해할 수 없었다. 당시의 중심적인 교구들인 콘스탄티노플, 안디옥, 예루살렘, 알렉산드리아, 칼타고 교회 등의 감독들은 갑자기 군림하려는 로마감독의 주장을 단호히 거절하였다. 특히, 로마제국의 제2도시이며 후에 수도가 된 콘스탄티노플의 교회는 소아시아의 성경적인 교회들을 포함하는 역사적인 교회로서 로마교회를 견제하는데 앞장섰다. 그러나 로마감독은 형제교회들의 권고를 무시한 채 지역교회인 로마교회를 가톨릭(catholic) 교회, 즉 세계교회로 선포하고 로마교회 밖에는 구원이 없다고 주장하여 로마감독에게 복속하지 않는 다른 교회들을 모두 불법적인 교회로 간주함으로써 오순절 이후 최초의 분열을 야기하였다. 따라서 다른 교회들이 로마교회에서 분열한 것이 아니라 로마교회가 다른 교회들로부터 분열한 것이다. 물론, 후에 로마교회는 서유럽 전역으로 확장되었고 15세기 이후에는 스페인과 포르투갈의 식민주의에 편승하여 세계화를 이룩함으로써 명실상부한 로마 가톨릭교회가 되었지만, 자만으로 인해 주님의 교회를 분열시킨 책임은 면할 수 없다.

지역 정치와 교파의 관계

리처드 니버는 『교단주의의 사회적 요인들』이라는 저서에서 "기독교는 흔히 그 창시자의 뜻을 무시하면서 외면적 성공을 이룩하였다"고 지적하고, "기독교에서 교단주의는 인식되지 않는 위선"이라고 비판하였다. 왜냐하면 "교회의 분열이 국가, 인종 또는 경제적 집단들의 카스트제도로 나누는 세속적 분리를 긴밀히 추종"하기 때문이다. 실로, 로마교회의 분열에서 우리는 지역주의가 그 중심적 요인이었음을 발견할 수 있다. 한 지역은 생활단위이기 때문에 동일한 문화와 정서로 단결되어 있으며, 자기 지역의 안전과 발전을 위한 지역이기주의를 추구하고 타 지역에 대해서는 경쟁적인 반감을 가진다. 이러한 지역주의가 교회 안에서도 극복되지 못하면 분열을 결과하게 되며, 지역에 따라 분열될 경우 지역주의와 신앙이 결합되어 지역이기주의가 더욱더 강력해지게 된다. 수도 로마의 우월성에 매료되어 지방을 무시하는 지역주의와 로마제국 내에서 지역을 근간으로 하는 지역정치, 특히 동로마와 서로마의 대립이 로마교회 분열의 주원인으로 작용하였으며, 마태복음 16장이나 베드로 전통은 그것을 정당화하는 논리로 계발된 것이다. 에베소서 4장에 의하면 자기 교만과 타자 무시가 교회를 분열시키는 주요원인이기 때문에 겸손과 온유가 강조되어 있다. 더욱이, 로마감독은 로마의 정치적 권력과 물질적 풍요 같은 세속적 자만심으로 형제교회들을 무시하고, 나아가 황제와 같이 행세하려는 정치적 욕구가 문제를 야기한 것이다.

교회 지도자 중에 정치적 권력과 영광에 도취되는 자들은 교권주의라는 덫에 걸려 자기중심으로 교회를 분리하게 되는 것이다. 미국의 경우, 노예해방문제가 제기되었을 때 지역의 이익과 정치에 희생되어 교회들이 남과 북으로 양분되는 사태가 발생하였다. 장로교회는 남 장로교회와 북 장로교회로, 침례교회는 남 침례교회와 북 침례교회로 분리되었다. 물론 양편이 모두 성경을 근거로 자기들을 정당화하는 논리를 전개하였으나, 사실은 모두 지역주의에 복속한 것이다. 한국의 경우에도, 지역주의는 교회정치를 좌우하는 실질적 요인으로서, 대통령선거와 같은 정치구도에서 그 실상을 분명히 드러낸다. 특히, 한국의 일부 교단은 철저한 지역교회로서 지역정치와 불가분의 관계를 가지고 있다. 유럽의 경우에도, 서유럽에서 남부는 모두 로마교회, 북부는 루터교회, 중부는 캘빈파 교회이며, 동유럽은 모두 그리스교회가 장악하고 있다. 그리고 장로교회는 스코틀랜드의 반 잉글랜드 지역정치와 깊이 연관되어 있다.

이데올로기와 교파의 관계

또 하나의 분리요인은 이데올로기에 의한 것이다. 이데올로기(Ideology)란 흔히 '주의'(主義, ism)라고 표현되는 절대사상으로서, 특정한 이념(Idea)을 중심으로 모든 사고를 재편성한다. 이러한 사고는 전투적이어서, 자기의 이념에 동의하지 않는 자는 적으로 간주하고 전투적 자세를 취하게 된다. 공산주의와 민주주의는 둘 다 인류의 행복과 발전이라는 공동의 목적을 가지고 있었으나, 이념과 방법이 다르기 때문에 20세기를 피로 물들이며 인류를 분열시키고 대립하게 만들었다. 기독교는 이러한 이데올로기를 허용하지 않으며, 개념이나 사상의 신봉이 아니라 삼위일체 하나님과의 인격적 화해와 관계를 그 본질로 한다.

따라서 특정한 개념이나 교리나 사상을 절대시하고 추구하는 이데올로기의 도입은 기독교를 세속화시키고 급기야 분열을 결과하게 만든다. 장로교회나 감리교회나 회중교회는 정치이데올로기를 중심으로 형성된 교파들이다. 성경은 특정한 정치체제를 명령하지 않는다. 장로정치나 감독정치나 회중정치 체제는 모두 성경적 배경을 가지고 있는 가능한 방식들이지만 결코 배타적으로 절대화되어서는 안된다. 그럼에도 불구하고 자기의 정치체제를 절대화하는 것은 이데올로기에 종속하는 결과를 초래하며 분열을 불가피하게 만든다.

또한, 보수주의나 진보주의도 교회를 분열시키는 이데올로기들이다. 본래 보수나 진보는 상황에 따라 취하는 자세에 불과한 것이다. 예를 들어 사람이 젊을 때는 대개 진보적이다가 나이가 들면 보수적이 된다. 그런데 이것을 절대화하여 무엇이든지 과거를 지키는 것이 좋다든지 무엇이든지 새것이 좋다든지 하게 되면 이데올로기에 빠지게 되는 것이다. 인간이나 교회나 어느 정도 변화하면서 살아간다. 단지 변화를 좋아하느냐 싫어하느냐 하는 차이가 있을 뿐이다. 진보적인 교회 안에도 전통을 중시하는 보수주의자들이 많으며 심지어 복고주의자들이 있는가 하면, 보수적인 교회들도 지난 백년의 변화를 돌아보면 격세지감을 느낀다. 그런데, 이러한 일시적 혹은 상황적 자세를 절대화하고 획일화하여 자기를 영원히 속박한다면 매우 불행한 일이 아닐 수 없다. 사안에 따라서 변화할 것은 변화하고 지킬 것은 지켜야 한다.

한편, 특정한 개념을 중심으로 분열하는 경우도 있다. 침례교회는 침례를 절대화하여 완전히 몸 전체를 물속에 담구어야 유효하다고 믿고 대다수의 교회가 행하는 세례를 무효라고 주장한다. 아무리 신앙이 좋고 헌신된 그리스도인일지라도 침례를 받지 않았으면 구원을 받을 수 없다고 주장하는 사람도 있다. 성결교회는 성결을 중심적 이상으로 생각하지만, 성결교인이 다른 교파의 교인보다 더 성화되었다는 증거는 없다. 성화를 강조하는 것은 좋지만, 성화라는 교리를 중심으로 교파를 분리했다는 사실 자체가 진정한 거룩함과 모순되는 것이다. 개혁교회는 끊임없는 개혁이라는 이념을 중시하지만, 사실은 새로운 개혁을 거부하고 과거의 개혁을 절대화하는 모순된 태도를 취하기도 한다. 오순절교회는 특정한 신앙방식을 절대화한 것이다.

그리고 특정인의 신학을 절대시하고 추종하는 것이 분열의 원인이 되기도 한다. 루터교회는 루터의 신학사상을, 캘빈주의는 캘빈의 신학사상을 절대화한다. 훌륭한 신학자는 교회에 필요하고 귀하지만, 그의 신학을 절대화하여 무오의 경지에 올려놓을 때, 그것은 더 이상 신학이 아니라 이데올로기가 된다. 모든 신학은 인간의 작업으로서 불완전하며 신앙에 보조적인 역할을 감당할 뿐이다. 많은 사람들이 '캘빈주의' 나 '개혁주의' 라는 말을 자랑스럽게 사용하지만, 그것은 그리스도의 제자들로서 수치스럽게 생각해야 될 언사가 아닐 수 없다. 만약 캘빈이 지금 살아있다면, 그는 자기 이름 뒤에 '주의' 라는 말이 붙여져 무조건 자기를 추종하는 사람들을 볼 때 아마도 통탄할 것이다. 그는 자기가 감추어지고 하나님의 영광만 드러나기를 그토록 원했던 사람이다.

교파무용론

성경은 결코 교파의 필요성을 인정하지 않고 있다. 고린도전서 12장은 몸과 지체의 관계를 설명해주고 있는데, 여기서 몸은 그리스도를 머리로 하는 하나의 교회(una ecclesia)를 의미하며 지체는 개인 혹은 지역교회를 의미한다. 성경은 그리스도의 복음에 관한 한 분명한 통일성을 요구하지만, 신앙방식이나 정치형식이나 비본질적 사안에 대해서는 다양성을 허용하고 있다. 지체의 다양성은 교회를 분리해야 될 정당한 명분이 되지 못한다. 사실은 같은 교파, 같은 교단, 같은 교회 안에도 얼마나 다양한 신자들과 장로들과 목사들이 공존하는가! 그리스도를 주로 고백하며 하나님을 아버지로 부르는 모든 그리스도인들은 다양한 민족적, 시대적, 정치적, 사회적 차이에도 불구하고 한 몸의 다양한 지체들이며, 지체의 필요성은 바로 차이가 있다는 데 있다. 성령은 각 교회의 상황에 따라 다양하게 적용하고 인도하기 때문에 교회가 모두 획일적으로 동일할 수는 없다. 이단이 아닌 한 분리해야 될 하등의 이유가 없다. 오히려 자기와 다른 그리스도인들이나 교회들과 공존하며 교제하는 것이 자기를 성화시키는데 필요불가결한 요건이다. 자기와 다르다는 이유로 다른 교회나 그리스도인을 무시하거나 비하하는 것은 자기에게 근본적인 문제가 있음을 반증하는 것이다. 모든 교회와 신앙인은 하나님 앞에서 평등하다.

고린도전서 12장 20-25절

지체는 많으나 몸은 하나라. 눈이 손더러 내가 너를 쓸데없다 하거나 또한 머리가 발더러 내가 너를 쓸데없다 하거나 하지 못하리라. 이뿐 아니라, 몸의 더 약하게 보이는 지체가 도리어 요긴하고, 우리가 몸의 덜 귀히 여기는 그것들을 더욱 귀한 것들로 입혀주며, 우리의 아름답지 못한 지체는 더욱 아름다운 것을 얻고 우리의 아름다운 지체는 요구할 것이 없으니, 오직 하나님이 몸을 고르게 하여 부족한 지체에게 존귀를 더 하사, 몸 가운데서 분쟁이 없고 오직 여러 지체가 서로 같이하여 돌아보게 하셨으니….

교회의 머리이며 주인이신 예수 그리스도는 십자가를 지기 전에 교회의 하나됨을 위하여 간곡히 기도하였다.

요한복음 17장 12절

아버지께서 내 안에 내가 아버지 안에 있는 것같이 그들도 다 하나가 되어 우리 안에 있게 하사, 세상으로 아버지께서 나를 보내신 것을 믿게 하옵소서.

교회의 하나됨은 전도와 선교의 효과를 급증시킬 것이며, 반대로 오늘날 교회의 분열은 복음화에 가장 큰 장애가 되고 있다. 그럼에도 불구하고, 교파분열을 전혀 죄악으로 인정하지 않고 돌이키지 않으며 하나의 교회가 회복되도록 노력하지 않는 것은 가슴 아픈 일이 아닐 수 없다. 도날드 블레쉬는 『교회의 개혁』에서 "우리 시대에서 교회의 재 연합 없는 진정한 개혁은 없다"고 주장하면서, "기독교가 하나 될 수 있는 길은 모든 교회가 그리스도의 십자가 아래로 나아와 회개하는 길"이라고 말하였다.

물론, 이미 수많은 교파로 분열된 것이 우리의 현실이기 때문에 교파를 부정할 수는 없다. 오히려 교파들이 먼저 자기들의 이데올로기를 상대화하면서 다른 교파와의 형제애를 증진하고, 나아가 점진적으로 교파간의 연합을 추구하는 것이 필요하다. 교회들의 연합체는 개 교회를 존중하면서도 서로 협조하고 협의하고 돌보아주기 위하여 필요하며 바람직하다. 따라서 교단이나 노회와 같이 이웃교회들이 연합체를 형성하는 것은 당연하지만, 교파주의를 지양하고 성령 안에서 공감대를 찾는 노력을 게을리 하지 말아야 한다. 존 크로밍가가 『우리는 모두 한 몸이다』에서 지적한 대로, 공감대는 단순히 그것이 교회를 연합시키기 때문에 가장 중요한 것이다. 교회의 하나됨을 거부하고 노력도 하지 않는 교파주의는 천상의 교회에서 계속될 수 없으며 주님으로부터 준엄한 책망을 듣게 될 것이다.

5

한국교회는 하나가 되어야 한다

유례없는 급성장으로 세계교회의 칭찬을 받았던 한국교회가 1990년대에 접어들면서 성장 중지라는 위기상황에 직면하였으며, 이를 계기로 스스로를 되돌아보는 좋은 기회가 되고 있다. 새해를 맞아 한목협이 조사한 바에 의하면, 88퍼센트가 교회정체의 가장 큰 원인이 교회분열임을 인식하는 공감대가 나타났다.

보수와 진보의 양극화

한국교회는 선교사들이 주도하던 선교 반세기 동안 교파별로 하나의 교회를 유지해 왔으나, 민족의 해방과 함께 정치적 분단을 본받기라도 하듯이 교회에도 분단이 일어나 보수와 진보라는 양대 구도가 출현하여 서로를 정죄하고 비난하였고, 이렇게 나누어진 두 그룹에서는 보다 선명하고 강력한 보수성과 진보성이 환영을 받으면서 서로 극단으로 치닫는 양극화가 심화되었다. 이 두 진영을 화해시키고 구심화 하려는 중도적 입장은 양측 모두에게 소외되어 결국 사라지고 말았다. 이것은 좌로나 우로나 치우치지 말라는 성경적 가르침을 거스르며 교회가 하나라는 정통적 교회관에도 배치된다. 이단은 물론 제외되어야 하지만, 천상에서 만나 교제할 형제들을 지상에서 정죄하고 교제하지 않는 것은 수치스러운 일이며 내세관이 의심스럽다. 그럼에도 불구하고, 이러한 사탄적 구조는 교회의 하나됨을 무력화시키고 정치적 남북분단에 대해서는 통일을 외치지만 교회 자체는 분단을 진지하게 해결하려 하지 않는 모순된 모습을 세속사회에 보여주고 있다. 1980년대 말 사회적 비난과 정부의 요구에 이끌려 연합단체들이 출현하였으나, 교권의 장악과 분배에만 관심을 가질 뿐 진실하고 성실한 하나됨을 향해 노력하지 않고 실제적으로는 분리를 정당하게 생각하면서 입술로는 연합을 기도하는 외식을 연출하고 있을 뿐이다. 이러한 보혁의 양극화 구조는 한국교회 안에 경쟁과 불신, 비난과 자만을 일으켜 하나 되도록 권고하는 성령의 인도를 거부함으로써 인간들의 종교집단으로 전락시키며 교회 밖으로 분출해야 될 엄청난 영적 에너지를 안에서 낭비할 뿐 아니라 사회의 지탄대상이 됨으로써 복음화를 가로막는 장애물이 되며 하나 되지 못함으로써 대사회적 영향력을 약화시켜 세상으로부터 무시와 소외를 당하게 된다. 복음적인 교회들은 독선적인 근본주의와 자유주의의 양극단을 배제하고 다양성을 인정하면서 대동단결하여 대화합을 이루어 하나 된 모습으로 주님을 맞아야 할 것이다.

교단주의

한국교회에는 외국교회, 특히 미국교회 분파들의 어리석은 하수인들이 교회를 분열시켜 수많은 교단을 만들었으며, 특정한 인물이나 지역, 또는 신학 이데올로기를 중심으로 한 분리주의적 교단들이 많이 발생하였다. 이는 매우 불행한 일이며 예수 그리스도가 교회의 주인됨을 부정하고 하나님을 두려워하지 않는 행위가 아닐 수 없다. 실로 교회분열에는 아무 정당성도 없다. 따라서 순간적인 오해나 분쟁으로 분리되었다 할지라도 될 수 있는 한 빠른 시일 내에 분리사유를 해소함으로써 빨리 회개하는 마음으로 재결합되어야 한다. 특히 군소교단들은 불필요한 수고와 저질화를 중단하고 겸손히 통합해야 하며, 대교단들은 교단의 담을 높이 쌓고 가입을 거부하거나 어렵게 하지 말고 넓은 마음으로 절차를 간소화하여 복귀나 통합을 격려함으로써 교단분열을 영속화하지 말고 하나됨의 명령에 순종해야 한다. 교단의 수는 적을수록 좋다. 교단은 임시적인 것이지 영원하지 않다. 교회의 하나됨을 희생하면서 교단의 영광을 도모하는 구조적 죄악은 소수의 교권정치가들에 의해 자행되는 것이며 거기에 아부하는 일부 어용신학자들에 의해 정당화되고 있다. 한국교회는 그러한 분리주의자들을 용인하지 말고 교단주의라는 파당적 구조를 과감히 청산하여야 한다.

개교회주의

한국교회가 급성장하는 동안 이루어진 교회들 간의 무한경쟁은 과거 지역공동체 중심의 안정적 구조를 깨고 약육강식의 패권주의가 새로운 구조로 정착되기에 이르렀다. 실로 개교회주의는 현대의 개인주의 풍조가 경쟁적인 자유경제체제 아래서 교회에 정착된 비성경적이고 반 교회론적 구조임에 틀림없다. 그리스도의 우주적 교회보다 자기 교회에 더 강력한 소속감을 느끼고 자랑스러워하는 허위의식과 다른 교회들을 백안시하는 자기중심성은 분명히 기독교신앙에 역행하는 현대적 나르시시즘이다. 개교회주의는 자기 교회만의 독자적인 우월성을 강조하며, 허영심과 경쟁심을 자극한다. 또한 치열한 교회간의 경쟁은 크기에 따라서 급수가 결정되는 세태를 연출하였고, 그 결과 큰 교회의 목회자나 교인들은 우월감에 넘치는 한편, 작은 교회의 목회자나 교인들은 열등감에 빠진다. 교회의 평가는 교인의 숫자와 재정적 능력에 의하여 판정되며, 목회자의 대우는 그에 비례한다. 교회의 질과 양은 실제에 있어서 구별되지 않는다. 이단이라고 정죄했다가도 대형교회가 되면 슬그머니 그 교회를 부러워하고 부담금을 많이 내면 연합단체도 환영하고 우대한다. 소수의 대형교회와 목회자들은 절대 다수를 차지하고 있는 소형교회와 헌신된 목회자들을 희생시켜 우월감과 특권을 누리며 산다. 마치 세속사회의 부자와 가난한 자, 출세한 자와 힘없는 서민, 대기업과 영세 기업 같은 관계와 평가가 오늘날의 한국교회에 나타나고 있다. 이것은 교회의 하나됨과 지체됨을 인식하지 못하는 반 교회론적 비극이 아닐 수 없다. 모든 교회는 형제이며, 더욱이 어려운 상황에서 교회를 섬기는 목회자가 더 존경받아야 하는데도, 교회들 간에 세속적이고 물질적인 기준을 가지고 차별하고 우열의식을 가지는 현실은 분명히 타파되어야 한다. 그런데도, 대형교회들은 위성중계장치를 설치하여 주변도시를 잠식하고 문어발식으로 지교회를 확장해 나가는가 하면, 대교회 교인이라는 긍지에 빠져 있던 교인들은 멀리 다른 지역이나, 심지어 외국에 가도 자기들끼리 모여 같은 이름의 지점교회들을 세운다. 모든 교회는 한 몸으로서 이러한 세속적 우열의식을 극복하고 일체감을 회복하여야 하며, 재정적으로도 헌금이 그 개교회의 소유가 아니라 하나인 교회의 머리이신 그리스도의 소유임을 인정하고 가진 자가 없는 자를 돕는다는 생각이 아니라 한 몸이 섭취한 영양분을 모든 지체가 골고루 분배하듯이 나누는 마음이 필요하다.

한국교회가 21세기에 부상할 아시아의 선교본부로서, 그리고 7천만 동포의 복음화를 완성하며, 나아가 삶의 모든 영역에 그리스도의 주권을 임하게 하기 위해서는 하나가 되어야 한다. 우리의 내부갈등을 해소하지 못하는 한, 교회의 발전은 기대할 수 없기 때문이다.

6

교회를 하나 되게 하는 신학

에큐메니칼 운동은 1959년 장로교의 대분열 이후 보수 측에서 금기시되어 왔다. 그러나 일년에 한번씩이나마 부활절 연합예배가 이루어졌으며, 한기총의 출범과 함께 보수교회들도 연합운동에 참여하기 시작하였다. 대표적 보수주의자인 박형룡 박사는 진보 측과의 연합운동이 보수신학을 오염시키고 타협하게 만든다는 생각에서 진보 측이 포함된 일체의 연합운동을 거부하였으며, 1973년 빌리 그래함 집회도 정죄하였다. 사실 WCC나 WARC를 정죄한 것도 거기 참여한 모든 교단이 좌경적이라기보다는, 일부라도 용인할 수 없다는 보수주의적 신념 때문이었다. 그러나 오늘날 보수 측에서도 WARC에 이미 가입한 교단이 있으며 가입을 고려하는 교단들도 있는데, 사실상 WARC는 WCC와 그리 큰 신학적 차이가 없다. 그리고 기장이나 통합과 같이 WCC 회원들이 참여하는 한기총이나 한장연에 보수 측이 적극 참여하는 것은 과거에 WCC 회원교단과는 연합운동이나 강단교류를 할 수 없다는 원칙에 정면으로 위배되는 변화가 아닐 수 없다.

신학은 교회를 나누기도 하고 교회를 하나 되게 만들 수도 있는 잠재력을 가지고 있다. 물론 그런 분리나 연합 결정은 정치권에서 이루어지지만, 그것은 신학적 근거와 정당화를 필요로 한다. 그런데, 교회의 하나됨을 힘써 지키라는 주님의 명령을 순종하는 신학도 있고, 그것을 거부하고 오히려 교회를 분열시키는 신학도 있다. 이러한 신학적 순종과 범죄는 최후의 심판에서 가려지겠지만, 매우 두려운 일이 아닐 수 없다. 그리스도를 머리로 하는 하나의 교회(una ecclesia)가 있을 뿐이며, 천국에서 회집될 교회도 교파나 교단이나 분파의 구분이 없는 하나의 연합된 교회일 것이다. 따라서 성경에 나타난 초대교회들이 관용했던 비본질적인 차이를 침소봉대하여 교회의 분열을 부추기거나 분파를 조성하고 정당화하는 신학자들은 하나님의 책망을 면치 못할 것이다. 물론, 복음의 본질을 인간의 사상으로 대치하려는 자유주의자들도 용서받지 못할 것이다.

오늘날 한국교회는 연합운동의 시대를 맞이하고 있다. 과거의 분열을 회개하고 그리스도의 사랑으로 성령 안에서 서로를 포용하고 관용하며 하나됨을 회복하고 있다. 20세기 초반에는 하나의 장로교회가 유지되었으나, 해방 이후 40여 년 동안 핵분열을 계속하여 교회 내외의 빈축을 받아왔으며, 이런 분열과정에서 분리주의적 신학은 상당한 이론적 후원과 정당화를 제공하였다. 이제 한국교회는 포스트모던적 다원화와 세속화사회의 도래, 그리고 수적 성장의 정체로 인한 위기적 상황에서 분열의 폐해를 반성하며 하나됨을 추구하고 있다. 그러나 교단합동이나 연합운동이 순조롭게 진행되지 않는 곳에서 우리는 분리주의나 근본주의와 같은 신학적 장애들을 발견하게 된다. 그들은 누구를 위하여, 그리고 무엇을 위하여 교회의 하나됨을 거부하고 방해하는가? 그것은 결코 교회가 하나 되기를 그토록 바라고 기도하시는 성령님이나 주님을 위한 행위라고 볼 수 없으며, 자기 신학이나 자기 학파의 영광과 지배를 추구한다고 밖에 볼 수 없다.

신학은 교회를 위한 것이다. 그리고 그 교회란 개 교회나 개 교단이나 개 교파가 아니라, 하나뿐인 그리스도의 보편적 교회(una ecclesia catholica)를 의미한다. 성령의 하나 되게 하신 것을 힘써 지켜야 하는 것이 교회의 사명이라면, 신학의 사명은 분리의 부당성을 교회론적으로 강조하고 교회의 하나됨을 돕는 일이다. 천상에서 만나 서로 교제하고 사랑할 사람들이 지상에서 서로 분리하고 대립하는 것은 여하한 이유로도 정당화될 수 없다. 분리주의적 근본주의 신학은 신학의 위상을 과도하게 격상시키고 자파를 절대화하는 오류를 범하고 있다. 개신교신학은 sola Scriptura의 원리에 근거하고 있다. 신조나 신학은 보조적 권위를 가질 뿐이며, 무오한 성경과 달리 오류를 범할 수 있다. 만일 교회가 자기 전통을 대변하는 신학에 절대적으로 의존한다면, 성경과 전통의 이중권위를 인정하는 로마 가톨릭과 다를 바 없다.

게르하르두스 보스는 조직신학이나 성경신학이 모두 성경의 변형으로서 신학의 절대성이나 무오성을 주장할 수 없다고 지적하였으며, 칼 바르트도 신학을 가리켜 하나님의 말씀을 인간의 말로 만드는 작업이라고 평가하였다. 따라서 헤르만 바빙크는 신학이 구원에 필수적인 교리를 제외하고 비본질적인 문제로 분열을 조장하는 것은 죄악이라고 강조하였다. 성경이 일관되고 분명하게 가르치는 근본적 교리(articuli fundamentales)를 제외한 신학적 이론들은 인간적 추론에 근거하며, 신학은 교회의 시대적 필요를 충족시키기 위한 열린 논의의 장으로서 계속 발전하고 변화하는 순례자 신학(theologia viatorum)의 성격을 가진다. 신학에는 다양한 방법론과 학파들이 발생하여 논쟁을 벌이지만 모두 학문적 과정일 뿐이다. 신학논쟁은 신학자들 간의 학술적 문제로서 교회가 개입하거나 맹종할 필요가 없으며, 단지 유용하고 필요한 것을 선택적으로 이용하면 된다. 신학의 과도한 영화는 신학의 불신과 소외를 결과한다. 성경과 신조와 신학의 관계구도에서 신학은 이제 무오하고 절대적인 신의 자리에서 내려와 제자리를 찾아야 한다.

성경은 하나이지만 신학은 학파마다 신학자마다 다르다. 따라서 교회가 성경을 따르면 하나를 유지하지만, 신학을 따르면 분열될 수밖에 없다. 신학에 대한 과신과 맹종을 버리고 다양한 신학에서 유용한 것들을 배우는 지혜가 필요하다. 신학자들도 자기의 신학을 절대화하지 말고 자기도 발전과정에 있음을 겸허히 인정하면서 신학적 논의를 진행할 것이며, 결코 교회의 하나됨을 훼방하는 죄악을 범하지 말아야 할 것이다. 신학자들이 서로 열띠게 논쟁을 벌일 때에도 잊지 말아야 할 것은 우리가 모두 특정 학파나 특정 방법론의 종이 아니라 모두 주님의 종이라는 사실과 그가 드린 대제사장의 기도이다: "그들도 다 하나가 되어 우리 안에 있게 하사, 세상으로 아버지께서 나를 보내신 것을 믿게 하옵소서".

7

목회 세습이 바람직한가

한국사회는 1960년대 이후 급격한 산업화와 그로 인한 도시화로 인해 교회구도에도 거대한 변화가 발생하였다. 카리스마적인 지도자를 중심으로 세계적인 대형교회들이 형성되었다. 그러나 이제 성장을 주도한 카리스마적 지도자가 은퇴의 연령에 도달하면서 대형교회에는 위기감이 조성되고 있으며, 가장 중요한 후계자의 문제로 고민하고 있다. 한 지도자를 중심으로 구름떼처럼 모여든 교인들이 그 지도자가 은퇴하고 떠나도 교회에 모두 남을 것인가? 이미 대형화된 재정과 조직 및 사업규모를 줄인다는 것은 심한 자괴감을 줄 수밖에 없고, 교인의 감소는 부풀대로 부푼 자부심에 견딜 수 없는 손상과 실망을 초래할 것이다. 따라서 은퇴를 앞둔 목회자와 평신도 지도자들은 더 확장하지는 못한다 할지라도 현재 규모를 유지할 수 있는 후임자를 물색하는데 관심을 집중하게 될 것이다. 그러나 한국 최고의 목회자를 자처하는 대형교회의 지도자에 비견할 만한, 그래서 계속적 성장을 보장해줄 만한 목회자가 어디 있겠는가? 더욱이, 아직 알려지지 않은 젊은 목회자 그 누구도 탐탁하지 않을 것은 자명한 사실이다. 대형교회의 후임자는 그 누구라도 그 카리스마적인 목회자에게 길들여지고 자부심으로 가득 찬 교인들을 만족시키지 못한다. 영락교회가 그랬고, 충현교회가 그랬다. 차세대 중에서 촉망받던 목회자들도 교인들의 구미를 만족시키지 못한 채 줄줄이 물러나야 했다.

요즘 문제가 되고 있는 광림교회의 경우도 마찬가지다. 이미 다른 대형교회들에서 후계의 실패를 지켜본 이 교회로서는 더욱이 미래가 두려웠을 것이다. 그래서 10여 년 전부터 후계자를 물색하고 키워보려고도 하였으나 만족한 후임자를 발견하지 못한 채 은퇴를 내년으로 앞두게 되어 아들을 선택하였다고 말한다. 이 말은 처음부터 아들을 후계자로 결심하고 계획적으로 키우지 않았다는 뜻이다. 후계자 양성 혹은 초청계획에 실패하고 나서, 아들을 고려하게 되었다는 말이다. 그리고 후에 보니 아들이 가장 적임자라는 사실을 깨닫게 되었다고 한다. 광림교회의 미래를 보장할 수 없는 상황에서, 그리고 아직은 목회를 계속할 수 있지만 은퇴규정 때문에 법적으로 은퇴하고 후임자를 결정하지 않을 수 없는 상황에서, 아들의 신택이 가장 용이하고도 호혜적인 선택이 아니었을까? 그리고 팀 목회라는 방식으로 전적인 지도력의 급격한 이양보다 부자의 협력 하에서 최소한의 안전을 선택한 것이 아닐까?

비록 그 아들이 세습논쟁의 비화로 인해 심각한 정신적 피해를 입고 있지만, 그가 상당한 능력을 갖춘 목사인 것이라고 생각한다. 훌륭한 아버지의 혈통을 이어받았으며, 그가 신학을 하게 된 것을 보면 부친을 존경하고 그에게서 많은 영향을 받았을 것이다, 만일 아들을 강단에 세워 성공하지 못할 것이라고 판단했다면, 결코 이 일을 지지

하지 않았을 것이다. 어떤 아버지가 자식의 수치와 실패를 원하겠는가! 더욱이 일생을 바쳐 이룩한 대교회를 항상 자부심으로 이끌어온 김선도 목사가 왜 광림교회의 미래를 어둡게 할 후임자를 지지하겠는가? 따라서 그의 판단을 지지하는 사람들도 적지 않으며, 그래서 광림교회와 연회가 그런 결정을 내렸지만, 그의 판단에 동의하지 않는 사람도 많다. 비록 광림교회가 거 교회적으로 오랫동안 기도하며 훌륭한 지도자들이 다각적으로 논의하여 내린 결론이지만, 실로 이 문제는 여러모로 논란의 소지가 많다. 물론, 광림교회의 결정은 개교회의 문제로서 원칙적으로 외부인이 강요할 수 없다. 단지, 광림교회도 우리 모두의 주님이신 그리스도의 교회요 우리의 형제이기 때문에 우려하고 기도하고 권면할 수 있을 뿐이다. 나아가 이런 패턴이 많은 중대형 교회에서 고려되고 있으며 확산될 수 있는 한국교회의 공동관심사이기 때문에 우리 모두 이 문제를 심각히 생각해 보고, 그것이 과연 교회의 주인이신 예수 그리스도께서 기뻐하며 한국교회 발전에 유익한 일인지를 논의할 필요가 있는 것이다.

과연 목회 세습이 바람직한가? 광림교회는 그것이 바람직한 선택이라고 주장한다. 대개 후임자들은 전임자와의 차별화를 주장하며 목회방침을 대폭 수정하려 하지만, 아들은 아버지를 가장 잘 이해하고 계승할 수 있으며 아버지가 허물없이 가장 잘 지도할 수 있어서, 교회가 무리한 변화로 시달리지 않고 안정적으로 발전될 수 있다는 생각이다. 그뿐 아니라, 아버지를 보면 아들을 알 수 있듯이 어릴 때부터 아버지의 신앙적, 사상적 영향과 교육을 받으며 자라났기 때문에, 아버지의 역량과 성품을 가장 닮은 목회자가 되리라고 판단할 수도 있다. 따라서 광림교회의 담임목회자가 되기 원하는 수많은 감리교 목사들

중에서 아들이 가장 적절한 선택이었다고 자부하는 것이다.

그런데, 단순한 도덕적 원리로 마치 재벌 세습과 같이 이해하고 매도하는 형제 그리스도인들을 보면서 섭섭함과 분노를 금하기 어려웠을 것이다. 그러면서도, 세습이라는 용어의 사용에 거부감을 느낀다. 왜 아들이라고 후임자 대상에서 배제해야 하며, 적법한 절차를 따라 결정한 후계를 왜 세습이라고 부르는가? 그러나 그것이 목회 세습인 것은 부인할 수 없는 사실이다. 심지어 절대왕권에서 왕이 아들에게 왕위를 물려주는 데도 세자책봉을 비롯하여 복잡한 절차를 모두 거치는 것이며, 재벌이 아들에게 기업을 물려줄 때에도 주주총회를 비롯하여 복잡한 절차를 거치기 마련이다. 따라서 아들을 아무 절차 없이 후임으로 임명하지 않고 교회 당회와 인사위원회의 절차를 거쳤다고 하여 세습이 아니라고 주장할 수는 없다. 세습이란 절차 유무를 막론하고 아버지의 직책이 아들에게 후계되는 현상을 가리키며, 특히 아버지가 그러한 후계를 적극적으로 지지한 경우에는 더욱 그러하다. 따라서 목회 세습이라는 말 자체를 시비하기보다는, 부자목사로 이어지는 후계구도가 과연 바람직한가를 논하기로 한다. 만일 그것이 정말 바람직하다면, 유사한 상황에 처한 교회들에게 권장해야 할 것이다. 물론, 아들이 목회자의 길에 들어선 목사는 제한되어 있으며, 더욱이 소형 교회 목회자들은 자기 아들이 신학을 한다 하여도 자기보다 큰 교회의 목회자가 되기를 바라기 때문에, 목회 세습이란 아들이 목사인 중대형교회 목사로 한정되어 한국교회 전체적으로 볼 때 많은 수일 수 없으나, 목회후계문제로 위기의식을 느끼는 교회의 경우 새로운 해결 방안이 될 수도 있을 것이다.

과연 광림교회와 김선도 목사가 유사한 상황의 교회들에 대하여 목회 세습이 가장 성경적이고 실천적인 방안이라고 추천할 수 있을까? 나는 그렇게 권하고 싶지 않다. 성경적으로, 신학적으로, 그리고 실천적으로 성찰해 볼 때, 그것은 결코 바람직한 방안이 아니다. 왜 그런가? 첫째로, 목회 세습은 교회성장의 공로를 인간에게 돌리는 세속적 교회관에 근거하고 있다. 교회는 그리스도의 몸이며, 그리스도는 교회의 머리요 주인이다. 그리고 불신자를 부르고 거듭나게 하여 교회를 형성하고 성장하게 하는 분은 성령이다. 그리스도인과 목회자는 모두 성령의 도구이며 은혜를 받은 사람들이다. 따라서 올바른 교회관에서는 인간의 공로가 인정되지 않는다. 그런데, 오늘날 급성장한 교회들에서 교회 성장의 공로가 누구에게 돌려지는가? 겉으로는 하나님의 은혜라고 말한다 할지라도, 실제로는 철저히 담임목사의 공로로 치부되고 있는 실정이다. 이것은 세속적 교회관이다.

오늘날 상당수의 교회들이 교회를 인간들의 단체로 이해하고, 자본주의적 기업운영과 크게 다를 바 없는 운영방식, 빈틈없는 회원관리와 철저한 조직망, 인기위주의 집회와 프로그램운영, 그리고 물질주의적 재정운영과 사업방식으로 무한확장을 꿈꾸는 이기주의 집단으로 전락하고 있다. 그리스도의 하나뿐인 우주적 교회의식을 상실하고 개교회주의라는 이데올로기의 종이 되어 형제교회를 경쟁과 반목의 대상으로 보고 무한경쟁을 벌이면서, 교회의 성장이 철저히 자기들의 노력과 공로로 이루어진다고 생각한다. 따라서 수적 성장에 성공한 중대형교회들에서 흔히 자만심과 자부심과 허영심으로 가득 차 있는 영적 질병을 발견한다. 고린도교회의 성장에 대하여 바울 사도는 이렇게 말했다. "나는 심었고 아볼로는 물을 주었으되 오직 하나님은 자라나게 하셨나니, 그런즉 심는 이나 물주는 이는 아무 것도 아니로되 오직 자라나게 하시는 하나님뿐이니라"(고전 3:6-7). 실로 교회의 성장은 수적 성장이든 질적 성장이든 모두 하나님의 은혜에 의한 것이며, 인간의 여하한 공로도 주장될 수 없다. 우리에게 전도의 열정을 주시는 분도 성령이시며, 예수를 믿고 거듭나게 하여 교회에 접붙여 주시는 분도 성령이시고, 목사의 설교에 감화력을 주시는 분도 성령이시며, 교회에 일치와 평화를 주시는 분도 성령이시다. 교회의 성장은 결코 담임목사의 독자적 지도력이나 교인들의 노력에 의한 것이 아니며, 현대적인 경영방식이나 인간관리 테크닉에 의한 것도 아니다.

물론 카리스마적 지도자와 기업적 경영방식에 의한 교회성장도 있으나, 그것은 세속적 교회관에 의한 비정상적 성장이었으며, 따라서 지속될 수 없는 성격의 것이다. 지역에 기반을 둔 교회는 지역적 요인에 좌우되고, 이데올로기에 기반을 둔 교회는 사상적 풍조에 의존하는 것처럼, 한 인간에게 기반을 둔 교회는 그 지도자에 의존하는 그릇된 성장형태인 것이다. 올바른 목회자는 자기 영광을 거부하고 항상 교회의 목자장이신 예수 그리스도에게 영광을 돌리며 교인들의 관심과 사랑을 그에게 돌려야 할 것이다. 현대인들은 대중문화의 스타숭배에 오염되어 유명한 목회자에게도 지나친 의존과 일체감을 느낀다. 따라서 인기 있는 목사들이 진정한 내면적 겸손과 자기부인을 이루기 매우 어려운 상황이다. 그러나 목회자가 여기서 실패하면, 교회는 개교회주의와 허영에 희생되는 심각한 세속화를 초래하게 된다. 기독교신앙이란 특정 스타일이 아니라 목회자의 다양성을 초월하는 주님에 대한 사랑에서 일관성과 정체성을 확립해야 한다. 실로, 목회자 집중도가 심하면 심할수록 그의 은퇴로 인한 위기감이 고조되며 급격한 혼란과 약화를 결과한다. 소수를 제외한 목회자들은 자기가 이임한 후 교회가 잘 된다는 소식을 들을 때 겉으로는 잘되었다고 칭찬하고 감사하지만, 돌아서서 느끼는 속마음은 그와 다르다. 여기서, 우리는 목사들이 얼마나 인간적이며 자기 영광을 추구했는지 알게 된다. 인간은 감정적 존재라고 이해할 수도 있으나, 그러기에는 교회가 너무 거룩한 주님의 몸이다.

목회자는 교회와 자기의 관계를 올바로 이해하여야 한다. 목사는 교회의 주인이신 그리스도의 파송을 받아 일정 기간 위임된 교회를 섬기는 주의 종으로서, 임기를 마치면 미련 없이 이임하고 간섭하지 말아야 한다. 주님께서 그 이후는 알아서 처리하실 것이다. 적당한 후임자를 보내주실 것이며, 성령을 통하여 교회를 보호하고 유지하실 것이다. 그런데도, 인위적 사고로 후계를 염려하고 노심초사하며 간섭하는 태도는 교회의 주인이신 주님과 운영자인 성령을 무시하는 불신의 죄를 범하는 것이다. 교회가 적든 크든 주님에게 맡겨야 한다. 물론 목회자가 오랫동안 심혈을 기울여 교회를 섬겨왔고 교인들과 깊은 사랑의 관계를 맺어왔기 때문에, 이임한다고 하여 하루아침에 감정이 정리될 수는 없다. 그러나 목회자에게는 주님의 교회를 위하여 그런 이별의 아픔을 속으로 삭여야 하는 자기절제의 책임이 주어져 있다. 그리고 후임자를 위해 모든 관계를 청산하고 단절하는 결단도 요구된다. 물론 적절한 후임자를 위해 기도할 책임은 있으며 교인들이 추천을 요청하기도 하지만, 여기서 각별한 주의와 절제가 필요하다. 아무리 훌륭한 전임자라 할지라도 후임자를 결정할 권리가 없으며, 그의 결정이 장기적으로 최선이라는 보장도 없다. 오히려 교인 전체를 통해 성령의 인도를 구하는 편이 훨씬 더 안전하고 유익한 결과를 가져올 것이다. 교회는 성도의 교제(communio sanctorum)로서, 성령께서 성도들을 통하여 그의 뜻을 나타내신다. 그래서 교회는 심지어 사도라 할지라도 직분자의 선임을 일임하지 않고 교인 전체의 투표를 통하여 주님의 뜻을 확인하였다. 비록 감리교회라 할지라도 개신교회의 일파로서, '감독이 있는 곳에 교회가 있다' 는 가톨릭교회의 감독 중심적 교회관을 따르지 않는다. 전임자의 공로에 근거하여 후임자를 결정할 수 있는 사실상의 권리를 부여하는 것은 잘못이다. 그런데, 목회 세습은 전임자의 공로를 근거로 거의 절대적인 결정권이 주어질 때만 가능하다.

둘째로, 목회 세습은 혈연주의적 발상이다. 물론, 아들이 가장 적임자일 수 있는 가능성이 전혀 없지는 않지만, 사실상 확률적으로는 거의 가능성이 없다. 아들이 아버지의 가장 적절한 후계자라는 사고는 의심의 여지없이 혈연주의에 근거하고 있다. 그것은 다수의 후보자 가운데서 객관적인 판단을 통해 선택하려는 생각을 아예 가로막는 혈연적 편애이다. 흔히 목사들은 자기 아들이 신학교를 입학하는 순간부터 그 장래를 꿈꾸기 마련이다. 부모들은 자기 아들이 훌륭한 목사가 되기 원하며 기도한다. 그러나 문제는 훌륭한 목사에 대한 이해이다. 사실은 자기 아들이 훌륭한 인격과 목회사역 역량을 구비하여 그 길이 어떤 길이든지 주님의 부름을 따라 순종하며 헌신하는 목사가 되기를 바라야 한다. 그러나 부모의 단순한 사랑과 욕심이 작용하면 훌륭한 목사의 개념이 세속화된다. 자기 아들이 고생스러운 오지 선교사나 작은 교회 목사가 되기보다는 큰 교회 목사나 유명한 신학교수가 되기 원한다. 그것을 인간의 상정이라고 볼 수도 있겠으나, 사실은 타락한 인간의 욕심이다. 따라서 자신이 큰 교회 목사인 경우, 그리고 은퇴 시 아들이 적절한 연령인 경우 후계를 생각하는 유혹에 빠지기 쉽다. 그리고 한번 그런 마음이 굳어지면 교회 앞에 아들을 조심스럽게 선보이며 분위기를 조성하게 되며, 다른 가능성을 배제해 나간다. 이런 과정에는 적지 않은 유혹과 범죄의 가능성이 도사리고 있다.

나는 목회를 하다가 유학을 떠나게 된 목사가 경험한 일을 알고 있다. 그가 어느 날 노회 임원의 소개로 한 목사를 만났는데, 그는 1억대의 현금을 줄 터이니 후임자로 밀어 달라고 청탁을 받게 되었다. 그는 교회를 개척하려고 집과 재산을 정리하여 그 돈을 만들었는데, 개척을 하자니 힘들고 고생스럽지만, 안정된 기성교회로 들어가면 사택도 주고 차도 주고 모든 생활비와 경비가 지급되니 좋고, 당신도 유학경비가 필요하니 좋지 않느냐는 것이었다. 그는 너무 놀랐다. 말로만 들었던 성직매매가 현실로 다가올 줄이야! 그가 담임한 교회는 그리 크지 않은 중형교회였는데, 하물며 수만 명이 모이는 대형교회야 두말할 필요가 있겠는가! 고생스러운 목회자의 길을 갈 수도 있는 한 목사에게 고급주택과 고급차, 충족한 수입과 안정된 생활, 대형 사무실과 서재, 수많은 부하직원들과 비서들, 자기 마음대로 할 수 있는 거액의 재정과 다양한 결정권, 그리고 수많은 교인들의 존경과 사회적 위상, 이 모든 것이 하루아침에 주어지는데, 누가 그것을 가히 거절할 수 있겠는가! 더욱이, 그것을 누려왔던 아버지가 남보다 자기 아들에게 물려주려는 마음을 가지게 되면, 아무도 그 유혹에서 벗어나지 못할 것이다. 실로, 목회 세습은 교회에 대한 애착과 아들에 대한 애착이 합쳐질 때 강행되는 현상이다.

역사적으로 볼 때, 구약시대에는 아론의 제사장 직이 세습되었으며, 다윗의 왕직도 세습되었다. 그러나 이스라엘의 혈족주의는 예수 그리스도에게 정죄되었고, 진정한 이스라엘은 육적 후손이 아니라 영적 후손임을 바울이 분명히 하였다. 예수님은 가족에 대한 사랑을 가지고 있었으나, 영적 측면에서는 지나칠 정도로 혈족의 의미를 무시하였다. "누가 내 어머니이며 내 동생들이냐 … 누구든지 하늘에 계신 내 아버지의 뜻대로 하는 자가 내 형제요 자매요 어머니이니라"(마 12:48-50). 그리고 그의 제자들에게도 혈족주의적 사고를 버리도록 명령하였다. "아버지나 어머니를 나보다 더 사랑하는 자는 내게 합당하지 아니하고, 아들이나 딸을 나보다 더 사랑하는 자도 내게 합당하지 아니하다"(마 10:37). 따라서 교회는 철저히 혈족주의를 부정하고 하나님 아버지를 모신 영적 가족의식을 중심으로 형성 발전되었다. 감독이나 집사와 같은 직책은 철저히 자격 중심으로, 특히 덕망을 갖춘 인물로 선정하였다. 우리는 성경에서 혈족적 세습의 흔적도 발견할 수 없다. 가톨릭교회의 시대에는 독신이 의무화되어 세습이 구조적으로 불가능하였고, 종교개혁 이후 개신교회에서도 목회 세습이 바람직한 후계 형태로 추천된 적이 없다. 특히, 현대로 접어들면서 소수의 예외적 세습이 발생하였으나, 아무도 그것을 바람직하다고 생각하지 않았다. 아들이 가장 후계의 적임자라는 생각은 어떤 경우에도 혈족주의적 사고로부터 자유롭지 않다.

셋째로, 목회 세습은 불공정한 선발절차를 통해 이루어진다. 오늘날의 한국교회는 어느 교단을 막론하고 교역자 과잉현상을 보이고 있다. 그래서 큰 교회에는 목회지가 없어 떠도는 목사들이 수십 명 혹은 그 이상이 출석하고 있는 실정이다. 큰 교회에서 전도사 한명만 구해도 수십 명씩이 지원하여 치열한 경쟁을 보인다. 하물며, 수천, 수만이 모이는 대형교회의 경우 목회자를 공개모집하면 자천 타천으로 헤아릴 수 없이 많은 목사들이 지원하며, 그중 상당수는 학력과 경력에 있어서 출중한 사람들이다. 과연 광림교회가 공개모집을 하였는지, 그랬다면 얼마나 많은 목사들이 지원하였는지 궁금하다. 자격을 갖춘 목사들이 많이 지원하지 않았다면, 왜 그랬을까? 과연 아무 내정 없이 열린 마음으로 주님의 뜻을 구하며 감리교 전체에서 널리 후임자를 찾았는가? 그리고 과연 어떤 기준으로 수많은 지원자 중에 아들이 선정되었는지 알고 싶다. 형식적 절차를 거쳤다는 것만으로 정당성이 보장되지 않기 때문이다.

아들을 다른 사람들과 동일한 기준으로 평가할 수 있을까? 아버지는 물론이려니와 그 아버지에 대해 애정을 가진 사람들은 아무도 그렇게 할 수 없다. 따라서 그 선발절차가 완전히 공정했다고 자신 있게 말할 수 없을 것이다. 더욱이, 교단 전체의 중대 관심사인 광림교회 후임자로 아들을 마음에 두고 있다는 소문이 교단 내에 퍼지면서 적임자들이 지원을 아예 포기하였다면, 그것은 더욱더 불공정하다. 사실이야 어떠하든, 목회 세습은 아버지의 지지 하에서 이루어진다. 그것이 적극적인 설득이든 소극적인 무언의 묵인이든 강력한 전임자 아버지의 직간접적 영향력이 작용하였기 때문에, 엄격히 말하자면 일종의 부정선거에 해당한다. 이성보다는 감정이 더 작용하는 아들에 대한 애착과 선입견이 판단력을 오도하고 모든 절차를 불공정하게 만들기 때문이다. 하나님은 판단을 흐리게 할 수 있는 요인을 거부하라고 경고하셨다: "너는 재판을 굽게 하지 말며 사람을 외모로 보지 말며 또 뇌물을 받지 말라. 뇌물은 지혜자의 눈을 어둡게 하고 의인의 말을 굽게 하느니라"(신 16:19). 예수님도 공의로운 판단을 명령하셨다. "외모로 판단하지 말고 공의롭게 판단하라"(요 7:24). 성경은 항상 약자에 대한 배려를 가지고 판단할 때 공의로운 결정에 도달한다고 충고한다. 아들과 경쟁 하게 된 지원자들은 불리한 입장에 있는 정치적 약자들이다.

아들을 배제하지 않는다면, 결코 그들을 충분히 그리고 공의롭게 배려할 수 없다.

교회법에는 후임자 후보자격기준에 아들을 배제한다는 조항이 명시되어 있지 않다. 그러나 법정신을 고려해볼 때, 그것은 상식적으로 그리고 기독교 윤리적으로 함축되어 있다고 생각할 수 있다. 법문은 모든 것을 명시하지 않기 때문에, 법정신을 고려할 필요가 있다. 예를 들어, 감리교 목사의 자격에 "음주, 흡연을 하지 않는 이"라는 규정은 있어도 "마약을 하지 않는 이"라는 규정은 없다. 그렇다고 하여, 마약중독자를 허용한다는 뜻은 아니다. 그것은 이미 "건전한 인격과 덕의의 품성" 속에 함축되어 있다. 목회 세습 금지조항은 없으나, 그것은 전술한 규정과 "하나님의 뜻을 분별하는 정당한 지식" 속에 함축되어 있다고 생각한다. 특히, 장로교 헌법에는 후임자 청빙에 있어서 교인 3분의 2이상의 지지를 받았다 할지라도 "소수가 심히 반대하는 경우"에는 강행하지 말도록 규정하고 있다. 당연한 함축적 의미를 거스르는 사례가 발생하면서 합법성을 주장하게 되면, 교회는 법정신에 따라 그것을 구체적으로 명문화하게 된다. 세습 금지도 그 동안에는 목회자와 교인들의 양식에 맡겨두었으나, 이제 공론화하고 명문화할 때가 되지 않았나 생각한다.

넷째로, 목회 세습은 혈연 승계의 약점을 간과하고 있다. 과거 전제적인 왕권에서는 세습이 무비판적으로 시행되어왔으나, 문제점이 심각하였다. 인품이나 역량에 있어서 세자를 능가하는 사람들이 없어서가 아니라, 오로지 왕자가 아니라는 이유로 배제되었다. 그러나 오늘날 민주사회에서는 공정한 경쟁과 다각적인 분석을 거쳐 대통령을 선출한다. 혈연승계는 비록 형식적인 경쟁자가 있었다 할지라도 사실상 내정되어 있기 때문에 최적의 후계자를 선택했다고 볼 수 없다. 혈연이나 학연, 지연과 같은 연고인사의 경우가 모두 그러하다. 만일 대통령이 연고에 의해 어떤 사람에게 호의를 가지면 그보다 더 뛰어난 역량과 인품을 갖춘 사람이 있어도 눈에 들어오지 않는다. 따라서 연고인사는 그 공동체의 이익에 위배되며 미래를 위태롭게 할 수도 있다.

그뿐 아니라, 혈연승계는 그 본질적 약점을 가지고 있다. 전임자와 후임자 사이에 담임목사로서 대등성이 인정되어야 하는데, 부자의 경우에는 당사자나 교인들에게 있어서 대등성이 인정되지 않는다. 그리고 아버지로서 다른 후임자같이 거리를 두고 대하지 않게 된다. 한편, 아들의 입장에서도 항상 아버지와 연관하여 보는 교인들의 인식에 부담을 느끼게 된다. 따라서 아버지와 아들, 그리고 교인의 삼각관계가 모두 비정상화된다. 이러한 삼각관계는 새로운 목회자와 교인 사이에서 이루어지는 일반적 목양관계를 더 복잡하고 어렵게 만들게 되는데, 이는 목회 세습으로 야기된 불필요한 난관으로서 정상적인 성공적 교체를 어렵게 만들며 문제를 장기화한다. 처음에는 아버지의 사랑스러운 보호와 인도 아래 안정감을 느낄 수도 있으나, 시간이 지날수록 아버지의 존재가 부담스럽고 간섭으로 생각되면서 아들은 독자적 지도력과 목회정체성에 심각한 문제를 느끼고 불만을 가지게 된다. 그것은 결국 부자간의 갈등을 결과하며, 이를 감지하는 교인들은 불안을 느끼게 된다. 교인들도 처음에는 카리스마적 공로자인 아버지의 설득력과 호감 때문에 아들을 수용하고 기대하지만, 시간이 지나면서 환상에서 깨어나 실체를 보면서 실망하기 쉽다. 물론, 아들이 아닌 후임자도 성공적이지 못할 수 있으나, 아들이기 때문에 아버지와 연관하여 걸었던 기대의 환멸과는 다르다.

기업을 대물림하는 사업가들의 경우에도 모두 희망적인 생각에서 세습하지만, 다수의 2세들이 실패에 이른다. 아버지의 지도력으로 성공한 회사라고 하여 그와 닮은 아들의 지도력이 계속적인 성장을 보장할 수 있다는 생각은 너무 단순하며 혈연승계의 약점을 간과한 것이다. 따라서 오늘날의 사회는 모든 종류의 혈연승계를 비판하고 전문경영인의 도입을 주장한다. 아버지의 단순한 자식 사랑과 애착이 자식의 장래를 어렵게 만들 수도 있다. 아버지와 무관한 교회에 부임하여 독자적으로 소신 있게 목회하면 존경받는 성공적 목회자가 될 수도 있을 아들을 힘든 상황에 불러들여 너무 무거운 짐을 지워 결국 쓰러지게 만들 수도 있는 것이다.

다섯째로, 목회 세습은 사회와 교회에 덕이 되지 않는다. 엄격히 말해서, 아들이 아버지의 목회를 이어받는 목회 세습 자체는 죄가 아니다. 죄악적 요소가 있다면, 그 과정에 개재될 수 있는 욕심과 애착, 그리고 그로 인한 불공정성과 같은 문제가 있을 뿐이다. 우리 그리스도인에게는 어떤 비난과 핍박에도 불구히고 반드시 해야 되는 일과 상황에 따라서 할 수도 있고 안할 수도 있는 일이 있다. 나는 목회 세습이 후자에 속한다고 생각한다. 불가피한 경우나 예외적인 상황에서는 목회 세습이 가능하다. 그러나 수많은 후보자들이 있는 상황에서 반드시 목회 세습을 강행할 필요는 없다. 바울 사도는 우상의 제물문제를 논하면서, 무엇보다도 덕과 사랑이 중요하다는 사실을 시석한다. 그는 이 문제의 가부가 결정적인 차이를 가져오지 않는다고 말한다. "음식은 우리를 하나님 앞에 내세우지 못하나니, 우리가 먹지 않는다고 해서 더 못 사는 것도 아니고 먹는다고 해서 더 사는 것도 아니니라"(고전 8:8). 그런 문제라면, 덕을 세우는 방향이 선택되어야 한다. 그래서 바울 사도는 자기가 양보하는 덕스러운 길을 택하였다. "만일 음식이 내 형제를 실족하게 하면, 나는 영원히 고기를 먹지 아니하여 내 형제를 실족하지 않게 하리라"(고전 8:13). 사실 상당한 인품과 역량을 갖춘 목사라면 누가 후임자로 선정되어도 큰 차이를 가져오지 않는다. 물론 지도자가 중요하지만, 아들이 후임자가 되면 교회가 계속 성장하고, 다른 목사가 되면 교회가 망하는 것은 아니다. 모든 사회가 세습을 정죄하고 있는 오늘날, 많은 그리스도인 형제들이 그로 인해 실망하고 분노하는 현실에서, 그리고 상당수의 교인들이 반대운동을 전개하고 있는 상황에서, 과연 한번 결정되었다 하여 목회 세습을 강행하는 것이 덕스러운 행위인가? 설령 그것이 올바르고 정당한 결정이었다 할지라도, 재고해야 되지 않을까?

오늘날 한국교회는 성장을 멈추고 있다. 그것은 전도대상인 대중들의 마음속에 교회에 대한 부정적 의식이 도사리고 있기 때문이다. 한국교회가 교리와 정통을 강조하며 분열과 대립을 정당화하고 사랑과 포용의 윤리를 실천하지 못하였으며, 성장과 능력을 내세우며 덕을 상실하였다. 불신자보다 윤리적으로 나을 것이 없는 주위의 기독교인들을 보면서, 그들은 왜 교회에 가야하는지 이해하지 못한다. 한국교회가 사랑과 덕을 회복하지 못한다면 미래가 보장될 수 없다. 그동안 많은 사람의 존경을 받아온 김선도 목사와 광림교회는 중대한 결단을 해야 한다. 한국 사회와 교회 앞에 본을 보여 덕을 세우는 길을 택해야 한다. 그리하여, 목회 세습을 꿈꾸고 있는 목회자들에게 경종을 울려야 한다. 나는 이 어려운 결단을 위해 기도하며, 인간의 자존심 때문에 주님의 명예가 더럽혀지지 않기를 바라는 마음 간절하다.

8

장로직의 세속화

한국교회의 급성장과 부실한 교육제도는 자연히 자질이 부족한 목사와 장로의 양산을 결과하였다. 흔히 목사의 저질화를 많이 비판하지만, 장로의 저질화도 심각한 문제가 아닐 수 없다. 과거에 장로는 고매한 신앙인격을 소유하여 교회와 사회의 존경을 받는 분들이 대부분이었다. 그러나 오늘날은 그런 장로들이 소수로 전락하였다. 급성장으로 인해 갑자기 많은 장로들이 필요히였고, 따라서 선출절차나 교육절차가 형식화되고 자질에 대한 기준도 격하되었다. 이것이 불가피한 현실이기는 하였으나, 그 결과 한국교회는 심각한 혼란과 갈등에 직면하게 되었다.

오늘날, 많은 교회들이 목사와 장로의 갈등으로 침체 혹은 감소의 상황을 맞이하고 있다. 이러한 갈등의 책임은 양자에게 공히 있지만, 목사의 협력자로 부름 받은 장로가 목사의 견제자 혹은 대립자가 되면서, 교회의 발전을 기대하기 어려운 상황에 이른 것이며, 이런 지도자들의 갈등상황에서 교회의 대다수를 차지하고 있는 교인들은 무고한 피해자가 된다. 물론 모든 교회가 그런 것도 아니며, 모든 장로가 그런 것도 아니지만, 이것이 누구도 부인할 수 없는 심각한 문제가 된 데에는 성경적 원리보다 세속적 원리가 장로의 선택과정과 자기 이해에 미친 영향을 간과할 수 없다. 한국교회는 이를 심각하게 반성하고 성경적 원리로 돌아가야 교회라는 수레의 두 바퀴인 목사와 장로가 나란히 한 마음이 되어 성령의 이끄심이 원활하고 힘차게 효력을 발생하게 될 것이다.

영수제도의 기원

선교사들이 초기 선교과정에서 교회사에 나타나지 않는 영수라는 제도를 수용하였다. 영수는 지교회의 대표 격이었으며 사실상 장로의 역할을 감당하였다가, 영수들이 '안수 받지 않은 장로' 로서 장로들과 갈등을 빚게 되면서 이 제도가 폐지되고 영수들이 대부분 장로가 되었다. 그러나 영수라는 호칭은 교단에 따라 20세기 후반까지 사용되기도 하였으며, 그보다 더 심각한 영향은 영수제도가 한국 장로이해의 근간이 되었다는 사실이다. 영수(領袖)란 '우두머리' 라는 뜻으로서 다분히 세속적인 사고를 함축하고 있는 용어이다. 물론 모든 영수가 이러한 자의식을 가진 것은 아니지만, 한말의 유교적 사회상황에서 이러한 직명의 채택이 자타에게 미친 무의식적 혹은 의식적 영향을 완전히 무시할 수는 없을 것이다.

이조말의 한국 상황은 기존의 사회제도가 여러모로 붕괴되고 새로운 사회계층이 발생하였으나, 사고방식은 여전히 유교적이며 계급적이었다. 이런 상황에서 기독교가 들어와 전국적인 조직을 형성하기 시작하였는데, 영수가 지역교회를 대표하게 된 것이다. 그리고 영수들이 장로가 되면서 자연히 영수의 개념은 장로에게 전이되어 새로운 종교계급으로 등장하게 되었다. 물론, 성경은 장로에게 존경을 가르치고 있지만, 그것은 사랑의 표현이며 결코 계급적 혹은 신분적 고려를 의미하는 것은 아니다. 그러나 한국의 유교적 사고방식과 사회구조는 장로를 계급화하는 결과를 가져왔으며, 상당수의 장로들 자신도 그러한 사회적 구조에 적응하여 고자세를 취하는 병폐를 초래하였다.

유교의 신분주의

기독교는 인간을 사회적 신분에 따라 차별하는 것을 죄악으로 규정하고 그리스도 안에서 만인의 평등을 가르치지만, 유교는 수신제가치국평천하의 인생관에 따라 정치적 입신양명을 추구한다. 그 결과, 한국인에게는 신분이 중요하며 직함이 그 사람을 규정하게 되었다. 그래서 그 사람의 인생을 한마디로 정리하는 묘비에도 직함을 쓴다. 심지어 벼슬을 못한 사람은 늙어도 계속 과거를 치르기 위해 공부하고 있었다는 의미에서 '학생'이라고 쓴다. 그리고 종들은 묘비도 없다. 요즘 장관을 며칠하고 물러나는 사람들이 많지만, 한번 장관은 영원한 장관이며, 비록 아무 일도 못했고 불명예 퇴진을 했다 할지라도 그는 죽을 때까지 장관이라는 이름으로 불리며 대대로 그 집안의 명예가 된다. 그리고 그의 묘비에는 장관이라는 직함이 기록된다.

아무리 그리스도인이 되었다 할지라도, 한국인들은 이러한 전통적 사고방식을 완전히 떨쳐버리지 못한다. 그 단적인 예가 호칭에서 나타난다. 한번 장로가 되면 이름과 '장로'라는 직함은 불가분리의 관계가 되며, 심지어 시무를 중지한 후에나 교회 밖에서도 장로가 호칭이 된다. 직분이 영원한 정체성이 되는 것이다. 더욱이, 장로를 '항존직' (恒存職)으로 보는 장로교 전통과 결합될 때, 이러한 신분화가 정당시된다. 따라서 장로교회의 모체가 된 개혁교회가 인격과 직분을 구별하여, 직분자의 존경과 인정이 그의 인격 때문이 아니라 그의 사역 때문이라고 보는 교회 정치적 원리나 거기에 근거하여 직분자의 임기제를 시행하는데 거부감을 가진다. '감독이 있는 곳에 교회가 있다' 는 감독 중심적 교회관이나 장로 중심적 교회관은 차별 없이 '성도의 교제' (communio sanctorum)를 교회로 보는 사도신경의 성도 중심적 교회관과는 근본적인 차이가 있다. 사도행전 15장 23절이 보여주는 대로, 목사나 장로도 모두 한 형제일 뿐이다. 그러나 상하구별과 신분주의가 깊이 뿌리박힌 한국사회에서 장로 직이 겸손히 수용되기란 쉽지 않다.

개혁교회를 비롯한 서구교회의 경우, 유교전통에 영향 받은 한국교회의 장로 호칭은 이해될 수 없는 관습이 아닐 수 없다. 미국교회에서 장로를 부를 때는 성이 스미스일 경우 '스미스 씨' (Mr. Smith)라고 부르지 '스미스 장로님' (Elder Smith)이라고 부르지 않는다. 그는 하나의 교인이며, 그의 현재 직분이 장로일 뿐이다. 따라서 그의 임기가 끝나서 평 교인으로 돌아가면 그대로 '스미스 씨' 라고 부르기 때문에, 피차에 아무 문제가 없다. 그러나 한국교회의 경우 장로라고 부르지 않고 서구와 같이 '씨' 라고 부르게 되면 이는 큰 모욕이며 분노를 유발시키게 될 것이다. 그것은 장로와 자기를 이미 일체화시켜 버렸기 때문에, 즉 장로가 그의 영원한 신분이라는 의식이 자리 잡았기 때문이다.

이러한 문제는 다른 직분도 마찬가지다. 그 결과, 한국교회는 세계교회에 유례가 없는 직분 과잉현상을 산출하고 있는 것이다. 서구 교회에는 교회가 커도 장로 몇 명, 집사 몇 명이 있을 뿐이지만, 한국 교회는 전교인의 과반수에게 직분을 남발하고 있다. 이와 같이 직분과 신분을 혼동하는 상황에서, 장로야말로 평신도가 올라갈 수 있는 최고의 신분으로 생각하여 장로가 되기 위해 여러모로 노력하고, 한번 장로가 되면 영원히 그 신분을 유지하려고 한다. 이러한 유교적 신분주의 사고는 자연히 섬기려는 겸손한 자세보다는 지배하고 주장하려는 자만한 태도를 가지도록 만든다.

교회의 민주화

한국사회가 왕정에서 일제 시대를 거쳐 민주사회로 전환하면서, 교회에도 민주정신이 도입되었다. 사실 교회는 국가가 민주정치를 시행하기 이전부터 건전한 성경적 모범을 보여 왔으나, 독재에 항거하는 민주화운동 이후 교회에도 도전적이고 비판적인 부정적 형태의 민주정신이 유입되어 혼란을 야기하였다. 이는 주로 장로를 중심으로 독재적인 목사에 대한 저항운동 혹은 심지어 축출운동으로 전개되면서, 목사와 장로의 협력관계를 파괴하는 주된 원인이 되어왔다.

과연 기독교와 민주주의는 정치사상적으로 동일한가? 그리고 교회정치는 민주주의를 모방해야 되는가? 비록 성경적 교회관에 민주적 요소가 있으며 민주주의의 태동과정에서 만인평등을 가르치는 성경적 영향이 지대하지만, 교회의 정치원리는 여러 가지 면에서 민주주의(democracy)와 다르다. 첫째로, 민주주의는 국민이 원하는 대로 나아가지만, 교회 정치는 하나님의 뜻에 따라야 한다. 예를 들어, 민주주의에서는 국민이 원하면 정권뿐 아니라 헌법까지 모든 것을 바꿀 수 있지만, 교회에서는 교인이 모두 원한다고 해서 성경을 고치거나 교회의 주인을 바꿀 수 없다. 현대교회의 세속화는 교인들의 마음대로 교회를 운영하고 변화시킬 수 있다는 민주주의 이데올로기에 지배당함으로써 발생한다. 물론 하나님의 뜻을 이해하고 성경을 해석하는데 논란의 소지가 있지만, 성경의 가르침 대부분은 평이하고 명료하다. 그럼에도 불구하고, 목사나 장로들이 원하는 대로 교회의 방향을 바꾸어나가면 더 이상 거룩한 교회라기보다 인간들의 집단으로 전락하게 된다.

둘째로, 민주정치에서는 공직자가 국민의 결정권에 의해 선출되지만, 교회의 직분자는 하나님의 뜻에 의해 소명된다. 비록 교회도 외형적으로는 비슷하게 보이지만, 투표는 형식일 뿐이고 하나님의 소명이 결정적이다. 따라서 교회의 직분자는 선거운동도 하지 않으며, 선출되었다고 해서 교인들에게 사례를 하지도 않고 하나님께 감사하며 그의 부르심을 따를 뿐이다. 비록 장로교회는 대의정치(代議政治)를 주장하지만, 민주주의의 투표 만능주의는 성경적이 아니며, 과연 교회의 모든 직분자를 투표로 선출하는 것이 성경적인가도 재고되어야 한다. 성경은 맛디아의 선택에서만 제비를 시행하였다고 명시할 뿐, 장로나 감독이나 집사의 선택이 투표를 통하여 이루어졌다는 분명한 기록이 없다. 구약의 선지자나 신약의 사도는 하나님이나 예수님의 부르심에 의한 것이며, 그 후계자는 지명되었다. 바울이 디모데를 후계자로 지명하였으며, 디모데에게도 그 후임자의 지명을 지시하였다. 비록 혹자는 사도행전 14장 23절의 '케이로토네오'를 투표의 근거로 제시하지만, 그 성경적 용례는 '지명 한다', '임명 한다' 혹은 '안수 한다'는 뜻이다.[10] 디도서 1장 5절의 '카씨스테미'는 더욱 그러하다. 물론 현대에 지명권이 부여될 경우 악용될 소지가 있지만, 투표도 결과는 비슷하다. 많은 부정한 선출이 투표를 통해 이루어진다.

민주주의의 선거가 가지는 문제는 자기가 집단의 대표라는 우월감과 지배욕이다. 이러한 맥락에서, 장로도 예외가 아니다. 과연 장로가 교인의 '대표'(代表)인가? 한국교회의 경우, 대표적인 네 교단의 헌법에서 장로교 합동 측과 성결교는 장로를 '교인의 대표자' 라는 언급하고 있는 반면, 장로교 통합 측과 감리교는 대표라고 규정하지 않는다. 민주주의적으로 생각하면 장로가 교인 30명당 한 사람씩 선출되었으므로 30명의 대표라고 볼 수 있으나, 교회에서는 전체적인 장로의 수를 제한하려는 목적일 뿐 대표가 아니라 일꾼을 선출하는 것이다. 따라서 선출구역이나 대표하는 교인들을 분리하여 규정하지 않는다. 구약에서도 백부장이나 천부장 같은 대표들과 장로들은 구별되었다. 실은 만인평등사상에 근거한 민주주의에서 선출된 대표들이 우월의식을 가지고 군림하려는 것 자체가 비민주적이며 봉건적인 사고로서, 올바른 민주정신을 가진 피선자는 당연히 섬기는 종의 모습을 가져야 하지만, 권력이 국민에게서 나온다는 민주주의적 사고는 흔히 장로에게 권력의식을 가지게 함으로써 겸손한 성경적 사고에서 이탈하게 만든다.

더욱이, 삼권 분립적 사고에서 장로가 자신을 국회의원과 같이 생각하는 경우 심각한 상황으로 발전된다. 국회가 국민의 대표로서 대통령과 행정부를 견제하듯이 장로가 목사를 견제해야 된다는 사고

---

10) *BAGD* 881, "On the other hand, the presbyters in Lycaonia and Pisidia were not chosen by the congregation"; *TDNT* IX: 437, "The reference is not to election by congregation. The presbyters are nominated by Paul and Barnabas and then with prayer and fasting they are instituted into their office."

는 교회의 발전을 저해하고 교회의 혼란과 분쟁을 야기한다. 물론, 목사가 무리하게 독주하는 경우 장로들이 말려야 하지만, 한국의 국회의원들 같이 대통령의 지지자들과 반대자들로 나뉘어 무조건 한편은 지지하고 한편은 반대하는 형국이 된다면, 더 이상 장로의 직분을 올바로 감당할 수 없다. 그런데, 오늘날 상당수의 교회들이 그와 같은 상황에 있다.

셋째로, 민주주의에서는 주인이 국민이라는 주권재민사상에 근거하지만, 교회에서는 교인이 아니라 예수님만이 주인이다. 교회는 그리스도의 몸으로서, 머리의 명령에 따라 일하는 행동기관이다. 오늘날 세속화된 장로들은 자신들이 교회의 주인이며 목사는 일시적 피고용자라고 생각하며 '주인의식' 을 강조한다. 섬기는 '종의식' 을 가져야 할 장로들이 '주인의식' 으로 가득 차 있다면, 과연 그 교회가 주님의 교회라고 할 수 있겠는가? 이러한 주인의식은 교회를 인간들의 집단으로 전락시키고 집단적 이기주의를 조장하며 지체의식을 상실하고 개교회주의에 빠지도록 만든다.

자본주의의 영향

현대 한국사회는 모든 면에서 자본주의의 영향을 받고 있으며, 교회도 예외가 아니다. 성경이 장로의 자격을 규정하고 있지 않기 때문에 디모데전서 3장 1-7절에 기록된 감독의 자격을 차용하여 사용하는데, 거기에는 경제적 능력을 요구하고 있지 않다. 오히려 '돈을 사랑하지 않는' 사람이어야 한다는 규정이 있을 뿐이다. 그러나 경제적 능력이 그 사람의 능력 지표로 인정되는 현대의 자본주의 사회에 있어서, 장로에게 경제적 능력이 요구되는 것은 부인할 수 없는 현실이다. 물론 부자라고 해서 무조건 장로가 되는 것이 아니며 다른 요건들도 고려하지만, 오늘날과 같이 교회가 지나치리만큼 거대한 예산을 집행하며 모두 교인의 헌금에 의존해야 되는 상황에서 경제적 능력은 불가피한 조건으로 인식되고 있다.

따라서 대개 경제력을 갖춘 사람이 장로로 선출되며, 경제적인 능력이 부족한 장로는 특히 예산과 관련된 문제에 있어서 소외당하거나 스스로 침묵하는 경우가 많다. 이런 경향은 자연히 교회를 회사와 같이 생각하고 장로는 대주주와 같은 책임과 권리를 행사하게 되며, 무의식적으로 교회에 대한 '소유의식'을 가지게 만든다. 따라서 교회 재정을 사용하는데 간섭하고 조종하게 된다. 이와 같이 과민한 재정 참여는 역시 무리하게 재정을 주관하려는 목사와 충돌하게 만드는 주요한 원인이 되고 있다.

성경적으로, 헌금은 본래 집사가 관장하도록 되어 있다. 초대교회의 헌금은 사랑을 실천하는 구제헌금이었으며, 그 분배를 위해 집사 제도가 출범하였다. 그리고 이런 집사의 재정관리와 분배는 교회사적으로 주된 전통이 되어왔으며, 지금도 많은 서구교회들이 재정관리를 철저히 집사들에게 맡기고 목사나 장로는 이에 개입하지 않는다. 헌법에서 규정한 장로의 직무 어디에도 재정관리가 들어 있지 않다. 단지 감리교 헌법에서 '장로는 교회의 재정 유지에 힘쓴다'고 규정하고 있는데, 이것도 재정관리나 집행과는 구별되어야 한다. 물론 현대와 같이 교회의 재정이 복잡하고 비대해진 상황에서 장로가 재정에 무관심해서는 안 되지만, 장로가 지나치게 교회재정에 민감하거나 간섭하는 것은 성경적으로나 교회법적으로 정당화될 수 없으며 자본주의적 영향으로밖에 볼 수 없다.

젊은 장로의 출현

현대사회가 경제 중심적 사회로 전환되면서 어른을 존경하던 과거의 전통이 점차 사라지게 되었으며, 교회의 지도력도 노년층에서 장년층 혹은 중년층으로 낮아졌다. 이런 경제 중심적 사고가 젊은 장로들의 출현을 부추긴 것이다. 20세기 후반 한국이 산업화되고 경제가 급성장하면서 장로의 연령이 낮아지기 시작하였다. 과거에 장로들은 연세가 많은 분들이었으나, 오늘날은 연령기준이 30세까지 낮아지게 되었다. 물론 30대나 40대의 장로들이 활력적이고 적극적인 면을 가지고 있으나, 젊은 장로들의 출현은 성경적 원리보다 세속정신의 유입에 의한 것이라고 판단되며, 따라서 많은 문제들이 교회 안에 발생하게 되었다.

본래 장로란 구약의 '자켄' 이든 신약의 '프레스뷔테로스' 이든 모두 백발의 '노인' 이라는 뜻이다. 따라서 '젊은 장로' 란 말 자체가 자체 모순을 내포하고 있는 말로 성립될 수 없다. 심지어 현대의 사회적 변화를 고려한다 할지라도 30대의 장로란 성경적 의도와는 거리가 멀다. 젊은 장로의 출현은 여러 가지 문제들을 발생시켰다. 첫째, 사회가 경제적 생활력을 중심으로 노인을 무시하고 부담스러워하는 세속적 풍조를 교회 안으로 끌어들이고 정당화하는 제도적 장치가 되었다. 교회에서 노년층은 소외당하고 정상적으로 장로직을 감당할 수 있는 노년에 도달한 장로는 은연중 퇴출 대상으로 인식되기 시작한다. 둘째, 젊은 장로의 출현은 동년배 혹은 연상의 집사들을 실망시켜 교회봉사를 약화시키는 원인이 되고 있다. 특히, 우리와 같이 계급적 신분주의가 강한 사회에서 50대 집사에게 30대 장로는 부담스럽고 자존심 상하는 존재일 수 있다.

더욱이, 가장 문제가 되는 것은 젊은 장로들의 미숙성이다. 성경에서 노인을 장로로 임명한 것은 백발의 노인이 가지는 오랜 경륜에서 오는 심오한 지혜와 온유한 덕성과 원숙한 신앙 때문일 것이다. 젊은 장로에게는 그런 것을 기대하기 어렵다. 활력과 열심은 있으나, 일반적으로 지혜가 부족하고 혈기가 많으며 신앙이 미숙하다. 따라서 교인들을 덕스럽게 지도하고 돌볼 능력이 부족할 수밖에 없다. 장로의 주요한 직무는 교인들을 돌보고 섬기는 것이다. '치리 한다' 든가 '감독 한다' 든가, 또는 '다스린다' 는 표현이 세속적 사고에서는 '지배한다' (rule) 혹은 심지어 '군림한다' (dominate)는 뜻으로 오해될 수 있지만, 그 성경적 의미는 오히려 '형편을 살핀다', '관심을 가진다', '돌보아준다' 또는 '사랑으로 이끌어준다' 는 뜻이다. 장로는 목사가 교인들을 다 돌볼 수 없기 때문에 목사를 도와 교인들을 심방하고 관심을 베풀며 대화하고 도와주는 봉사자들인 것이다. 그런 일을 하려면 교인들보다 덕성이나 신앙에서 원숙해야 한다. 그뿐 아니라, 젊은 장로의 관심은 연령의 성격상 교인들을 돌보는 자상한 일보다 사업과 조직에 더 관심을 가지게 되며, 따라서 장로 본연의 직무보다 교회 업무와 회의에 치중하게 된다. 더욱이, 젊은 장로는 아직 혈기가 강하고 지혜가 부족하기 때문에 단순한 열심으로 목사나 다른 장로와 충돌하거나 과격하게 행동할 위험을 상대적으로 더 많이 가지고 있다.

영광스러운 장로

그리스도의 구속이 완전히 실현되기 위하여 그의 몸 된 교회는 성령의 도우심을 따라 힘차게 발전해야 하는데, 장로는 교회를 세우는데 있어서 중심적인 직분이다. 따라서 요한이 환상 중에 하늘에 갔을 때 하나님 보좌 주위에 24장로의 보좌가 있음을 보았다. "또 보좌에 둘려 이십사 보좌들이 있고 그 보좌들 위에 이십사 장로들이 흰옷을 입고 머리에 금 관을 쓰고 앉았더라"(계 4:4). 올바른 장로는 성도의 이상이며 교회의 기둥으로서, 영광이 약속되어 있다. 장로는 세속적인 지배자나 권력자와 달리 목사를 도와 덕과 사랑으로 교인들을 감화시키고 교회의 화평을 도모하며 형제들을 돌보고 세워나가는 교회의 겸손하고 온유한 봉사자들로서, 주님의 몸된 교회를 위해 고난과 수고를 자취하는 충성스럽고 헌신된 어른들이다. 따라서 성경과 교회사가 증거 하는 대로, 올바른 장로의 몰락은 교회의 몰락을 결과하며, 교인들에게 존경받는 덕스러운 장로의 존재는 교회의 평화와 성장을 가져온다.

실로, 장로가 그토록 교회에서 중요하기 때문에, 장로의 순종 여부에 따라 교회의 발전이 좌우된다. 예수님 당시 누구보다도 그리스도를 영접해야 될 장로들이 소위 '장로들의 유전'(遺傳)을 '하나님의 말씀' 보다도 더 중시하여 그를 배척하고 십자가에 못박는데 앞장섰다. 장로들은 세속적 직업과 훈련을 받았기 때문에 하나님의 말씀보다 세속적 상식과 인간적 전통을 더 중시하기 쉽다. 이를 극복하고 세상의 지혜가 아니라 하늘의 지혜를 추구하는 것이 올바른 장로의 길이다.

장로의 세속화는 교회의 세속화를 반영한다. 따라서 여기 지적된 장로의 문제는 대부분 목사나 다른 직분에도 그대로 적용될 수 있다. 어느 시대나 어느 상황에서나 교회는 세속화의 위험에 직면해 있으며, 세속적 영향을 막아내지 못하면 교회가 부패하고 퇴보하게 된다. 물론, 교회는 새로운 시대에 창조적으로 적응하며 발전해야 되지만, 세속정신에 복속해서는 안 된다. 교회는 항상 성경적 원리로 돌아가 자신을 세속적 영향에서 돌이키고 개혁해나가는 노력을 게을리 하지 말아야 할 것이다.

9

목회자 탈진의 신학적 원인

의사들은 위기감을 느끼며 파업을 강행하고 있다. 수많은 의대 졸업생들이 해마다 쏟아져 나오고 시민들의 위상이 높아지면서 의사들이 과거에 누렸던 부와 영광을 상실해가고 있기 때문이다. 목회자들의 상황은 어떠한가? 그와 비교될 수 없이 열악한 형편이다. 수많은 신학교 졸업생들이 해마다 쏟아져 나와 포화상태를 넘어섰으며, 과거의 존경과 권위는 전반적으로 크게 실추되었다. 그러나 목회자들은 파업도 할 수 없다.

신학교의 난립과 급격한 신학생 증가는 이미 오늘날의 심각한 문제를 예고하고 있었다. 더욱이, 10년마다 배로 증가하던 한국교회 성장이 1990년대에 접어들면서 정체를 보이자, 많은 신학교 졸업생들이 청빙을 받지 못하고 개척교회 밖에 진로가 없었으나, 대부분 존립의 위기 속에서 눈물과 한숨으로 매일 새벽을 적시고 있다. 오늘날, 교인들이 크고 화려한 교회로 몰리고 개척교회나 소형교회에 등을 돌리고 있어서 교회에도 부익부 빈익빈의 현상이 나타나고 있다. 한편, 신세대의 등장과 함께 구세대 목회자들은 적지 않게 조기은퇴의 압력을 받거나 교회유지에 힘들어하고 있다. 오직 시대적 요구를 충족시키는 소수의 인기 있는 목회자들을 제외하고는 대다수의 목회자들이 교인들의 불만에 시달리며, 심지어 상당수는 직간접적인 사임요구에 직면하고 있다. 이러한 상황에서 목회자의 탈진은 이상한 일이 아니다.

한 친구 목사가 늦은 밤에 찾아와 이렇게 말했다. "내가 차를 운전하고 오는데 이대로 어디론가 한없이 가고 싶은 마음이 들었다." 나는 그 말을 들으며 마음이 아팠다. 하나님의 소명을 받고 이 길에 들어선 목회자는 일단 안수를 받으면 뒤돌아설 수 없다. 전후좌우가 다 막힌 절망적 상황에서도 포기할 수 없으며 전업할 수도 없다. 이러한 배수진 때문에 상황이 어려워질수록 더욱더 안간힘을 쓰지만 더 깊은 늪으로 빠져들기도 한다. 현대는 고도의 경쟁적인 시대로서 전문직은 모두 탈진의 위험을 가지고 있으나, 목회자는 하나님 앞에서 느끼는 죄책감이 더 가중된다.

탈진(脫盡, burnout)은 과로에서 오는 스트레스와 달리, 자신감과 희망을 상실하는 현상이다. 기대와 현실이 심각한 차이가 반복되면 자신감을 상실하게 된다. 전력투구하여 그토록 헌신하고 노력했는데 아무런 결과도 없을 때, 심지어 최소한의 기대도 이루어지지 않을 때, 그리고 아무 보람도 정당한 보상도 주어지지 않을 때, 자신의 무능을 절감하게 되며 모든 것을 포기하고 싶은 상태에 빠지게 된다. 그래도 다시 힘을 내어보지만 이제 더 이상 의욕이 일어나지 않는 상태가 되면 탈진되었다고 말한다. 영어로는 타버렸다는 뜻이다. 물론 대부분의 목회자들은 그런 상황에서도 목회를 포기하지 못하고, 열정을 잃어버린 채 무기력하게 혹은 위장된 방식으로 목회생활을 영위해 나간다.

오늘날 교회성장의 실패가 탈진의 가장 일반적인 원인이지만, 그 뒤에는 보다 근본적인 문제들이 숨어 있다. 흔히 거론되는 원인들로는 완전주의적 사고를 가지고 자기에게 초인적 능력과 성자적 모범을 요구하는 정체성의 문제, 자기가 모든 것을 해야 되고 자기가 아니면 안 된다는 사고를 가지고 자기를 혹사하며, 동역자들과 원만한 업무분담과 협조관계를 유지하지 못하고, 모든 일을 무리하게 추진하는 행동방식의 문제, 분명한 근무시간이나 업무내용이 명시되어 있지 않은 직책상의 문제, 그리고 부부관계나 자녀문제로 인해 자괴감을 가지게 되는 가정적인 문제가 있다. 그러나 여기에서 결코 간과할 수 없는 보다 근본적인 원인 가운데 신학적인 원인과 혼란이 있다.

신학무용론

인류 역사상 종교 지도자는 정치 지도자와 함께 인류사회를 이끌어온 엘리트로서 고도의 훈련과 자질이 요구되었다. 특히, 기독교 지도자는 신학교육이 필수화되었으며, 신학은 모든 학문의 여왕으로 군림해 왔다. 더욱이, 현대는 전문화의 시대로서 모든 직종에 전문성이 요구되고 있는 상황에서 목회자는 보다 더 우월한 교육을 필요로 한다. 그런데 이상한 현상은 가장 전문적이어야 하는 목회자들 사이에서 학문의 필요성을 경시하고 목회의 성공이 신비한 영적 능력이나 성장술 모방에 의존한다고 생각하는 비합리적인 신학무용론이 만연되어 있다는 사실이다. 물론 이런 신학적 불신은 콘텍스트를 무시한 일부 신학교육에도 기인하고 있지만, 보다 근본적인 원인은 신학교의 저질화에 있다. 다른 학문수준이 크게 상향되고 있는 오늘날, 이런 현상은 목회자의 사회적 위상을 크게 떨어뜨리고, 그 대가는 목회자들 자신이 치르게 된다.

물론, 신학에 대한 경시와 신학무용론은 교회분열에 그 근본적 원인이 있다. 만일 분열이 없었다면, 신학교육은 크게 발전하고 적당히 목사안수를 주는 일은 없었을 것이다. 또 하나의 중요한 원인은 교회성장주의에 있다. 방법 여하에 관계없이 교회를 성장시킨 목회자가 인정받고 있는 현실에서, 그릇된 신학이나 윤리적인 문제는 중시되지 않는다. 따라서 신학교육은 형식적 과정이 되고 교회 성장술에 모든 관심이 집중된다. 신학의 경시는 원칙을 무너지게 만들고, 무원칙한 성장주의는 교회 내외의 비판에 직면하게 되며, 급기야는 교회의 부정적 인식이 성장의 중단과 감소를 야기하게 된다. 본래 신학교육은 일반교육보다 한 단계 높은 수준을 유지하였으나, 무인가 신학교의 범람은 대학 수준에도 못 미치는 학력의 목사들을 양산하여 목회자의 사회적 위상이 급격히 추락하였다. 이러한 교육미비는 자연히 사회적 무시와 목회자 자신의 열등감을 초래하고, 이는 적지 않게 목회자의 탈진을 가져오는 구조적 원인이 되었다.

설교에 대한 불만

개신교 목회자에게 있어서 설교는 매우 중요하다. 설교는 하나님의 말씀으로 청종되며 교회생활과 예배의 중심에 있기 때문에, 교인들은 설교에 집중한다. 따라서 설교에 만족하지 못하게 되면 목회자와 교회에 실망하게 된다. 교인들에게 목회자에 대한 만족도를 조사한 결과 88.3퍼센트가 설교를 잘할 때 만족한다고 답변하였으며, 따라서 목회자도 우선순위의 88퍼센트를 설교에 두었다. 교회를 떠나는 이유 조사에서도 이사를 제외하고는 설교에 대한 불만이 가장 높았다. 이러한 조사결과는 목회자의 성패를 좌우하는 관건이 설교에 있다는 사실을 보여주며, 따라서 목회자가 자신감을 잃어버리고 탈진에 빠지는 근본적인 원인이 설교의 실패에 있다고 하여도 과언이 아닐 것이다.

그러므로 모든 신학교육은 주로 설교를 잘할 수 있는 능력을 계발하는데 집중되어 있다. 설교는 종합예술로서, 성경신학뿐 아니라 조직신학, 윤리학, 교회사의 훈련을 필요로 하며, 설교를 작성하고 전달하는 설교학이 결합되어 한 편의 위대한 설교가 탄생한다. 미국이나 유럽의 목회자들이 한 주에 2편의 설교만 준비하면 되는데 비해, 한국의 대다수 목회자들은 매주 10편 이상의 설교를 준비해야 된다. 따라서 서구의 목회자들보다 더 설교준비에 유능해야 한다. 그러나 현실은 그렇지 못하다.

설교는 오늘 여기 설교를 들으러 모여든 청중들에게 주시는 하나님의 말씀이어야 한다. 그러나 마치 바울서신이 바울의 말이면서 동시에 하나님의 말씀이듯이, 설교는 인간의 말이면서 동시에 하나님의 말씀이다. 예수님도 사도들도, 그리고 선지자들도 더 이상 우리 곁에 있어 우리의 질문에 직접 답변해주지 않기 때문에, 과거 2천 년 혹은 3천 년 전의 특정 공동체에게 주셨던 성경말씀으로부터 현재 당면한 문제에 대해 자기 교회에 주시는 하나님의 말씀을 알아내야 하는데, 그것은 실로 난해한 작업이 아닐 수 없다. 하나님의 도구가 되어 하나님의 말씀을 받고 선포하는 이 위대한 직무는 결코 기계적으로나 신비적으로 주어지지 않고 설교자의 노고와 헌신을 통해 이루어진다. 오늘

여기에 주시는 하나님의 말씀을 성경으로부터 추출하여 설교문을 창조하기 위해서는 성경에 대한 통전적이고도 심오한 이해가 필요하며, 현실의 콘텍스트에 정통하기 위해서는 현실세계와 사상에 대한 해박한 지식과 심층적 분석능력이 요구된다. 더욱이, 설교는 한 주제에 대하여 성경에 기록된 몇 마디가 아니라 장시간 설득력 있게 설교해야 되기 때문에 문학과 수사학적 능력이 요구된다. 그리고 여기에 성령의 감화가 추가되어야 성공적으로 하나님의 말씀을 교인들의 마음에 전달하고 변화와 결단을 이끌어낼 수 있는 것이다.

그러나 고도의 신학적 훈련과 폭넓은 지식이 없이는 성공적인 설교를 창조할 수 없다. 설교의 형식과 내용에서, 본질적인 것은 내용이지만 그것을 담아 전달하는 형식 또한 성공 여부에 결정적이다. 캘빈이 지적한 대로, 진리는 청중이 이해할 수 있는 언어와 논리로만 전달될 수 없다. 그래서 설교자의 형식과 청중의 형식이 일치해야 한다. 그런데, 오늘날 설교자와 청중의 형식 사이에 괴리가 점점 벌어지고 있다는 안타까운 현실에 직면하고 있으며, 따라서 교인들의 설교 만족도가 갈수록 떨어지고 설교자에 대한 불만으로 연결되면서, 목회자들은 점점 더 무력감과 열등감에 빠져 탈진의 중요한 원인으로 작용하고 있다. 이것은 청중의 교육수준이 급격히 상승한 반면, 목회자의 교육수준은 상대적으로 하락하면서 발생한 언어형식의 괴리현상이다. 대졸이상이 1975년에 25세 이상 인구의 5.8퍼센트였으나 1995년에는 19.7퍼센트로 급증하였으며, 사실상 오늘날의 청년들은 거의 반수가 대학교육을 받고 있다. 한편, 동일한 기간에 목회자 교육수준은 상대적으로 하락하였다. 교인들의 수준은 올라가는데 목회자의 수준은 상대적으로 낮아지면서 언어와 사고의 형식이 맞지 않고, 따라서 상당수의 지성적인 교인들은 설교자를 찾아 방황한다. 실로, 요즘 정보화시대를 맞아 모두 영어와 컴퓨터를 배우느라 열심이지만, 목회자들은 큰 관심이 없다. 국민의 반수가 인터넷을 사용하고 있는 오늘날, 인터넷을 제대로 이용하는 목회자는 반의반도 되지 못한다. 물론 모든 문화를 추종할 필요는 없지만, 문화적인 형식을 거부하면 효과적인 의사전달에 성공할 수 없다.

교회의 주인의식

교회는 그리스도의 몸이며, 그리스도는 교회의 주인이다. 그러나 오늘날 상당수의 목회자들은 경쟁적인 상황에서 이론적으로나 실천적으로 그릇된 교회관을 가지고 있으며, 이러한 신학적 혼란이 목회자의 탈진을 유발하는 원인이 되기도 한다. 자기 전세금을 가지고 건물 보증금을 주고 개척하여 교회당을 애써 건축하고 교회를 성장시킨 목회자에게 있어서, 교회는 그의 분신이며 전부여서 무의식적으로 교회의 주인의식을 가지게 되며 그 권리를 사수하게 된다. 그러지 않은 경우라도 일생을 바쳐 목회한 교회에 집착하게 되는 경우가 허다하다. 마치 사장이 회사를 건설해 나가듯이 자기의 모든 것을 바쳐 교회를 이루어나간다. 물론 이론적으로 그리스도의 주인 되심을 부인하는 경우는 거의 없지만, 실제로는 강한 소유의식과 주인의식을 가진다.

주님에게 충성하는 것과 교회의 주인의식에는 어떤 차이가 있을까? 주인에게 충성하는 사람은 주인의 말에 복종하지만, 주인은 자기 마음대로 하게 된다. 주인에게 충성하는 사람은 다른 종들과 협조하지만, 주인은 독단적으로 결정하고 주장하게 된다. 그리고 주인에게 충성하는 사람은 주인의 소유에 욕심을 가지지 않지만, 주인은 자기의 것에 대해 강한 집착을 가진다. 오늘날의 자본주의 사회에서 소유의식은 끝없는 경쟁을 유발시키고 경쟁자들에게 지지 않기 위해서 쉬지 않고 뛰게 만든다. 이런 현상을 일 중독증(workaholic)이라고 부르는데, 소유의 증대와 경쟁에서의 승리를 위해 과도하게 일에 집착하는 정신병적 증상으로서, 주인의식을 가진 목회자도 예외가 아니다.

이런 주인의식은 교회행정에도 부정적 영향을 미치며, 인간관계의 실패와 행정에 대한 반발로 목회자의 탈진을 유발시키기도 한다. 교회를 떠나는 이유 가운데 설교 다음은 교회행정에 대한 불만이었다. 주인의식은 자연히 권위주의와 독재를 결과하며, 민주의식이 강한 현대인으로부터 강한 반발을 받게 된다. 캘빈은 목회자의 가장 중요한 사명이 교회의 하나됨을 지키는데 있다고 보았는데, 그러기 위해서는 온유한 태도와 인내하는 마음이 필수적이다. 그런데, 그것은 다른 직분자와의 평등성과 주님의 뜻을 공동적으로 추구하는 교회관과 목회자의 역할에 대한 올바른 이해에서만 가능하다.

올바른 교회관은 사도신경이나 니케아신경 등이 고백하는 대로 하나의 우주적 교회이며, 개 교회는 교회의 지체에 불과하고 모든 개 교회들은 한 몸을 형성하는 동료지체이며 형제교회들이다. 그러나 현대의 경쟁체제는 이웃에 있는 교회를 경쟁 상대자, 나아가서 적대자로 인식하는 중대한 오류를 결과하였다. 그에 따라 그리스도의 주되심과 교회의 하나됨이 후퇴하고, 그 대신 개교회의 독립성과 배타성이 부상하고 있으며, 그 중심에는 목회자의 주인의식이 있다. 교회에는 여러 직분자가 있으며 각자에게 위임된 사역들이 서로 다르다. 심지어 사도들도 교회업무가 확장되자 합리적으로 집사들을 세워 재정과 구제를 위임하였다. 물론 목회자가 교회의 전체적 지도자인 것은 사실이지만, 상하의 개념은 성경적이 아니다. 우리 한국교회는 교회전통에 없는 서리집사 제도를 대거 도입함으로써 가톨릭과 같은 직분의 계급제도가 정착되었으며, 이는 목회자를 자연스럽게 최고책임자로 부상시켰고 교회의 주인의식을 가지도록 조장하였다. 이런 지배적 위상과 경쟁체계는 자연히 쉴 수 없는 책임감과 과중한 업무로 시달리게 만들 수밖에 없고, 자연히 탈진을 유발할 수 있다.

성령론의 혼란

여의도 순복음교회의 신화적 성장은 많은 목회자들의 부러움이 되었고, 교회의 분열로 인해 신학적 통제가 불가능해진 상황에서 전통적인 방식으로 교회성장을 이룰 수 없다고 생각한 목회자들은 교파를 초월하여 은사운동에 합류하였다. 한 존경하던 목사님이 교회성장에 한계를 느끼던 때 신체적 고통을 당하자, 그동안 신비주의 비판에 앞장섰던 입장을 버리고 갑자기 은사파로 돌변하는 것을 보고 큰 충격을 받은 경험이 있다. 많은 목회자들이 그런 유혹을 받고 신유와 안수를 도입하였으나 대부분 성장에는 큰 도움이 되지 못하였다. 대부분의 대형교회들이나 성장에 성공한 교회들은 전혀 은사운동과 관계없이 성장하였으며, 오늘날 은사운동은 쇠퇴하고 주변으로 물러났다.

여기서 우리는 성령론에 대한 신학적 혼란을 본다. 과거 고린도교회에서 일어났던 은사운동의 혼란에서 보는 것처럼, 은사를 신비적 은사로 제한하고 사랑과 믿음과 소망과 같이 더 좋고 귀한 은사를 무시하는 풍조가 일어났으며, 정상적인 성령의 열매보다 은사의 능력에 매달린 나머지 교회의 건전한 발전과 건설보다 분파적이고 부정적인 시위를 결과하였다. 그것은 하나님을 혼란스러운 존재로 오해하고, 성령님을 우리가 섬겨야 될 인격적 하나님이라기보다 자기의 목적을 위해 이용하는 도구로 인식하는 잘못을 범하였다. 은사운동은 한국사회에서 교회에 대한 부정적 인식을 일으키는데 공헌하였으며, 정상적인 성경적 목회방식보다 비정상적인 목회자를 양산하여 사회적 거부감을 확산시켜 교회의 정체를 가져오게 만든 원인이 되기도 하였다.

목회자에게 있어서 성령님은 절대적으로 의지하고 믿어야 하는 분이다. 왜냐하면 그가 교회를 인도하고 자라게 하며 힘주시는 분이기 때문이다. 목회자는 그분의 인간 사역자이다. 목회자는 교인들을 한 주에 한 번밖에 보지 못하며 그것도 개인적으로 모두 만나지 못하지만, 성령님은 일주일 내내 그리고 24시간 항상 개인적으로 함께 하며 지도하고 위로하고 자라게 하고 도와주신다. 교인과 교회의 성장과 발전은 목회자의 힘으로 되지 않는다. 성령님이 거의 모든 목회를 하시며, 목회자는 극히 일부를 담당할 뿐이다. 그러므로 성령님을 진실로 믿고 의지하는 목회자는 마음 편하게 그리고 여유 있게 목회에 임할 수 있는 것이다. 염려하는 것은 불신의 결과이며, 스스로 모든 짐을 지고 혼자서 목회를 좌우한다고 생각할 때는 쉬지 못하고 노심초사하게 되며 결국 탈진에 빠질 가능성이 많다.

역사의식의 결여

이 세계의 역사는 하나님의 나라를 건설하는 구속사의 방향으로 진행하며, 목회자는 그러한 역사를 이루는 거대한 사역의 지휘관들이다. 개교회의 부흥도 중요하지만, 거시적 역사관을 가져야 그 임무를 올바로 감당할 수 있는 것이다. 교회는 그리스도의 몸으로서, 머리가 지시하는 대로 움직여야 한다. 만일 어떤 교회가 스스로의 목표를 가지고 독자적인 결정에 의해 나아간다면, 하나님의 나라에 역행하는 반역적 결과를 초래할 수도 있다. 따라서 소부대를 지휘하는 목회자는 항상 상부의 전략과 전투명령을 기다리고, 그에 따라 움직여야 한다. 이러한 거시적 역사의식의 결여는 목회자로 하여금 자기에게 모든 결정권과 책임이 있다는 중압감을 가지게 되고, 자기가 실패하면 모든 희망을 상실한 채 좌절에 빠질 수도 있다.

완성의 관점에서 현재를 보는 종말론적 사고는 어떤 상황에서도 희망을 가지게 만든다. 그리고 역사의 주인이 그리스도이며, 이미 승리가 보장되어 있다는 종말론적 확신은 부분적 실패를 전부로 생각하지 않는 자신감과 믿음을 준다. 하나님은 악도 선으로 바꾸고 실패도 성공으로 전환시키는 분으로서, 우리에게는 궁극적 승리가 보장되어 있다. 또한 역사의 진행에 따라 때를 얻을 수도 있고 얻지 못할 수도 있다. 심지어 예수님에게도 유다와 같이 배신하는 제자가 있었으며, 하나님을 거스르는 사람들도 헤아릴 수 없이 많았다. 하물며 목회자가 모든 일에 성공할 수 없으며, 따라서 역사의 흐름과 사회적 변화에 역행하는 무리한 기대를 버릴 필요가 있다. 노력한 대로 성공의 열매가 돌아온다고 생각하는 것은 너무 단순한 기계론적 사고이다. 역사는 보다 복잡한 원리에 의해 결정된다. 경건한 노력에는 십자가와 고난이 있으며, 거룩한 작업에는 사단의 상응하는 역공이 있기 마련이다. 목회자는 고난과 좌절을 예상해야 한다. 그러나 그것을 궁극적인 승리의 구도에서 긍정적으로 이해하고 고난 속에서도 기뻐해야 한다.

목회자의 섬김이 중요하지만, 역사를 주관하는 분은 하나님이다. 물론 하나님이 인간의 순종과 노력을 이용하지만, 개교회의 성장도 근본적으로는 하나님에 의해 결정된다.

그릇된 소명 이해

목회자의 소명을 받았다고 생각하는 사람들이 신학교에 입학한다. 그러나 주관적인 느낌은 교회를 통해 검증되어야 한다. 목회자를 찾고 있는 교회에 지원하는 사람들은 대부분 거기에 소명감을 느끼기 때문일 것이지만, 교회가 검증하여 한 사람만을 선택하는 것이다. 교회는 그리스도의 소유로서 아무나 교회를 위해 일할 수 없고 오직 위임된 자만이 감히 교회를 봉사할 수 있다. 주님의 뜻은 성령의 역사로 교회를 통해 나타난다고 믿기 때문에, 주의 종은 항상 주인의 인사명령에 따라 움직일 각오를 가지고 봉사해야 한다. 따라서 목회자가 교회나 기간을 선택하는 것이 아니라, 교회가 목회자를 선택하고 기간을 정한다는 사실을 겸허히 인정하고 위임된 기간 동안 충성하면 되는 것이다. 교인들의 과반수가 원하지 않는데 교회에 남아 있으려고 고집하는 것은 더 심한 자괴감을 줄 수 있으며 치명적인 탈진에 빠질 수도 있다.

한편, 목회의 소명만을 하나님의 소명으로 이해하는 것도 큰 문제를 결과한다. 모든 그리스도인에게는 교회의 소명 외에 가정, 국가, 사회단체 등 다양한 조직에서 감당해야 될 여러 가지 소명들이 있으며, 모두 하나님의 뜻이기 때문에 어느 하나의 소명에만 치우쳐 다른 소명에 불충실하게 되는 과오를 범해서는 안된다. 목사의 소명에만 치우쳐 아버지나 남편으로서의 소명을 등한히 하면 가정의 실패로 심한 고통을 유발시켜 목회에 대해서도 자격이 없다는 자책과 함께 치명적인 탈진을 결과할 수도 있다. 통계적으로 많은 목회자의 탈진이 가정적인 문제에서 발생한다. 실로, 하나님께서 우리에게 여러 공동체를 주신 의도는 상호 보완작용을 하면서 하나님의 나라를 보다 확고하고 건실하게 이루어나가기 위함이라고 생각된다. 목회에서 성공적이지 못하다고 할지라도 가정의 위로와 행복이 있으면 극복할 수 있으나, 가정의 실패는 어느 정도 목회에서 성공적이라 할지라도 결국 탈진을 유발하게 된다. 탈진연구의 전문가들은 무엇보다 개인적 후원그룹을 가지라고 권고한다. 감정적으로 또는 전문적으로 의논하고 격려를 받을 수 있는 일단의 적극적 후원자들이 있다면 어떤 어려움도 극복해 낼 수 있다는 것이다.

휴식을 거부하는 목회자

인간은 유한한 존재로서, 정신과 육체의 휴식을 필요로 한다. 따라서 하나님은 창조 시에 안식일의 명령을 통하여 인간에게 휴식의 의무를 부과하였다. 인간은 매일 충분한 수면과 여가를 통하여, 그리고 매주일 하루의 철저한 안식을 통하여 영혼과 육체가 피로를 해소하고 새로운 활력을 얻어 힘차게 살아갈 수 있으며, 충분한 휴식을 취하지 못할 경우 피로가 누적되어 결국 질병과 무기력에 빠지게 된다. 목회자의 탈진은 충분한 휴식을 거부하기 때문이며, 이것은 하나님의 명령을 거부한 자연적 형벌이다.

한국의 목회자들은 새벽기도 제도로 인해 충분한 수면을 취하지 못한다. 조사에 의하면, 평균 5-6시간의 수면을 취할 뿐인데, 의학적으로 성인은 8시간 정도의 수면을 필요로 한다. 수면부족은 자연히 피로를 누적시키고 효과적인 활동을 어렵게 만들며 만성피로에 지치게 된다. 더욱이, 매주 목회자의 휴식일인 월요일에도 제대로 쉬지 못하고 분주하며 상당수는 목회를 계속한다. 그뿐 아니라, 일년에 한번 주어지는 휴가를 제대로 즐기는 목회자도 소수에 불과하다.

탈진을 방지하는 방법으로 적극 권장되는 방안은 취미생활이다. 목회자는 스포츠나 건전한 게임, 예술, 등산 등의 취미생활을 지속적으로 유지하여 정신적 휴식을 취할 필요가 있으며, 자연을 즐기고 한가한 시간을 가질 필요가 있다. 그리고 가족이나 친구들과 취미생활을 즐기는 가운데 목회에서 오는 정신적 스트레스를 해소하고 새로운 활력을 얻어야 한다. 상당수의 목회자들은 취미생활에 죄책감을 느끼고 휴식을 나태나 불충으로 생각하여 거부하지만, 그것은 인간의 제한성을 거부하는 잘못이다. 아무리 일하고 싶어도 인간에게는 24시간밖에 주어져 있지 않으며, 충분히 휴식하지 못하면 더 오래 일하지 못하게 된다. 자기를 초인적 존재로 생각하는 것은 교만이다. 성경의 인간관을 겸허히 받아들이고 우리가 가능한 한계 내에서 충성할 때, 더 오래 그리고 더 효과적으로 봉사할 수 있다.

목회자의 길

현대의 경쟁적 사회에서 목회자가 가는 길은 험난하고 피곤하다. 자기에게 지나친 기대를 하지 말고 성실하게 자기에게 주어진 시간과 체력과 능력의 한계 내에서 충성하며 절제하는 것이 절실히 요청된다. 무한경쟁에 자기를 투기하지 말고 자기를 절제하며 자족하는 마음을 가지고 마음에 평화와 감사를 유지하는 것이 필요하다. 수단 방법을 가리지 않고 교회성장에만 진력하지 말고, 올바른 신학적 성찰과 윤리적 실천이 목회에서 절대적으로 요청된다.

마태복음 7장에 보면 일단의 선지자들이 나온다. 그들은 주의 이름으로 선지자 노릇하며, 주의 이름으로 귀신을 쫓아내며, 주의 이름으로 많은 권능을 행하였다. 그러나 그들이 선지자의 정도를 걷지 않고 말씀을 실천하지 않았기 때문에 비록 능력 있는 종이었으나 주님으로부터 배척을 받고 형벌을 받았다. 얼마나 많은 일을 했느냐가 아니라, 얼마나 올바로 했느냐가 중요하다. 그렇지 않으면 결국 목회의 실패라는 심판을 받게 된다. 교인들에게 말씀의 순종을 요구하는 목회자들 자신이 휴식의 명령에 순종하고, 자기의 욕망을 절제할 줄 알며, 하나님을 믿고 교회를 염려하거나 불안해하지 말아야 할 것이다. 특히, 오늘날과 같은 경쟁적인 사회에서 다른 목회자와의 비교의식을 버리고 오로지 주님에게만 충성하는 자세가 요청된다. 그리고 자기 시간과 능력이 허용하는 선에서 계속적인 연구와 학습을 유지하여 변화하는 시대에 효율적으로 대처하려고 노력해야 한다. 올바로 정립된 신학은 정확한 지도와 같아서 목회자의 길을 올바르고 안전하게 걸어가는데 필수적이다.

10

예배의 갱신과 회복

급변하는 현대문화 속에서 교회의 예배가 위기를 맞고 있다는 각성이 대두되고 있다. 그리하여 예배갱신, 예배개혁, 혹은 예배회복을 추구하는 운동들이 일어나고, 그에 따른 예배의 변화가 한국교회에도 선풍처럼 번지고 있다. 1960년대까지만 해도, 한국교회는 전통적인 예배에 만족하였고 문제를 느끼지 않았다. 그러나 한국사회가 자본주의 경제체제의 급속한 성장으로 치열한 산업경쟁사회로 진입하던 1970년대에 들어서면서, 전통적인 예배에 불만이 표출되었다. 사경회의 전통이 오순절적 부흥회와 기도원운동, 은사 집회 등으로 전환되면서, 그러한 성령집회에 익숙해진 신도들은 전통적인 예배로 만족하지 않았고, 이에 따라 많은 기성교회의 교인들이 오순절 계열의 교회로 이동하거나 자기 교회의 예배를 그러한 방향으로 변화시키려고 노력하였다. 그 결과, 성령운동은 기성교회의 내부적 필요와 연결되면서 교파를 초월하여 상당한 영향을 미치게 되었다. 그 영향이 자연히 예배의 변화를 초래하였는데, 특히 통성기도나 철야기도, 심야기도와 같은 기도에서, 그리고 예배가 뜨거워야 된다는 인식의 확산을 가져왔다.

한편, 복음성가를 처음으로 사용한 오순절교회의 영향이 기성교회의 청소년들의 음악적 필요와 연결되면서 찬송에도 영향을 미쳤다. 1980년대에 찬양과 경배를 통해 예배를 변화시키고 활성화시키려는 노력이 진행되었고, 가스펠송이 크게 확산되었다. 기성교회는 처음에 이를 금지하거나 제한하였으나, 점차 복음송 세대의 성장과 함께 수용하게 되고 드럼과 대형스피커가 강단으로 진입하기에 이르렀다. 1970년대부터 시작된 매스미디어와 대중문화의 보편화는 80년대에 거부할 수 없는 대세로 정착하였으며, 1980년대의 교회성장운동은 목회자 세미나의 홍수시대를 열었고 각기 새로운 변화를 요구하였다. 1990년대는 세기말적 위기감과 새로운 밀레니엄에 대한 기대로 사회의 대세인 정보화와 테크놀로지의 수용문제가 대두되었다. 대형교회들은 테크놀로지에 관심을 가지고 많은 비용을 들여가면서 교회전산화를 추진하였고, 위성중계 시스템을 설치하여 위성교회들을 만들고 있다. 멀티미디어 예배와 사이버 교회가 선을 보이고, 대중문화의 중요성이 인식되면서 문화사역이 확산되고 예배에 대중적인 음악 이외에도 연극이나 무용 등의 예술적 장르를 도입하는 시도가 일어나고 있다.

이와 같은 시도들은 모두 예배의 위기를 느끼기 때문이다. 교인들은 더 이상 전통적 예배에서 큰 의미를 느끼지 못한다. 예배의 참석이 하나의 종교적 의무로 인식되고, 지루하고 무의미한 시간을 참아낼 뿐이다. 대부분의 교인들은 예배에서 하나님의 임재를 느끼지도 못하며, 특별한 체험이나 은혜도 받지 못한다. 급성장하던 한국교회는 정체를 보이고, 청소년들은 교회에 별 흥미를 느끼지 못한다. 왜냐하면, 사회가 근본적으로 변화되었고 대중문화가 그들에게 충분하고 다양한 즐거움을 제공하기 때문이다. 교회에는 의미도 재미도 없다. 대다수의 교인들에게 교회생활이란 예배의 참석을 의미하는데, 바로 예배가 적용성(relevance)을 상실하였기 때문이다. 포스트모던 시대에서 프리모던적 예배는 인간의 감정을 전달하는데 실패하는데, 이는 문화형식의 이질성 때문이다.

한편, 또 다른 예배의 위기가 발생하고 있다. 그것은 신과 인간의 만남이라는 예배의 양면성에서 인간의 종교적 만족이라는 한 면으로 너무 치우치기 때문에 일어나는 것이다. 예배는 하나님과의 교제와 성도의 교제라는 두 축으로 구성된다(요일 1:3). 예배의 궁극적 목적이 신의 흠향과 영광에 있기 때문에, 아무리 예배 참석자들이 열정적 축제감을 느낀다 할지라도, 하나님의 열납이 일차적으로 고려되지 않는다면 결국 예배의 실패를 결과한다. 우리는 이런 문제를 성찰하고 해결함에 있어서 캘빈의 예배론으로부터 배울 필요가 있다.

캘빈의 예배 개혁

교회 역사상 가장 큰 예배의 위기는 중세에 발생하였으며, 종교개혁은 이러한 예배를 회복한 운동이었다. 종교개혁은 교회 개혁이며 예배 개혁이었다. 마르틴 루터가 보다 이신칭의 교리에 근거한 교리중심의 개혁자였다면, 캘빈의 일차적 관심은 오염된 예배의 개혁과 회복에 있었다. 그가 1544년 로마제국회의에 제출한 "교회 개혁의 필요성" 제하의 변증서에서 왜 그가 교회개혁에 참여하게 되었는지를 분명히 설명한다. "하나님께 드리는 예배가 너무나도 많은 잘못된 의견들에 의해 손상되었고 너무나 많은 불경하고 부정한 미신들로 왜곡됨에 따라, 하나님의 거룩한 위엄이 흉악한 오만무례로 모욕당하고 그의 거룩한 이름이 더럽혀졌으며 그의 영광이 발 아래 짓밟히고 있다. 오호라, 모든 기독교 세계는 공개적으로 우상숭배에 의해 오염되었고, 사람들은 그 대신 자기들의 허구를 숭배하고 있다. 수천의 미신들이 지배하고 있다!"[11]

물론, 그는 이 작업이 얼마나 어려운가를 잘 알고 있었다. 사람들은 전통적인 예배가 오랫동안 익숙하여 살과 피 속에, 그리고 골수에 박혀 있기 때문에, 그들을 설득하기란 거의 불가능하며, 설령 이론적으로 동의한다 할지라고 실제적인 난관이 있다.[12] 그러나 캘빈은 이 작업을 포기할 수 없었다. "이와 같이 하나님의 영광이 훼손되고 여러 모양으로 난자당하고 있는데, 만일 우리가 미소나 짓고 침묵한다면 배신이 아니고 무엇이겠는가? 개도 자기 주인에게 함부로 하면 즉시 짖어대는데, 우리가 침묵하며 하나님의 거룩한 이름이 그토록 모독적으로 경멸되는 것을 보고만 있을 수 있겠는가?"[13]

캘빈은 예배가 하나님께 영광을 돌리는 행위인데, 예배가 타락하고 오염되면 하나님의 영광을 훼손한다는 단순하고도 명백한 원리에 따라 예배의 회복을 통한 하나님의 영광 회복에 그의 생명을 걸었다. 그는 『기독교강요』에서 참된 예배와 그릇된 예배를 구별한다. 로마교회의 우상숭배가 그릇된 예배의 전형이라고 생각하고 제1권 11-12장에서 집중적으로 우상예배를 비판한다. 참된 예배는 로마서 12장 1-3절이 가르치는 영적 예배로서, 가시적이고 물질적인 예배가 아니라 영이신 하나님에게 영으로 드리는 예배를 의미한다.[14]

---

11) Calvin, 『캘빈선집』 I:232.

12) Ibid., I:128-9.

13) Ibid., I:189.

캘빈은 4권 10장에서 그릇된 예배의 세 가지 유형을 소개하였다. 첫째는 사람의 생각을 가르치는 예배이다.[15] 사람의 계명을 가르치는 예배(마 15:9, 사 29:13-14), 사람의 유전과 세상의 초등학문을 가르치는 예배(골 2:4-8)로서, 하나님의 말씀을 빙자하여 실질적으로 그 시대의 정신과 민족적 전통, 또는 교파적 전통(장로의 유전) 등 인간의 생각을 가르치는 예배의 왜곡이다. 특별히, 그는 골로새서 2장 23절의 "자의적 숭배"(will worship, ethelothreskeia)를 가장 전형적인 그릇된 예배로 규정하였다. 그들은 혹독한 금욕주의를 실천하는 종교적 철저성을 보여주지만, 그것이 전혀 주님의 명령이 아니라 스스로 만든 종교성이다. 자기의 종교성과 영성을 만족시키기 위해서 추구하는 종교적 노력과 예배행위는 그것이 아무리 철저하고 인간적으로 존경스럽다 할지라도 하나님에게는 그릇된 예배인 것이다. 그것은 그 시대인들의 종교적, 정서적 필요를 충족시키고, 그 민족의 종교적 전통을 반영하며, 그 문화적 욕구를 충족시킨다 할지라도, 올바른 예배가 아니며 인간 중심적인 자기 예배(self worship)일 뿐이다. 둘째는 바리새인의 예배이다.[16] 캘빈은 "바리새인의 누룩"(마 23:3, 16:6)을 조심하라고 경계한 예수님의 말씀을 상기시키면서, 율법의 해석자로서 모세의 자리에 앉아 권위를 주장하며 무리한 실천을 강요하고, 스스로 본을 보이지 않으면서 지식만 팔고 있는 삯군이 인도하는 예배가 바로 그릇된 예배라고 규정한다. 예배를 좌우하는 것은 예배 인도자라는 점에서, 이 지적은 중요하다. 하나님을 두려워하거나 경배하지 않는 형식적이고 지식적인 자가운 죽은 정통의 예배가 여기에 속한다.

14) Calvin, 『기독교강요』 II.viii.17.

15) Ibid., IV.x.24.

16) Ibid., IV.x.26.

셋째는 연극적 예배다.[17] 분위기와 의식은 우아하고 화려하며 음악과 설교는 장엄하지만, 인도자는 연극 배우와 같이 연기를 하고 신의식과 외경심이 결여된 멋있는 예배다. 교인들은 예배를 즐기지만, 하나님과의 만남은 없다. 정열적이고 감성적인 예배이지만, 연극을 관람하거나 음악회에 참석하거나 감동적인 영화나 드라마를 보거나 명강의를 들은 것과 별 차이가 없다. 순간적인 엑스타시가 있지만, 삶에 아무런 영향도 미치지 못하고 그 경험 자체를 소중히 생각하고 흠모할 뿐이며, 그 체험은 마음의 열기를 고조시키는 종교 심리적 조작에 의한 유사경험일 뿐이다. 캘빈은 이러한 거짓 예배를 교회에서 정화하기 위하여 성상철거, 미신타파, 단순한 성경적 예배로의 복귀, 말씀에 대한 강조, 예배자가 이해할 수 있는 서민적 언어사용을 통하여 경건하고 순수한 영적 예배를 드림으로써 하나님께 영광을 돌리는데 최선을 다하였다. 오늘날의 개신교회 예배는 캘빈의 예배개혁을 통하여 정착된 형태이다.

성경적 예배개념

교회의 예배회복에 있어서 그 규범이 되는 성경의 예배개념은 무엇인가? 신약에서 예배를 의미하는 용어로는 프로스쿤네오와 라트레우오가 사용되었다. 전자는 '예배하다'(프로스쿤네오)는 동사형이 60회, '예배하는 자'(프로스쿤네테스)라는 형태가 1회 나타난다. 이 단어는 호머의 『오디세이』에 처음 나타나는 헬라어로서, 오랜 항해 끝에 드디어 육지에 도착한 사람들이 땅의 신에게 경의를 표현하기 위해 무릎을 꿇

17) Ibid., IV.x.29.

고 엎드려 땅에 입 맞추는 행위를 묘사한다. 여기서 '고개를 숙인다', '절 한다', 나아가 '입 맞춘다'는 의미가 유래한다. 70인경에서는 구약에 사용된 히브리어 '샤하흐'를 이 단어로 번역하였는데, 머리 숙여 절한다는 기본적인 의미를 가지며, 4분의 3이 하나님에게 예배하는데 사용되었다. 또한 열왕기상 19장 18절에서는 '나샤', 즉 입맞춤과도 연결된다. 물론 절하는 행위는 천사나 하나님의 종에게도 행해졌고, 보편화되어 왕이나 윗사람에게도 적용되었다. 한편, 우상에게 절하는 행위는 엄금되었다. 따라서 절의 요구를 거절하는 것은 도전과 반항으로 간주되어 큰 화를 당하기도 하였다. 신약에서 사용된 60회의 용례를 분석해 보면, 극소수의 부정적 사례를 제외하고는 모두 하나님과 예수님에게 절, 경배, 예배한 것이다. 이러한 행위는 신의 위엄을 실감할 때 나타난다. 그리스도의 경우, 제자들이 그의 신성을 체감하는 순간 엎드려 절하였다. 한편, 육체적 행위로서의 절은 그 대상이 보이는 경우로 한정된다. 예수님의 탄생으로부터 승천까지 계속되지만, 그 후에는 결코 예수님을 예배하면서 육체적 행위로서의 절을 하지 않는다. 계시록에서 다시 그를 만난 성도들이 그와 하나님께 절을 계속한다. 그동안, 이 행위는 영적으로 표현된다. 요한복음 4장 20-24절에서 '신령과 진정으로' 절하는 영적인 의미로 제시된다. 즉 진정한 예배는 이제 마음의 무릎을 꿇고 엎드려 자기를 낮추고 복종을 서약하는 겸비한 예배자세와 헌신행위를 의미한다. 우리가 사용하는 '예배'라는 말도 '拜禮', 즉 절하는 예식이다. 따라서 예배의 프로스쿠네오적 성격은 경외와 숭배, 그리고 자기부정과 절대복종의 서약이다.

라트레우오라는 단어는 종(servant)을 의미하는 라트리스에서 왔으며, 따라서 종의 섬김과 봉사행위를 가리킨다. 이 말이 성경에서는 특히 신에 대한 섬김으로 제한된다. 영어에서 예배를 service라고 하는 것도 여기에 근거한다. 구약의 '아바드' 가 상응하는데, 대부분 제사로 신을 섬기는데 사용되었다(수 22:27 용례 참조). 신은 자기의 종들에게 구체적인 예배행위를 요구한다. 출애굽기 3장 12절은 출애굽의 목적이 하나님의 예배에 있다고 말한다. 신명기 10장 12절 이하에서는 하나님을 섬기는 진정한 섬김이 삶에서 진실하게 수행되어야함을 가르치는데, 이로써 예배가 의식과 생활의 두 면을 포함한다는 성경의 가르침을 나타낸다. 이 단어는 신약에서 21회가 동사형으로, 그리고 5회가 명사형으로 사용되었는데, 의식과 생활에서의 예배라는 양면을 표현한다. 제사나 기도와 같은 의식으로 섬기는데 사용되는가 하면, 성결과 의로(눅 1:75), 경건함과 두려움으로(히 12:28), 청결한 양심으로(딤후 1:3), 성령으로(빌 3:3) 섬기는 생활의 예배와 봉사를 표현하기도 하였다. 즉 '…로 섬긴다' 는 형식을 가지는 경우가 정형이다. 라트레이아의 용례를 살펴보면, 3회는 구약의 제사와 연관된 예배이며, 요한복음 16장 2절은 유대인이 기독교인을 핍박하여 출교하고 처형하는 것을 '하나님을 섬기는 예' 로 이해한다고 말한다. 그리고 로마서 12장 1절의 영적 예배에 사용되었다. "너희 몸을 하나님이 기뻐하시는 산 제사로 드리라" 는 영적 예배(로기케 라트레이아)는 구약적 예배를 완성하고 승화하는 예배의 결정적 형태이다. 그래서 H. Strathmann은 이렇게 말한다. "종교의식적 용어인 λατρεια의 성경적 역사가 이 내면화에서 그 정점(climax)에 도달하며, 그것은 또한 가장 종합적인 실현으로서 신명기 10장 12절 이하에 나타난 최초의 예언적 언급을 재확인한다. 로마서 12장 1절 이하에 기록된 바울의 가르침은 이 모든 발전과정 전체의

18) *TDNT*, IV:65.

왕관이다."[18] 따라서 예배의 라트레우오적 성격은 의식과 생활로 표현되는 섬김의 구체적 행위이다.

이러한 예배의 성경적 용례를 종합하자면, 예배란 (1) 그 대상이 배타적으로 삼위 하나님으로 한정된다. (2) 그 계기는 신의 위엄과 영광, 거룩과 능력에 접하여 자기와 비교할 수 없는 절대성을 느끼는 두려움, 그리고 신의 넘치는 은혜와 사랑에 대한 감격과 감사이다. (3) 그 자세는 육체적으로 그리고/혹은 정신적으로 그에게 엎드려 절하는 것으로, 사랑과 경외심에서 자발적으로 나타나는 절대복종의 표현이다. (4) 그 방법은 제사, 봉헌, 찬양, 기도, 말씀, 성례의 의식과 실생활에서 하나님의 계명과 명령을 실천하는 것이다. (5) 그 목적은 하나님을 기쁘시게 하며 그를 영화롭게 하는 데 있다.

예배의 본질에 대한 현대적 이해

현대교회는 강력한 세속화의 위협 아래 있다. 판넨베르그의 말대로, "오로지 예배에서 신자들의 교제가 실현되며", "예배가 이 세상에서 교회의 진정한 실체이다."[19] 그러므로 예배의 위기는 교회의 위기이며, 교회의 약화는 예배의 약화를 의미한다. 이에 따라 예배를 신학적으로 재조명하고, 예배와 신학의 분리가 그 중요한 원인이라는 인식하에 예배의 본질에 대해 활발한 신학적 논의가 전개되고 있다. 예배가 성직자의 전유물로 전락하여 예배자가 소외된 데 문제가 있다는 주장과 함께 예배의 공동체성과 공동적 참여의 열린 예배론, 성령의 인도 하에 구성원의 은사를 중심으로 자유롭게 진행되는 자발적이며

19) W. Pannenberg, *Systematic Theology*, III:370-1.

의식반대론적인 성령론적 예배론, 신비주의적이며 주관적인 영성 예배론, 예배의 목적이 전도와 선교, 혹은 치유에 있다는 선교 예배론, 치유 예배론 등 다양한 실용적 예배론들이 대두되고 있다. 그러나 현대적 예배론의 주류는 하나님의 나라와 역사적 참여를 강조하는 기독론-종말론적 예배론으로서, 여기에 몰트만과 웨인라이트가 속한다.

(1) Jürgen Moltmann: '메시아적 잔치'

예배는 그리스도에 대한 회상을 갱신하고 현재의 진행을 반성하며 그의 나라에 대한 희망을 일깨우는 메시아의 과거와 현재, 그리고 미래를 축하하는 '메시아적 잔치'(messianische Fest)이다. 물론, 현재의 불완전성과 격차, 그리고 그로 인한 고통들이 있기 때문에 낯선 땅에서 부르는 여호와의 노래(시 137편)이다. 이 축제는 일정한 종교의식을 가지는데, 이 의식과 교회력은 연속성, 지시적 성격, 사회적 관련성, 질서의 기능을 부여하여 안정된 삶을 유지시켜 준다. 또한, 그것은 무미건조하며 일상적인 삶속에서 심지어 놀이와 시위의 성격까지 포함한다. 그리고 예배는 안식의 개념과 연관됨으로써 특히 피곤한 현대생활 속에서 휴일과 여가를 즐기게 하며, 진정한 평화(샬롬)를 기대하며 미리 맛보게 한다. 예배는 그 제도와 의식이 명령된 역사적 배경을 상기시킴으로써 세계역사와 연결되어 우리에게 역사의식과 미래에 대한 확신을 심어주기도 한다. 그리스도 안에서 진정한 자유와 희망을 가지며, 삶 전체가 예배로 승화된다. 예배는 창조, 십자가, 부활의 축제로서, 메시아적 친교 안에서 칭의에 근거한 자기 실존을 수용하고 미래적 창조를 지향하는 새로운 삶의 엑스타시를 부여하는 축복스러

운 성도들의 축제이다.[20]

(2) Geoffrey Wainwright: '신의 대면'

지오프리 웨인라이트는 *Doxology: The Praise of God in Worship, Doctrine, and Life*라는 독특한 조직신학을 저술하였는데, 그는 '기도가 신앙이다' (lex orandi, lex credendi)라는 원리 하에 '예배의 신학' 을 시도하였다. 그에게, 예배는 '신의 대면' (visio Dei)이다. 아직 그분을 직접 대면하지 못하고 희미하게 만나는 현세에서, 비전과 현실의 역동성이 예배를 형성한다. 그런데, 신과 인간의 만남은 대등한 존재가 아니라 창조자와 피조물의 만남이기 때문에, 예배의 형식을 요구한다. '신의 형상' 인 인간만이 예배할 수 있다는 사실은 신과의 공통성에 근거한 교제의 가능성을 전제하지만, 무조건적인 자유의 만남이 아니라 조건과 규정과 의무가 있는 만남이다. 첫째로, 신은 인간과의 인격적 교제를 원한다. 그 교제는 공통적인 로고스(언어)의 형식을 취한다. 공통적인 관심사인 공통적 역사가 주제가 되며, 나아가 거기에 근거한 인격적 대화의 증대와 심화를 원한다. 물론, 신체언어나 상징, 행위 등도 사용되지만 언어적 해석이 수반되어야 한다. 둘째로, 신은 인간과의 공동사역을 원한다. 즉 지상에 있는 신의 대리자로서 그의 계획과 그의 나라를 성취하는데 참여하는 창조적 존재가 되기 원한다. 셋째로, 신은 인간의 사랑을 원한다. 인간이 자기에 대한 신의 사랑에 응답하여 신을 사랑하며, 동료 인간을 비롯한 모든 피조물을 사랑하기 원한다. 교회는 세례를 통하여 한 가족이 되므로, 형제사랑이 요구된다. 따

---

20) J. Moltmann, 『성령의 능력 안에 있는 교회』, 283-98.

라서 예배는 교제, 사역, 사랑을 나누는 신과의 대면이다. 그러나 지상의 예배에는 신의 임재와 부재라는 상반된 현상이 나타나며, 이미와 아직, 비전과 현실의 긴장과 고통이 존재한다.

예배의 역사

아담으로부터 시작된 제사는 모세에 이르러 율법이 규정한 회막 제사로 확립되며, 그 후 성전을 중심으로 제사예배가 계속된다. 그러나 시편이 보여주는 대로 성전을 중심으로 한 찬양예배가 크게 발전한다. 그러나 성전의 파괴와 재건의 과정을 겪으며 구약예배는 중단과 회복의 운명에 처한다.

바벨론 포로기에 시작된 회당제도는 성전 중심의 제사제도를 대치하게 된다. 찬양, 기도, 말씀의 3부분으로 구성되며 매일 진행되었다. 먼저 제1부 찬양을 드린 후에 예배에의 초청(느 9:5이하의 방식)이 있고 제2부 기도가 시작된다. 기도는 (1) 요체르와 아하바(창조와 사랑 감사), (2) 쉐마(신앙고백과 축복, 신 6:4-9, 11:13-21, 민 15:37-41), (3) 18기원(대표기도). 제3부는 율법과 선지서 봉독, 그리고 강해로 구성되며, 축도로 마친다.

예수님과 제자들이 회당예배에 참여하였으며, 이는 기독교예배의 기초를 형성한다. 성도들의 모임으로서 교회의 회집이 장려되었지만, 종합적 예배보다 기도회, 말씀의 봉독과 가르침, 구제헌금, 찬송, 은사 모임 등이 개체적으로 혹은 결합되어 진행된 것으로 보인다. 그러나 보다 중심적인 명령은 성찬이었으며, 세례는 필요시 집행되었다.

초대교회 예배는 세례, 말씀, 성찬의 3부로 구성되었다. 말씀부분은 입례, 자비기원, 영광송, 대표기도, 성경봉독(율법과 예언서), 찬양,

설교, 신경의 순서로 진행되었으며, 성찬은 평화의 입맞춤으로 시작하였고 성찬 후에 헌금하였다. 그러나 4세기에 기독교가 공인되고 교회가 대형화되면서 예배의식이 화려해지고 연장되지만, 점차 성찬중심의 미사로 집중되며 화체설에 근거하여 극화되고 희생제사의 성격을 가지게 된다.

종교개혁은 예배의 회복을 시도하였다. 그러나 개신교회에도 견해 차이가 존재하였다. 영국교회나 루터교회와 같은 보수파는 전통적 예배를 최대한 보존한 반면에, 재침례파나 퀘이커와 같은 급진파는 전통적인 예배를 전면 부정하고 고린도전서 12-14장과 같은 자유예배를 추구하였다. 개혁파는 중도적인 입장을 취하였는데, 즈빙글리가 주도하였다. 그는 말씀과 성찬의 2부로 예배를 구성하였으며, 성찬을 1년 4회로 제한함으로써 사실상 말씀 중심의 예배로 전환하였다. 그 순서는 성경봉독, 기도, 설교, 죄의 고백, 시편송, 축도로 단순화하였다. 그 후 캘빈은 이를 준용하여 1542년 "제네바 예식서"를 발표하였는데, 예배에의 부름(시편), 죄의 고백(초청과 기도), 시편송, 조명을 위한 기도, 성경봉독, 설교, 대표기도(주기도로 마침), 축도(민 6:24-25)로 구성되었다. 장로교회 예배 모범이 된 "웨스트민스터 예배 모범"이 1644년에 발표되었는데, 예배에의 초청, (하나님의 임재와 수용, 임재를 위한) 기도, 구약봉독, 신약봉독, 시편송, (사죄와 중보, 조명을 위한) 대표기도, 설교, (감사와 중보)기도, 주기도, (성찬식), 시편송, 축도의 순서로 구성된다. 상대적으로 찬송과 성찬이 약화되고, 말씀이 강화되었다.

현대의 예배갱신 운동

기독교의 전통적 예배는 20세기에 접어들면서 변화의 도전에 직면하였다. 산업혁명으로 인한 현대사회의 근본적 변화와 기독교의 세속화는 교회에 경각심을 불러 일으켰으며, 과연 기독교가 미래에 존속할 수 있을지에 대해 회의와 우려를 초래하였다. 기독교의 존속과 발전을 추구하는 다양한 운동들이 다양한 예배갱신 운동을 발생시켰다.

1. 자유예배 운동

1901년의 오순절운동, 1960-70년대의 성령운동에 이어, '제3의 물결' 이라는 이름으로 일어난 은사운동이 1980년대에 발생하였는데, 빈야드 교회 존 윔버의 『능력전도』와 『능력치유』로 대표되며, 1990년대에는 '토론토 블레싱' 이 나타났다. 빈야드 운동이 주장한 은사계발을 통한 교회성장론은 성령운동과 교회성장이라는 양대 열기에 휩싸인 한국교회 목회자들에게 큰 호응을 받았는데, 그 방법론으로 예배갱신을 제시하였다. 그들은 고린도전서 12-14장의 자유예배를 주장하였으며, 현대적 찬양을 강조하고 무용, 연극 등을 도입하였다. 전통적 예배순서를 부정하고, 성령이 인도하는 평신도중심의 자유예배를 추구한다. 그리고 신유와 방언을 비롯한 신비적 은사들과 성령의 안식을 강조한다.

2. 구도자예배 운동

세속화와 수적 감소로 위기에 직면한 서구교회에서 교회성장학파가 발생하였다. 선교와 전도가 강조되었으며, 그러한 맥락에서 예배의 중요성이 인식되었다. 전근대적인 예배당 구조가 보다 현대적이고 실용적인 건축방식으로 변모되고, 새 신자들이 부담을 느끼지 않고 잘 적응할 수 있는 열린 예배 분위기와 예배형식이 추구되었다. 빌 하이블스의 윌로우 크릭 교회가 대표적으로, 1992년에 시작된 이 형태는 4년 후 700교회로 확산되었으며, 한국교회에도 상당한 영향을 미치고 있다. 예배의 기본적 패턴은 밴드의 전주, 환영인사, 보컬 듀엣, 드라마, 보컬그룹의 연주, 드라마, 성경봉독, 밴드가 곁들여진 노래, 헌금(구도자 제외), 메시지, 토론 및 교제의 순이다. 이런 예배순서나 분위기 조성은 과학적인 조사와 통계분석을 통해 이루어진다.

3. 예배복고 운동

금세기 초 근본주의의 발생은 많은 교파의 분열을 결과하였으나, 또 한편 교회의 위기의식과 세계화는 다양한 연합운동을 발생시켰다. 연합운동이 직면한 문제의 하나는 예배전통의 교파적 불일치로서, 예배의식의 일치를 위하여 예배의 역사에 대한 연구가 활발히 진행되었고 그에 따른 일치가 제시됨에 따라 보다 초대교회적이고 원형적인 복고적 예배가 회복되고 있다. 특히, WCC의 BEM(세례, 성찬, 그리고 목회)문서는 1982년 리마에서 채택되어 리마예식서라고도 불리는데, 개신교회가 초대교회의 예배에 비추어볼 때 너무 성례전을 소홀히 하고 말씀에만 치우친 점을 반성하고 성례전의 회복을 일으키는 계기가 되었다. 또한, 교회의 전통적 예배문과 교회력을 복원하여 예식서의 출판과 보완들이 이루어졌다.

4. 예배언어 개혁 운동

해방신학을 비롯한 행동신학은 예배와 생활이 분리되어 있으며 예배언어가 기득권 중심의 전통적 가치를 반영하고 있다고 주장하고, 예배언어의 개혁을 시도하였다. 권위적이고 고답적인 언어를 서민적이고 일상적인 언어로, 남성 중심적 언어를 포괄적 언어로, 약자나 장애자를 비하하는 언어를 존중과 사랑의 언어로 바꾸고, 예배언어를 환경친화적이고 사회변혁적인 언어로 변형시켜 예배가 단순히 형식과 의식에 치우치지 않고 공동체적 각성과 헌신의 계기가 되도록 만든다.

그 외에도, 멀티미디어예배(텔레비전 유선방송, 전자교회, 위성교회, 사이버교회), 토착화예배, 실험예배 등 다양한 예배운동이 전개되고 있다.

21세기의 효과적 예배

1. 효과적 예배의 원리

예배는 그 자체에 목적이 있지 않고, 그 목적을 위한 방편이다. 따라서 그 목적을 달성하지 못한다면 예배 순서는 무의미하고 형식에 불과할 뿐이다. 그러면 예배의 직접적 효과는 무엇인가? 예배가 하나님에게 드리는 의식과 헌신이기 때문에, 하나님이 그 예배를 기쁘게 받아야 한다. 그러면, 우리는 어떻게 하나님의 열납을 확인할 수 있는가? 그것은 하나님의 축복과 은혜, 평화와 결실로서, 예배자가 체험할 수 있다. 즉 신과 인간의 쌍방적 교제가 이루어질 때 예배가 완성된다. 그러면, 우리가 어떻게 하나님이 열납할 수 있는 예배를 드릴 수 있는가? 요한복음 4장과 로마서 12장은 진정한 예배를 가르쳐주는 중심성구이다. 따라서 (1) 신령한 예배를 드려야 한다. (2) 진실한 예배를 드려야 한다. (3) 헌신된 예배를 드려야 한다.

다른 한편, 예배를 드리는 주체가 인간이며, 인간의 표현방식은 문화와 불가분리의 관계를 가지고 있으므로, 그 공동체의 문화적 양식이 고려되어야 한다. 틸리히가 지적한 대로, "종교는 문화의 실체이며, 문화는 종교의 형식이다." 한국인은 한국인의 언어와 정서로 예배드릴 때 가장 효과적으로 예배드릴 수 있으며, 현대인은 현대적 방식으로 예배드릴 때 그의 마음을 가장 잘 표출할 수 있다. 그리고 한 교회 공동체 안에서 서로 다른 문화방식이 공존한다면, 예배에도 그러한 현실이 반영되어야 한다. 예배공동체 구성원들의 문화가 무시되면 점차 예배는 적용성을 상실하고 활력과 역동성을 상실하게 된다. 특정한 민족문화나 시대문화를 이상적 예배형식이라고 규정할 수 없다. 그러나 예배의 내용과 올바른 자세는 원리적으로 성경에 계시되고 지시되어 있으므로, 불변적 요소와 가변적 요소, 즉 본질적 요소와 문화적 요소를 구별하여 효과적인 예배를 드리는데 가장 적합한 효과적 배합이 필요하다.

2. 성경적 예배의 회복

성경은 공동예배를 권장하고 있으며, 성찬, 말씀, 기도, 찬송을 주된 내용으로 한다. 초대교회는 그에 따라 성경적 예배를 유지하였으나, 중세교회와 개신교회는 편중된 강조를 통하여 예배의 균형을 상실하였다. 그러므로 성경적 가르침과 초대교회의 전통을 중시한다면, 예배의 균형 있는 회복이 필수적으로 요청된다. (1) 성찬의 회복: 종교개혁까지 교회는 매일, 혹은 최소한 매주 성찬을 거행하였다. 그러나 중세 가톨릭의 과도한 성찬집중에 대한 반감으로 일부 개신교회가 성찬을 1년 1-2회로 축소시키고 그것도 형식화되었다. 캘빈은 그러한 축소를 "마귀의 간계"라고 비판하고 최소한 매주 1회 거행되어야 한다고 주장하였다.[21] (2) 말씀의 회복: 설교는 개혁교회에서 강화되었으나, 말씀을 읽는 것은 약화되었다. sola Scriptura는 강조하지만, tota Scriptura는 중시되지 않고 기호에 맞는 성경을 교파주의적 방식으로 설교한다. 설교자의 주관적 주장이 하나님의 말씀을 대치하고, 설교자의 경건이 부족하여 성령의 조명과 인도가 약하다. (3) 기도의 회복: 기도회가 예배로 흡수됨에 따라 진정한 공동체적 기도가 약화되고, 성도들의 공동기도가 성직자의 전유물로 집중되었다. 또한, 기도자의 준비부족과 대상착오적인 연설식 기도가 등장하여 기도를 오염시키고 저질화하였다. 초대교회적 연도와 기도문의 회복이 요청되며, 모든 예배자가 공감하고 공동 기도할 수 있는 공기도의 인식이 필요하다. (4) 찬송의 회복: 시편과 바울서신 등에서 보는 대로 찬송은 예배의 본질적 요소였으나, 종교개혁 이후 개혁교회에서 약화되었다. 그에 따라,

---

21) Calvin, *Institutes*, IV.xvii.46.

예배가 경화되고 찬양의 활력이 상실되었다. 보다 열정적이고 즐거운 영적 찬양의 회복이 요청된다.

3. 효과적 예배 회복을 위한 실용적 제안

예배의 구체적인 형식은 성경이 확정하지 않았지만, 그 원리는 명시되어 있다. 성경으로부터 기원하는 예배의 전통이 역사적 변화를 거쳐 오늘에 이르렀지만, 여전히 전통은 중시되어야 한다. 예배의 혼란을 초래한 고린도교회에게 준 결론처럼, "모든 것을 품위 있게 하고 질서 있게 하라"(고전 14:40). 전통의 근본적 변화는 역사의 흐름 안에 있는 공동체가 수용할 능력이 없기 때문에, 점진적인 회복이 필요하다. 21세기 한국의 보수적 장로교회가 수용할 수 있는 예배의 회복방안을 제시하자면, (1) 성찬의 확대, (2) 기도문을 포함한 예배문의 도입, (3) 찬양사역의 확대, (4) 예배자의 참여 확대: 연도, 찬송형태의 예배문, 헌신서약 등, (5) 예배형식의 현대화 및 대중화. (6) 예배언어와 설교의 실천적 변혁, (7) 예배인도자의 신전 의식(coram Deo) 강화와 성령 충만 등을 들 수 있다.

11

새벽기도의 신학적 성찰

새벽기도는 한국교회의 독특한 기도양식으로서, 세계교회에 기도하는 한국교회의 모습을 증거하는 자랑이기도 하다. 물론, 새벽기도는 고대에도 있었고 서구에서도 발견되지만, 한국교회와 같이 전국의 모든 교회가 공식적으로 새벽기도회를 모이는 유례를 찾아볼 수 없다. 예수님의 기도생활을 살펴볼 수 있는 복음서에는 새벽에 기도하신 사실도 기록되어 있다. "새벽 아직도 밝기 전에 예수께서 일어나 나가 한적한 곳으로 가사 거기서 기도하시더니"(막 1:35). 주님께서 매일 새벽에 이와 같이 기도하셨는지, 혹은 필요할 때만 새벽에 기도하셨는지는 알 수 없으며, 이 새벽기도가 개인기도이었고 집단적인 기도회가 아니었다. 그러나 교회에게 기도를 가르쳐주신 예수님께서 새벽에 기도하셨다는 사실은 한국교회의 새벽기도가 얼마나 성경적으로 타당한 것인가를 입증한다. 더욱이 시편적 영성의 대표인 다윗도 새벽기도에 대한 확신이 있었던 것으로 보인다. 따라서 비록 새벽기도의 문제점이 간혹 지적되기도 하고 심지어 문화적 변화에 따른 폐지론까지도 대두되기는 하나, 새벽기도는 분명한 성경적 정당성을 가지고 있다.

더욱이, 현대와 같이 기도가 형식화되고 약화되어가는 상황에서 새벽기도는 오히려 더 강조되어야 할 것이다. 어떤 모양으로든지 기도가 강화되고 풍요해지는 것은 반대할 이유가 없다. 기도는 초월적이며 인격적인 하나님에 대한 신앙에 기초하는데, 현대는 하나님의 초월성과 인격성에 대한 신앙이 점차 약해지면서 기도가 약화되고 있다. 세속화 신학자 존 로빈슨 감독은 그의 저서 『신에게 솔직히』에서 전통적인 기도를 부정하고 이웃과 존재의 기반을 향한 "열린 마음과 행동"으로 정의된 "비종교적 기도"를 제안하였다. 자유주의 신학의 기도는 이와 같이 진정한 기도를 상실하고 자기성찰이나 명상 같은 독백으로 기도를 대체하려고 시도한다. 그러나 기도의 약화는 단지 자유주의 기독교의 문제만은 아니다. 현대문화가 지니고 있는 문제점들이 현대를 살아가는 그리스도인들로 하여금 기도를 형식화시키고 있다. 자연의 상실은 기도의 상실을 결과한다. 현대인은 기독교인이든 비 기독교인이든지를 막론하고 정신적으로 테크놀로지에 조작당하고 있어서 오디오와 비디오제품에 과다하게 노출되어 자연적 영성과 상상력이 상당히 파괴되고 물질적 정신이 주입됨으로써 초월적인 하나님과의 교제를 위한 영적 능력이 심각하게 저하되고 둔화되고 있으며, 비인간화와 실용주의적 편의성의 추구로 인하여 인격적 하나님과의 교제를 위한 대화 능력이 현저히 메마르고 기계화되어가고 있다. 그뿐 아니라, 각종 소음공해로 인하여 조용한 마음이 사라지고 환청에 시달리며, 복잡하고 분주한 현대생활과 자연의 파괴로 인한 환경변화는 만성피로를 가져와 현대인을 무기력증에 빠뜨린다. 이런 요인들은 모두 인격적이고 영적인 깊은 기도를 방해하는 요인들이다. 성령께서는 이러한 어려움에도 불구하고 우리의 기도를 도우시지만, 우리가 그러한 장애를 극복하기란 그리 쉽지 않다. 그러므로 여하한 이유에서도 새벽기도를 반대할 이유는 없으며, 일부 폐단이나 어려움을 이유로 부정해서도 안 된다. 오히려 그러한 어려움을 극복하고 더욱 더 기도를 증진할 수 있도록 격려해야 할 것이다.

그러나 교회는 끊임없이 그 활동에 대하여 신학적 성찰을 게을리하지 말아야 하며, 이러한 반성은 교회의 사역을 보다 더 성경적이고 효과적으로 만드는데 도움이 된다. 한국교회의 자랑인 새벽기도에 대해서도 우리는 솔직하고 진지한 반성을 외면하지 말아야 한다. 첫째로, 새벽기도의 내용을 바꿔야 한다. 한국에는 기독교가 들어오기 이전에 이미 새벽기도의 전통이 있었다. 불교에는 새벽예불이 있었고, 도교에는 새벽에 여인들이 부엌에 정한수를 떠놓고 칠성신에게 기도하는 습관이 있었다. 새벽기도의 창시자로 알려진 길선주 목사는 기독교로 개종하기 전에 도교의 수련에 정진하여 '길 도사' 라고 불릴 정도로 상당한 경지에 이르러 차력과 축지법, 그리고 공중부양을 하였다고 그의 아들인 길진경 목사가 전기 『영계 길선주』에서 증언하고 있다. 그는 이미 새벽에 수련을 하고 있었으며, 21일, 49일, 100일기도 등에 익숙해 있었다가, 개종 후에는 새벽에 하나님께 기도하기 시작하였던 것이다. 한국교회의 신도들에게도 새벽기도가 전혀 저항감 없이 자연스럽게 수용될 수 있었던 것은 이미 새벽에 기도하는 것이 당연시 되었던 기도문화 때문이었다. 이는 실로 그리스도를 만난 문화의 변혁으로서, 우상에 대한 기도가 참 하나님에 대한 기도로 변화된 실례라고 볼 수 있다.

그러나 문제는 기도의 대상은 바뀌었지만, 기도의 내용은 변화되지 않은 데 있다. 부처나 칠성신에게 기도하던 내용을 대상만 바꾼 채 그대로 요구하고 있었던 것이다. 예수님은 산상보훈에서 기도는 배워야 됨을 가르쳤다. '이방인의 기도' 를 중단하고 '주님이 가르쳐 주신 기도' 를 배워야 한다. 그러나 한국의 성도들에게는 새벽기도라는 형식이 무비판적으로 연결되면서, 근본적으로 기도를 반성하고 배우는 과정이 자연스럽게 무시되어 버렸던 것이다. 마태복음 6장에 기록된 가르침은 한국인들이 전통적으로 불교나 도교에서 배운 기도가 대표적인 '이방인의 기도' 로서, 기독교인은 더 이상 그런 기도를 계속하지 말아야 하며 그릇된 기도는 아무리 오래하고 열심히 해도 아무 소용이 없을 뿐 아니라 오히려 하나님을 근심하게 하는 불신앙의 행위임을 준엄하게 선언한다. 우리 기도의 중심 주제는 "하나님의 나라와 그의 의" 여야 하며, 이는 주님께서 가르쳐 주신 기도를 배움으로 가능하다. 하나님께서 계산하는 기도의 양이 결코 기도시간의 총계가 아니라 진정한 기도의 총화임을 생각한다면, 한국교회가 과연 많이 기도하는 교회라고 말할 수 있을까 자성해 볼 필요가 있다. 그러므로 우리는 새벽기도를 활성화시키기 위해 기복적인 기도만능주의를 부추길 것이 아니라 진정한 헌신과 진실로 하나님을 기쁘시게 하며 응답받을 수 있는 기도를 가르쳐야 할 것이다.

둘째로, 새벽기도회가 진정한 기도회가 되어야 한다. 초기의 새벽기도회는 "대중적으로 매일 계속한 것이 아니었고 개인의 실천은 그 개인 자유에 일임했고, 교회의 특수사정이 있을 때마다 그 필요에 의해 집단적으로 새벽기도회를 가졌다." 그러다가 성경공부가 추가되어 점차 새벽 예배화되는 경향이 나타났다. 기도회가 예배로 바뀌는 현상은 삼일기도회에서도 일어났다. 이러한 현상은 새벽기도회가 공적 집단기도보다는 사적 개인기도를 위한 모임으로 변질되어, 새벽예배 후에 자유로이 개인기도를 하도록 만들었다. 그러나 교회의 집단적 기도는 마태복음 18장 19-20절에 근거를 두고 있는 특별한 기도방식으로서, 개인기도와 비교되지 않는 응답과 능력이 약속되어 있다. 새벽기도회는 같은 제목을 가지고 합심하여 기도하는 기도가 선행되는 것이 특권을 향유하는 것이며 그 후에 개인기도 시간이 주어지는 것이 바람직하다. 그러기 위해서는 명실상부한 기도회가 되도록 해야 한다. 필자는 새벽기도회로 유명한 한 교회의 새벽기도회에 참석한 적이 있는데, 수천 명이 새벽에 모이는데 감동되었으나 너무 예배중심인데다가 기도할 여유가 별로 주워지지 않는데 아쉬움을 느꼈다. 또한 상당수의 교회들은 너무 소란하여 깊은 기도에 들어가기 어려운 분위기의 문제도 있다. 교회는 합심기도를 증진하고, 개인기도를 위해서는 절제시켜 최적의 분위기를 만들어야 한다.

예수님께서 새벽기도를 위해서 "한적한 곳"을 찾아가신 이유를 깊이 생각해야 한다. 그리고 개인기도를 위해서는 교회가 "기도하는 집"으로서 성도가 항상 찾아가 기도할 수 있도록 개방할 필요가 있다. 새벽기도를 처음 시작한 평양 장대현 교회는 "신자 각자가 시간이 허락 되는대로 매일 한번씩 교회당에 나가서 하나님과 대면함으로써 심령의 새로운 힘을 얻게 하기 위해 새벽부터 밤까지 예배당을 개방했고, 교회를 순례하는 신도의 발자취가 새벽부터 밤까지 그치지 않았다"고 기록하고 있다. 집단적인 기도회도 새벽기도만으로 그치지 말고, 서구교회와 같이 교회 안에 많은 기도 그룹을 조성하여 서로 시간이 맞는 사람들끼리 다양하게 모여 합심기도하고 개인기도도 할 수 있도록 현대와 같이 복잡하고 분주한 시대에는 기도회를 다변화할 필요도 있다. 새벽기도회에 참여하는 성도는 소수에 불과하다. 그런데도 교회가 획일화된 사고방식으로 나머지 다수의 교인을 위한 실용적이고 현실적인 기도의 대안을 적극적으로 제시하고 지도하지 않는다면 근본적으로 잘못된 것이다.

물론, 성도들은 어느 때를 막론하고 위기를 만났을 때에는 자연히 집중적으로 기도하게 되며, 심지어 금식, 철야, 작정기도와 같이 비상한 특별기도를 통해서도 하나님의 도움을 간구하였다. 그러므로 개인기도는 개인의 사정이 결정적이어서 이를 획일화할 수 없으며, 성도 자신이 "성령의 전"으로서 기도 장소는 어디서나 가능하다. 그러나 기도회는 예수님께서 제정하신 공적 집단기도로서 진정한 기도회가 되도록 개선할 필요가 있다. 그리고 개인주의적인 현대인들이 집단적 기도의 중요성과 특수성을 인식하도록 교육하는 것도 중요하다. 또한 구약에서는 제사와 기도, 신약에서는 예배와 기도가 불가분의 관계를 가지고 있음을 인식하고, 예배 중의 모든 기도들과 찬송들이 형식에 치우치지 않고 진정한 공적 합심기도가 될 수 있도록 인도자가 공감할 수 있는 내용을 진실하고 성실하게 준비하고 간절하게 봉헌하도록 각별한 노력이 요청된다.

셋째로, 새벽기도를 절대화하지 말아야 한다. 새벽기도가 한국교회의 독특한 현상임을 인식한다는 것은 그것이 한국문화와 깊은 관련이 있음을 자인하고, 세계교회에 보편적 의무로 강요하지 말아야 함을 의미한다. 새벽기도가 한국교회의 자랑이라고 할 때도, 거기에 큰 위험이 도사리고 있음을 깨달아야 한다. 기도가 자랑이 될 때, 그것은 외식이나 자만이 될 수 있다. 창세 이후 하나님의 백성들은 새벽기도가 아닌 다른 방법으로 그들의 신앙생활을 영위해 왔으며, 그들의 영성을 발전시켜 왔다. 따라서 다른 영성적 대안을 부정하고, 새벽기도를 하지 않는 모든 세계교회를 정죄하고 비판하는 것은 영적 교만 이외의 아무것도 아니다. 성경적으로나 교회사적으로 새벽기도를 한 사람이 있었으나, 그리 많지 않았다. 그렇다고 그들이 모두 기도를 하지 않았다거나 그들의 영성이 우리보다 저급한 것은 아니었다. 새벽기도를 하지 않는 서구교회에서도 훌륭한 신앙과 고도의 영성을 가진 고매한 그리스도인들을 많이 만날 수 있다. 그 시대와 장소의 문화에 따라 다양한 기도형식이 사용되었음을 알아야 한다. 이는 단지 어느 시간에 기도하느냐 하는 방식의 차이가 있을 뿐이다.

그러면, 시간을 정해놓고 기도하는 정시기도(定時祈禱)는 어떤 성경적 근거를 가지고 있는가? 구약에는 기도에 대한 명령이 상대적으로 많지 않다. 초기에는 주로 제사와 기도가 연관되었고, 위기를 당할 때 하나님을 부르짖는 기도가 지배적이다. 정시기도는 다윗 시대에 처음 나타나며, 바벨론포로 시대에 도입된 회당중심의 신앙생활에서 기도가 중시되면서 강조되었다. 아침, 정오, 저녁의 1일 3회기도가 유행하였다(단 6:10, 시 55:17). 예수님께서 이러한 정시기도를 준행한 기록은 없으나, 초대교회는 수용한 듯하다(행 3:1). 그러나 사도들은 정시기도를 권하지 않았고 "쉬지 말고 기도하라"는 항시기도(恒時祈禱)를 강조하였다. 이것은 날과 때로 표상되는 율법의 완성이라는 신학적 원리와 일치한다. 그러나 이러한 율법으로부터의 자유는 방임주의를 결과하여 기도를 게을리 하는 폐단을 발생시키기도 하여, 속 사도시대부터는 다시 1일 3회의 정시기도가 지침으로 주어졌다(디다케, 8조). 이러한 정시기도는 교회당에 나와서 드려지기도 했으나 점차 가정중심으로 발전하면서 자연히 식사기도와 연결되었고, 캘빈은 식사 전후의 6회와 기상, 취침, 그리고 일을 시작할 때의 3회를 합하여 9회의 정시기도를 의무화하였다. 개혁교회는 이에 따라 기도하는 방식이 지금까지 유지되고 있다. 한국교회는 식사기도를 비롯한 가정기도를 경시한 채 새벽기도를 중시하고 있다. 그러나 박형룡 교수는 결코 새벽기도회가 가정기도를 대체해서는 안 된다고 경고하였다.[22]

캘빈은 정시기도의 문제점을 이렇게 지적하였다. "그러나 이것(정시기도)이 미신적인 시간 준수가 되어서는 안 되는데, 그것은 마치 하나님께 빚을 갚는 것처럼 우리가 남은 시간에 대한 빚을 갚았다고 생각하는 것이다."[23] 그에 의하면, 모든 기도에 있어서 하나님을 특정한 시간이나, 장소, 혹은 방식에 구속하는 오류를 범해서는 안 된다. 그러나 캘빈은 동시에 정시기도를 반대하지 않고 그 필요성을 인정하였으나, 그 유일한 정당성은 "우리의 연약성" 때문이었다. 하나님은 결코 정시기도를 명령하지 않았으며, 우리를 향하신 하나님의 뜻은 쉬지 말고 기도하는 것일 뿐이다. 단지 우리가 연약하여 항상 기도하지 못하기 때문에 그 대안으로 몇 번의 정시기도로 내체하는 것이다. 따라서 정시기도가 새벽기도이든, 1일 3회 기도이든, 9회 기도이든 간에 그것으로 모든 기도의 의무를 다했다고 생각하는 것은 잘못이다. 항시기도의 의무는 아마도 기도로 인한 교만을 근본적으로 차단하기 위한 하나님의 깊은 의도인지도 모른다. 우리 모두는 쉬지 않고 교제하기를 원하시는 하나님의 뜻을 따르기 위해 부단히 노력하며 항상 겸손해야 할 것이다.

22) 박형룡, 『교회론』, 381.

23) Calvin, *Institutes*, III.x.50

나아가, 하나님이 원하시는 기도는 쉬지 않는 항시기도일 뿐 아니라, 하나님의 뜻에 자기를 복속시키며 순종하는 기도이다. 성경에 계시된 하나님의 뜻을 듣는 데는 귀를 막고 순종하려고 하지 않으면서, 하나님은 무조건 자기의 기도를 듣고 이루어주어야 한다는 아집으로 하나님을 자기 마음대로 이용하려는 기도는 어느 때에 하든 아무리 길게 하든 무가치한 기도로서 상달되지 않는다. 한국교회가 새벽기도를 하는 세계유일의 교회로서 그것을 자랑으로 내세우지만 하나님의 말씀에 순종하지 않음으로 세상의 빛과 소금이 되지 못하고 있다는 현실은 깊은 반성과 기도의 개혁을 요구한다. 우리는 주님의 기도를 배워 새벽이나 낮이나 밤이나, 교회에서나 가정에서나 직장에서나, 말로나 행동으로나 한결같이 순종과 헌신의 기도가 드려져야 한다. "나의 원대로 마옵시고, 아버지의 원대로 하옵소서!"

12

영성이란 무엇인가

현대에 영성에 대한 관심이 고조되고 있다. 특히, 지성적인 그리스도인들은 헨리 나우웬이나 리처드 포스터의 책을 읽으면서 자신의 영성을 가꾸려고 노력하며, 신학 교육에서도 영성 신학이 등장하고 신학도들의 영성 형성이 중요한 관심사로 부상하였다. 그러나 도날드 카슨의 말대로, 영성에 대한 현대적 관심은 "유익하면서도 동시에 당혹스러운" 일이 아닐 수 없다. 왜냐하면 해방의 영성, 저항의 영성으로부터 여성운동의 영성, 동성애의 영성, 켈트 영성, 심지어 종교 다원적 영성에 이르기까지 우후죽순처럼 무분별한 운동들이 영성의 이름으로 그리스도인들을 혼란시키고 있기 때문이다. 그래서 영성이라는 말을 사용하지 말자는 주장도 제기되는 실정이다. 그러나 우리는 혼란된 영성의 시대에 올바른 영성과 그릇된 영성을 분별하는 지혜가 필요하며, 참된 영성의 형성과 성숙을 추구해야 할 것이다.

영성에 대한 현대적 관심

초대교회가 오랜 핍박을 받는 동안 사막이나 동굴, 혹은 오지에 칩거하면서 발생하기 시작한 수도원적 영성운동에 이어, 중세에는 신비적 영성운동이 만발하였다. 이에 대해 생활 속의 영성을 강조하는 토마스 아 캠피스의 그리스도 모방운동(Devotio Moderna)이 새롭게 일어나 종교개혁자들에게도 영향을 미쳤다. 개신교회에서는 대표적으로 세 가지의 영성 운동이 발생하였다. 첫 번째는 17세기 개신교회가 이성과 교리 중심적인 정통주의에 치우치자 반동적으로 발생한 경건주의 운동으로, 성경에 대한 묵상과 기도를 강조하는 경건생활을 추구하였는데, 후에 존 웨슬리를 통해 감리교회를 창시하고 부흥운동을 전개하였으며, 미국에도 각성운동과 선교운동을 일으켰다. 두 번째는 19세기 자유주의가 계발한 영성으로 슐라이에르막허의 보편적 종교성의 신학에 기초하여 자연적이고 합리적인 영성을 추구하였는데, 윌리엄 제임스가 『종교적 경험의 다양성』(1902)에서 심리학과 신경과학을 이용하여 신비한 종교적 경험들을 설명하였다. 세 번째는 20세기 초에 발생한 오순절운동으로 성령의 초자연적 은사를 강조하며 신비적 영성을 추구하였다.

그러나 오늘날 논의되는 영성에 대한 관심과 연구는 1960년대부터 갑자기 발생하였는데, 이는 세속화신학과 사신신학으로 대표되는 신자유주의운동과 연관되어 있다. 이 시기는 제2차 바티칸회의가 열리고 개신교회와의 교류가 시작되는 때이며, 동시에 제2차 프랑스혁명이라고도 불리는 반문화운동이 과격하게 확산되면서 포스트모더니즘이 태동하는 때이고, 또한 미국에서는 반전운동과 히피운동이 발생하면서 힌두교의 구루들을 중심으로 뉴 에이지운동이 출범하던 때이기도 하다. 한국에서는 1980년대부터 영성에 대한 논의가 전개되었는데, 로마 가톨릭의 영성 신학에 대한 소개가 시작된 후 개신교에서는 엄두섭의 수도적 관심과 함께 종교 다원주의자 김경재가 1985년 『영성신학 서설』로부터 1992년 『종교다원 시대의 기독교 영성』까지 여러 권의 영성에 대한 저서를 출간함으로써 본격적인 논의가 시작되었다. 따라서 영성에 대한 현대적 관심은 신자유주의에서 출발하여 점차 복음주의 계열로 확산되었는데, 이러한 역사적 발단과 전개과정이 그 문제점을 암시하고 있다.

자연종교적 영성

그러면, 우리는 현대의 혼란된 영성에 대해 어떤 분별력이 필요한가? 그릇된 영성의 첫 번째 유형은 자연종교적 영성이다. 이것은 참된 영성을 찾기 위해 기독교를 넘어 타 종교로 떠나는 종교편력의 영성이다. 현대 가톨릭의 선구적 영성운동가인 도머스 머튼은 기독교의 영성을 추구하다가 보다 더 고차원의 영성을 위하여 동양종교로 향하였으며, 종교 다원주의자들도 불교나 힌두교에서 영성을 추구한다. 그뿐 아니라, 심지어 복음적인 영성 논의에서도 타 종교, 특히 선불교에 대한 탐구가 흔히 발견된다. 또한, 가톨릭을 교리적으로 정죄하고 이단이라고 주장하는 보수적 개신교인들도 영성에 있어서는 무비판적으로 토머스 머튼이나 헨리 나우웬을 열독한다.

알리스터 맥그래쓰가 지적하는 대로, 기독교 안에 풍요한 영성의 전통이 있는데도 불구하고 고매한 영성을 다른데서 찾고 빌려오는 것은 게으름의 소치인지 모른다. 더욱이, 영성을 찾아 타 종교로 떠나는 영적 방황은 분명히 잘못된 것이다. 물론, 인간의 종교성은 일반은총의 영역으로서 타 종교에도 존재하지만 그것은 기초적이고 저급한 영성일 뿐이며, 참된 영성은 하나님과의 화해가 있을 때만 가능한데 고급한 영성을 위해 저급한 종교로 나아가는 것은 근본적인 오류가 아닐 수 없다. 극도의 고행이나 수련을 통과한 사람에게서 우러나는 초연한 인간성이나 난해한 경전과 선문답 같은 문구가 풍기는 오묘한 도리가 아무리 외적으로 고매해 보인다 할지라도, 그것은 모두 하나님과의 적대관계를 해결하지 않은 채 스스로 구원에 이르려는 인간의 위장된 교만에 불과하며 그리스도에 의존하는 구원을 거부하는 영적 반항의 연장일 뿐이다. 물론, 일반은총적 차원에서는 그들의 종교성이나 인간성이 어떤 측면에서는 많은 기독교인보다도 더 계발될 수 있으며 따라서 존경심을 느낄 수도 있으나, 그러한 영성은 모두 특별 은총적 차원에 이르지 못하기 때문에 그리스도를 만남으로서 승격되고 승화되어야 할 영성들이다.

신비적 영성

그릇된 영성의 두 번째 유형은 신비적 영성이다. 이것은 초자연적이고 초능력적인 신통력을 흠모하고 추구하는 영성이다. 여기서는 자기의 영적 성숙이나 수평적 차원은 무시된 채 신적 존재와의 수직적 교통을 통하여 신비한 능력을 수행하고 엑스타시적 종교체험을 추구한다. 가톨릭의 신비적 영성이 하나님과의 약혼과 결혼으로 나아가는 영성의 7단계를 제시한 아빌라의 테레사와 같이 신비적 체험을 추구하였다면, 오순절운동으로 야기된 개신교의 신비적 영성은 초자연적 능력을 추구한다.

한국교회 영성의 독특한 현상들을 열거하면서 "결국 현상적으로 보자면 한국 기독교의 영성은 불교, 유교, 도교와 마찬가지의 길을 걷고 있는 듯하다"는 김정훈의 진단이나, 샤머니즘을 비롯한 전통 종교의 영성을 기독교의 이름으로 포장한 한국교회의 영성운동이 결국 이교화를 결과한다는 김성태의 지적은 주로 신비적 영성을 우려한 것이다. 마술적 신유를 위해 이교의 방법을 도입하여 성령수술이라는 이름으로 신비적 치유를 현혹하는 할렐루야 기도원이나 비성경적 예언들까지도 용납하여 결국 시한부 종말론의 수치를 초래한 신비주의적 신앙행태는 참된 복음보다 신비현상 자체를 추구하는 다른 복음이 아닐 수 없다. 실로, 윌리엄 제임스는 무신론적 사고를 가지고도 동시에 신비현상을 긍정하였으며, 세계의 수많은 종교들의 신비현상들을 수집하여 심리학과 신경의학으로 설명하였고, 신과학이라고 주장하는 심령과학도 단순한 테크닉으로서 신비적 능력을 소유할 수 있다고 주장한다. 따라서 이러한 신비적 영성은 세계의 모든 신과 모든 영과 모든 신비 현상을 이용하여 신비체험과 초능력을 소유하려는 뉴 에이지 영성과 본질상 크게 다르지 않다.

낭만적 영성

그릇된 영성의 세 번째 유형은 낭만적 영성이다. 이것은 영성을 경건한 감정의 고양으로 이해하는 감상적 영성이다. 영성가들의 영적 편력을 탐독하며 문학적 영성을 형성하고 영적 무드를 즐기며, 큐티를 통하여 경건한 감정을 향유하지만, 만일 그것이 거룩한 감정의 나르시시즘에 빠져 거기서 그치고 실천으로 나가지 않는다면, 그것은 한가롭고 낭만적인 감상일 뿐 고난이나 십자가의 길은 외면하는 현대의 지성적이며 사치스러운 영성이 아닐 수 없다. 경건주의와 낭만주의에 영향을 받은 슐라이에르막허는 기독교의 본질을 종교적 감정이라고 규정하고 감성적 종교를 추구하다가 자유주의 신학의 아버지가 되었다.

로버트 로버츠는 『영성과 인간의 감정』에서 "기독교가 무엇이든 간에, 그것은 감정들의 세트"(a set of emotions)라고 정의하며 영성을 감정 중심으로 이해하였지만, 기독교 신앙은 단순한 감정 이상의 것이다. 물론, 그가 말한 대로, 기독교에서 하나님에 대한 사랑과 이웃에 대한 사랑이 중심적 명령이지만, 그것은 단순한 감정의 문제가 아니라 실천적 의지를 필요로 하는 것이다. 그렇지 않으면, 그것은 사랑을 흠모하는 하나의 종교적 감상으로 끝날 것이다. 웅장하고 아름다운 성당에 가서 느끼는 거룩한 감정이나 위대한 종교시를 읽으며 일어나는 숭고한 열정이 참된 영성의 본질이 아니며, 기독교의 영성은 느낌 이상의 실재적 삶의 문제가 아닐 수 없다. 실로, 참된 경건생활이란 문학적인 경건서적을 즐기고 분위기 좋은 찬송을 부르며 고요한 명상과 시적인 기도에 도취하는 것이 아니라, "하나님 아버지 앞에서 정결하고 더러움이 없는 경건은 곧 고아와 과부를 그 환난 중에 돌아보고 또 자기를 지켜 세속에 물들지 아니하는 것이다"(약 1:27).

영성의 존재론적 근거

실로, 영성이란 일시적 감상이나 신비적 체험이나 종교적 희열과 같이 존재론적 실체가 없는 일시적 경험도 아니며, 지성이나 감성이나 의지와 구별되는 인간의 제4성도 아니다. 영성(靈性, spirituality)이란 영혼의 성품, 성질, 혹은 성향을 가리킨다. 기독교 인간론에 의하면, 모든 사람이 영혼과 육체로 구성되어 있다. 즉 프뉴마 혹은 프쉬케라고 부르는 인간의 영혼은 육체와 구별되어 모든 정신적 실체와 기능을 포함하는 인간의 본질적 실체로서 정신 혹은 마음이라고도 불리며, 살아있는 동안에는 육체와 불가분리적으로 연합되어 있으나 죽을 때에는 육체와 분리되어 내세로 가게 된다. 비물질적인 영혼에는 여러 기관과 기능들이 존재하는데, 지능이나 감정이나 의지 등이 포함된다. 영혼은 오로지 순수하고 완전한 영이신 하나님의 형상대로 창조된 인간에게만 존재하며, 따라서 인간은 영적인 존재(homo spiritualis)로서 영성을 소유하는 유일한 피조물이다. 그러나 각자 그 기관들이 다르게 계발되기 때문에, 어떤 사람의 지능이 가지는 성품이나 성질을 가리켜 그의 지성이라고 하고 감정이 계발된 성품과 성향을 그의 감성이라고 부른다.

마찬가지로, 영성이란 지성과 감성과 의지를 포함하는 영혼 전체의 성품을 가리키는 종합적이고 전인적인 개념이다. 그것은 그의 지식과 감정과 의지가 어떻게 계발되었고 무엇을 경험하였으며 어떻게 통합되었느냐에 따라 모두 다른 모습을 보이며, 이는 계속 변화하고 발전한다. 어떤 사람은 성경 연구와 독서 등 지적 노력에 집중함으로써 지성이 고도로 발전하여 훌륭한 지성을 가지고 있으나 감성이 메마르고 의지가 박약하여 종합적인 영성에 있어서는 편향적이고 미성숙한 영성을 가질 수도 있으며, 어떤 사람은 그와 반대로 감성만 발달한 경우나 의지만 발달한 경우도 있어서 종합적이고 전인적인 영성에서는 저급한 사람들도 있다. 한국교회에서 근본주의자들은 사랑의 감성이나 의지는 결여한 채 교리적 지성에 치우치고 자유주의자들은 근본적 교리도 부정한 채 사회운동만을 추구하는 행동적 의지에 치우치고 신비주의자들은 윤리나 교리보다도 신비적 감성에 치우친다. 노영상이 『영성과 윤리』를 연결한 것도 도덕성은 계발되지 못한 채 편파적 영성을 추구하는 문제점을 인식하였기 때문이다. 만일 영혼이라는 실체에 근거하지 않는 영성이 있다면, 그것은 존재론적 기반을 상실한 허구에 불과할 것이다.

영성의 시작과 완성

영성이 영혼의 성품이기 때문에, 영성은 영혼의 계발과 발달과정을 반영한다. 인간은 모두 영혼을 가지고 있으며, 오로지 죽은 사람에게만 영혼이 없다(약 2:26). 그럼에도 불구하고, 성경은 인간의 영혼이 범죄로 인해 죽었고 그가 그리스도를 믿을 때 성령에 의해 다시 살아난다고 가르친다. 이것은 비록 생물학적인 영혼은 존재하지만 영적으로 볼 때, 즉 영혼의 정상적인 기능의 관점에서는 살아 있으나 죽은 것과 같다는 표현이다. 따라서 인간의 영혼이란 영적 사망의 상태에서도 기본적으로 살아 기능하고 있으므로 불신자에게도 기본적인 영성이 존재한다고 말할 수 있다. 그러나 영혼의 기반인 하나님과 단절되고 대립된 인간의 영성은 고갈되고 왜곡되어 있으며, 오로지 하나님과의 관계가 다시 회복되고 교제를 통해 풍요한 교류가 시작되는 중생의 시점에서 참된 영성이 시작한다고 볼 수 있다. 또한 하나님과의 관계 회복은 죄악으로 인해 수많은 집단들로 분리되어 서로 차별하고 대립하는 인간들과의 화해와 사랑, 그리고 심지어 자연과의 관계 회복도 결과한다. 따라서 타 종교나 불신자들의 인간성이 어떤 면에서 심오하게 계발될 수도 있으나, 전인적인 영혼의 품격과 성향에 있어서는 심각한 문제를 가지고 있는 것이다. 자기의 창조자인 하나님과의 거부와 대립과 반항 상태에서 건전한 영성의 계발이란 불가능하기 때문이다.

한편, 중생에서 새롭게 출발하는 우리의 영성은 끊임없이 자라나고 성숙하고 발전되어야 하며, 이것을 구원론적으로는 성화의 과정이라고 부른다. 성화는 성령의 도움을 받아 우리 영혼 속에 여전히 존재하는 죄악적 요소를 정화하며 자기의 독자적 정체성을 부정하고 그리스도를 본받으며 그리스도와의 연합을 증진하여 마침내 내 속에 그리스도만이 살게 되는 상태에 이르는 긴 과정으로서 천상에서야 완성된다. 우리의 신앙은 지성(notitia)과 감성(assensus)과 의지(fiducia)에 상응하는 전인적 기능을 가지고 있으며, 신앙의 성장은 세 기능의 종합적 발전과 강화를 의미한다. 따라서 우리의 영성은 우리의 지성과 감성과 의지가 그리스도의 지성과 감성과 의지를 본 받고 대치할 때 완성되며, 그런 노력과 참여를 통하여 우리의 영성이 계발되고 성숙해진다.

그리스도 중심적 영성

그러므로 참된 영성은 그리스도 중심적이다. 기독교는 동일한 본질을 소유한 성부, 성자, 성령 세 인격을 믿는 삼위일체 신관을 가지고 있다. 그러나 기독교를 성부교나 성령교라고 부르지 않고 성자를 의미하는 그리스도교라고 부르는 이유는 그리스도 중심성을 통해서만 올바른 하나님 이해와 관계가 가능하기 때문이다. 따라서 참된 영성은 오로지 그리스도에서 시작한다. 예수님은 "내가 곧 길이요 진리요 생명이니, 나로 말미암지 않고는 아버지께로 올 자가 없느니라"(요 14:6)고 선언하였다. 영성의 길은 곧 그리스도의 길이다. 유대교나 이슬람교가 성부에 대한 신앙을 가지고 있으나 그리스도를 거부함으로써 그릇된 영성을 결과하였다. 일부 오순절파는 성령을 중심으로 영성을 발전시키려 하지만, 그것은 올바른 길이 아니다. 왜냐하면 성령은 동등한 신이지만 자기중심성을 요구하지 않고 그리스도의 영으로서 그리스도가 중심이 되도록 돕는 분이기 때문이다. 그리스도가 중심이 될 때 성부도 성령도 올바로 이해하고 올바로 관계할 수 있다.

오늘날 뉴 에이지나 요가, 선, 단, 기 훈련 등의 방법으로 종교는 거부하면서 영성은 추구하는 사람들이 늘어나고 있다. 로버트 풀러는 『영적이지만 종교적이 아닌 사람들』(Spiritual, But Not Religious)이라는 책에서 이런 현상을 설명하고 있는데, 미국의 경우 약 20퍼센트가 이 그룹에 해당한다. 이들은 영성을 무엇이든지 신비적인 교감이나 능력으로 생각하며, 수많은 악령들과 영적인 현상들이 존재하기 때문에 그것이 그리스도 없이도 어느 정도 가능하지만, 그것은 그리스도 안에 나타난 하나님의 사랑을 거부하는 그릇된 영성이 아닐 수 없다. 더욱이, 존 도슨이 지적한 대로, 이러한 자유방임적 영성은 개인주의적으로 인격적인 교제와 훈련을 요구하는 공동체를 거부하고 책임과 평가를 부정하는 심각한 문제점을 가지고 있다. 참된 영성은 그리스도의 몸이 되어 교회의 훈련과 교제를 수용하고 하나님의 말씀에 따라 자기의 독자적 욕심과 야망을 포기하는 그리스도와의 연합과 일치를 추구하는 것이다.

개성화된 영성

그러므로 영성의 계발은 매 순간 성령에의 절대적 순종을 통한 성령의 열매에 의해 이루어지며, 또한 우리의 끊임없는 헌신과 훈련을 필요로 한다. 따라서 초대교회로부터 영성 계발은 수도원에서 집중적인 관심을 가지고 다양한 프로그램을 계발하였다. 오늘날에도 상당한 영성훈련 프로그램들이 수도원적이다. 한편, 개신교회도 현대 산업사회의 도시화와 개인주의적 경향에 대응하여 제자훈련, 가정교회, 소그룹, 셀 그룹 등 다양한 훈련 프로그램들을 계발하였다. 퀘이커 교도인 리처드 포스터는 묵상, 기도, 금식, 학습의 내적 훈련, 단순, 고독, 복종, 섬김의 외적 훈련, 고백, 예배, 인도, 축제의 집단적 훈련 프로그램을 제시하였다.

그러나 그의 멘토이기도 한 달라스 윌라드는 이와 같은 영성 계발 혹은 훈련 프로그램들이 "새로운 율법주의"(new legalism)로 부상할 수 있는 위험성을 지적하였다. 획일화된 프로그램이 모두에게 획일적인 훈련을 강요하여 획일적인 영성을 요구할 수 있기 때문이다. 비록 참된 영성이 모두 그리스도 중심적이고 전인적이어야 하지만, 모든 그리스도인은 각기 독특한 소명과 독특한 개성과 독특한 경험을 가지고 있고, 성령은 모든 개인에게 독특하게 적용하기 때문에, 각자 개성 있는 영성들이 계발되어 신앙공동체로 모일 때 교회는 조화롭고 풍성한 공동체가 되고 다양한 사역을 효과적으로 수행할 수 있는 그리스도의 전인적 몸이 되며, 이 세계를 향한 하나님의 사랑과 경륜이 전면적으로 풍요하게 실현될 것이다.

13

예수 그리스도의 인격적 소외

예수 그리스도는 기독교의 핵심적 실체이다. 칼 바르트가 지적한 대로, “기독교는 예수 그리스도라는 이름의 주체를 서술한 것이다. 그가 없다면, 기독교가 약간 달라지는 것이 아니라 완전히 없어지는 것이다.” 실로, 예수님을 제외한다면 기독교는 약화되고 결국은 멸망할 것이다. 그가 기독교의 유일한 존재이유(raison d'etre)이기 때문이다. 따라서 기독교에서 그리스도가 소외되고 있다면 이는 중대한 위협이 아닐 수 없다.

그리스도가 처음 세상에 왔을 때 그는 자기 백성으로부터 소외를 받았다: “참 빛 곧 세상에 와서 각 사람에게 비추는 빛이 있었나니, 그가 세상에 계셨으며 세상은 그로 말미암아 지은바 되었으되 세상이 그를 알지 못하였고 자기 땅에 오매 자기 백성이 영접치 아니하였으나, 영접하는 자 곧 그 이름을 믿는 자들에게는 하나님의 자녀가 되는 권세를 주셨다”(요 1:9-12). 그러나 그의 희생적인 십자가의 죽음과 부활로 이룩한 인류의 구원으로 인해 예수님은 많은 성도들의 사랑과 존경을 받아왔으며, 그들은 자타에 의해 '그리스도인'이라는 정체성으로 불려졌다. 그러나 현대사회로 접어들면서 예수 그리스도가 자기 교회와 자기 백성으로부터 소외를 당하는 현상이 다시 발생하고 있다.

소외(疏外, alienation)란 철학적 용어로서 비인간화와 관련되어 있다. 사람들이 자기나 타인을 인격체로 대하기보다 이념이나 물질의 관점에서 보게 되면 자기를 상실하게 되는 비참한 결과를 초래하게 된다. 따라서 비인간화는 비인격화(depersonalization)와 연관된다. 현대에 발생하고 있는 그리스도의 소외는 과거의 소외와 달리 그의 이름을 부르고 자기를 그리스도인이라고 자처하면서도 실제로는 그분과의 인격적 관계를 거부하는 실천적 소외라는데 자기기만적 성격을 내포하고 있다.

그리스도의 종교 다원론적 소외

서구교회가 계몽주의라는 반기독교운동에 의해 처절하게 무너져 내리면서 그리스도는 서구사회의 중심으로부터 주변으로 소외당하는 아픔을 겪고 있다. 더욱이, 이러한 세속화에 동조하여 시대정신에 타협적인 자유주의가 발생하였고, 그들은 스스로를 기독교인이라고 자처하면서도 단지 그의 윤리적 이상과 종교적 의식만을 취한 채 인격으로서의 그리스도는 멀리 소외시켰다. 이러한 19세기의 구자유주의가 신정통주의와 근본주의 운동에 의해 퇴치되는 것처럼 보였으나, 20세기 후반 그보다 더 과격한 신자유주의가 발생하여 심지어 사신신학까지 부르짖었다.

20세기 말에 부상한 포스트모더니즘을 배경으로 종교 다원주의

(religious pluralism)라는 신학이 기독교 안에서 발생하여 충격을 주고 있다. 포스트모더니즘은 이성주의에 대한 반동으로 이성의 해체를 주장하며 절대 진리와 절대 윤리의 존재를 철저히 부정하고 있다. 상대주의와 다원주의라는 데카당스적 시대정신으로부터 인류를 구원해야 될 기독교 안에서 오히려 세속정신에 도취하여 다원주의 사상으로 기독교를 역복음화하려는 시도가 바로 종교 다원주의 운동이다.

그러나 그리스도가 기독교의 본질적 실체이기 때문에, 그리스도를 기독교에서 추방 혹은 소외시키지 않고서는 기독교에서 종교 다원주의가 불가능하다. 따라서 그들은 두 가지 방법으로 그리스도를 소외시킨다. 첫째는 종교 다원주의의 선구자인 존 힉의 방법으로, 그는 기독교가 그리스도 중심적 종교에서 신 중심적 종교로 전환되어야 한다고 주장하고, 그것을 코페르니쿠스적 혁명이라고 자찬하였다. 다른 종교들에도 구원이 있다고 주장하는 데 있어서 예수 그리스도의 존재는 근본적인 거침이 되지만, 신 개념은 대부분의 종교에 공통적이기 때문이다. 둘째는 종교 다원주의의 신학적 후원을 위해 계발된 과정신학(Process Theology)의 대표자 존 콥의 방법으로, 그리스도를 일반화시키고 익명화함으로써 유일한 인격으로서의 그리스도를 소외시키는 희석전략이다. 그는 그리스도라는 명칭이 고유명사가 아니라 일반명사로서, 유대인 예수는 수많은 그리스도 중의 하나에 불과하다고 주장하였다. 불교에도 힌두교에도 그리고 다른 종교들에도 각기 그들의 그리스도가 있다고 주장하고 그런 그리스도들을 '익명의 그리스도'(anonymous Christ)라고 불렀으며, 칼 라너는 그런 그리스도를 믿는 종교인들을 '익명의 그리스도인'이라고 규정하였다. 실로 그리스도의 익명화는 비인격화이며, 그리스도의 우주화는 추상화이다. 왜냐하면 과

정신학에서는 심지어 예수가 하나의 그리스도가 된 것도 단지 범재신론적 진화 과정에서 비인격적인 로고스에 많은 영향을 받은 결과일 뿐이기 때문이다.

그런데도, 일부 한국의 진보적 신학자들이 그리스도에 대한 절대 신앙을 상실한 채 이러한 서구의 세속화신학에 영향을 받아 종교 다원주의운동을 전개하고 있는 것은 심히 안타까운 현실이 아닐 수 없다. 그들은 종교간 평화주의와 상대적 다원주의라는 시대의 흐름에 힘을 얻어 사명감을 가지고 추구하고 있으나, 이는 일시적으로 유행하는 이념에 도취하여 그리스도와의 인격적 관계를 단절하고 그를 자기중심에서 소외시키는 행위가 아닐 수 없다. 더욱이, 일부 지성인들은 이것이 마치 현대 기독교의 지배적 신학인 것처럼 오해하여 오히려 전통적 기독교를 아류로 비방하고 있는 실정이다.

그리스도의 삼위일체론적 소외

기독교는 유대교에서 시작되었으나, 그리스도로 인해 서로 결별하였다. 그가 하나님의 영원한 독생자로서 인류의 구원을 위해 세상에 왔을 때, 유대인들은 그가 하나님의 외아들이라는 말에 경악을 금치 못하였다. 그들은 아브라함 이후 2천 년 동안 여호와 하나님을 섬겨왔으며 계시를 통하여 하나님에 대해 많은 사실을 알고 있었으나, 하나님에게 아들이 있다는 말을 전혀 들어보지 못했기 때문이다. 따라서 그리스도의 주장은 하나님이 한 분뿐이라는 유일신론(monotheism)에 대한 근본적 도전으로 인식되어 단호하게 배척하였다.

초대교회의 그리스도인들은 하늘에 계시는 하나님 한 분 외에 그의 외아들 예수님도 하나님이라고 부를 수 있으며, 나아가 또 한 분, 즉 성령님이 더 계신다는 사실을 믿는 사람들이었다. 이것이 유대교와 기독교의 신관에 존재하는 근본적 차이인 것이다. 이제 성육신과 오순절 사건을 통하여 하나님이 완전히 계시된 상태에서 하나님은 모두 세 분이며, 그 중 한 분이라도 믿지 않으면 안 되었다. 구약시대에 잘 모를 때는 하나님을 한 분이라고 믿었지만, 성자와 성령이 계시된 상황에서 구약시대의 제한된 신관만을 고집하는 것은 용납되지 않았다. 따라서 세례나 축도와 같은 공식적 구문에는 반드시 세 분이 함께 언급되었다. 그러나 일부는 끝까지 이를 수용하지 못하여 하나님은 한 분인데 세 모습으로 변형하여 나타난 것뿐이라는 주장을 하기도 하였고, 이들은 양태론(modalism)으로 규정되어 이단으로 출교되었다. 한편, 세 분의 관계에 대하여 완전한 신성을 근거로 한 평등성을 부정하고 아리우스와 같이 서로 다른 종류와 등급의 신들로 이해한 삼신론(tritheism)도 이단으로 출교되었다. 아타나시우스 신조가 고백하는 대로, 하나님은 세 분(three Persons)이지만 세 하나님(three Gods)이라고 해서는 안 된다. 그것은 세 분의 이질성을 함축하기 때문이다. 이 두 오류를 범하지 않는 올바른 신관이 후에 '같은 본질을 가진 세 분의 하나님' (three persons in one nature)을 고백하는 삼위일체론으로 정립되었다.

그럼에도 불구하고, 오늘날까지 삼위일체론에 대한 혼동이 계속되고 있는 것은 안타까운 일이다. '한 분이 세 위격으로 존재한다' 거나 '세 분이 한 분이다' 라는 자기도 이해하지 못하는 비논리적인 말을 하면서, 신비라서 잘 모른다고 무책임하게 얼버무리는 어설픈 신학자들로 인해 신학도들과 목회자들은 몽롱하고 모호한 신관을 가지게 되었다. 따라서 우리가 믿는 하나님이 한 분인지 세 분인지를 질문하면 목회자들이 반반으로 나뉘는 어처구니없는 실정이다. 성부와 성자와 성령이 같은 분인지 다른 분인지를 질문하면 다른 분이라고 선뜻 대답해놓고 나서, 그러면 세 분이 아니냐고 하면 대답을 주저한다. 그리스도의 세례기사를 보든지 예수님이 하늘에 계신 성부를 향해 기도한 사실을 보면 성부와 성자가 다른 인격체라는 사실은 자명하다. 그런데도 하나님이 한 분(one person)밖에 없다고 주장함으로써 사실상 유대교나 이슬람교와 같은 입장을 취하거나 양태론적 이해를 하여 고대 같으면 이단으로 규정되었을 사상이 오히려 동등한 세 분을 모두 믿는 정통적 삼위일체론을 삼신론이라고 공격하는 현실은 현대의 혼란된 신학적 실상을 반영한다. 그에 비하면, 오히려 대다수의 평신도들은 신학적 혼란 없이 단순하게 성부와 성자와 성령을 모두 믿고 세 분과 인격적인 교제를 나눈다.

세 분을 분명히 인정하지 않는 것은 그리스도의 인격적 소외를 가져온다. 먼저 분명한 인격적 주체가 설정되지 않으면 인격적 관계가 불가능하기 때문이다. 예를 들어, 어떤 아버지와 아들을 한 분, 즉 같은 분으로 혼동한다면, 그 아버지나 아들과의 인격적 관계가 이루어질 수 없다. 그리스도를 성부와 성령과 더불어, 우리를 위해 십자가의 고통을 당하신 은혜에 감사하며 사랑하고 주님으로 섬기며 교제할 수 있는 독자적 인격으로 믿지 않고, 모호하게 한 분 하나님의 색다른 모습이나 기능 정도로 생각한다면, 예수 그리스도는 성부에게 가려지고 혼돈되어 자기가 구원한 사람들로부터 심각한 소외를 당하게 된다. 기독교역사에 보면, 정통적인 교회가 한결같이 세 분을 믿는 삼위일체론(trinitarianism)을 고백하였는데, 근대에 와서 성부 하나님 한 분만을 믿는 일위일체론(uniterianism)이 등장하였고, 최근에는 승천한 예수님이 성령으로 모습을 바꾸어 내려왔다고 하여 두 분만을 믿는 이위일체론(binitarianism)도 대두되고 있다.

그리스도의 예배론적 소외

삼위일체론의 확립은 자연히 예배론에 영향을 미쳤다. 하나님에게만 예배를 드릴 수 있는데, 하나님이 세 분임이 확인되었기 때문이다. 그리하여, 니케아신조는 성부와 함께 성자와 성령도 예배되어야 한다고 규정하고 있으며, 이론적으로는 거의 모든 신조가 이에 동의하고 있다. 그러나 성부를 왕으로 세 분을 서열화하는 군왕적 삼위일체론(monarchianism)과 로마 가톨릭교회의 교황을 수장으로 하는 계급주의(hierarchicalism) 사고는 예배의 대상을 성부로 집중하고 사실상 성자와 성령은 거의 소외되도록 만들었으며, 이러한 그리스도의 예배적 소외가 오늘날까지 계속되고 있다. 축도에서 발견되는 삼위의 균형이 예배 전체에서는 부정되고 있다. 모든 인류가 그리스도에게 무릎을 꿇고 경배하는 것이 하나님의 뜻이며 예배의 중요한 의미가 프로스쿤네오, 즉 무릎을 꿇고 경배하는 것인데, 그리스도가 예배의 중심에서 소외된다면 이는 실로 기독교 예배의 근본적 모순이 아닐 수 없다.

특히, 예배의 중요한 요소인 기도에 있어서 오로지 성부만이 기도를 받을 수 있는 대상으로 제한되고 있다. 예수 그리스도는 기도 마지막에 한 마디 언급될 뿐 성도들이 자기의 주님인 그리스도에게 직접 기도하는 것이 어린이들을 제외하고는 금지되고 있다. 그러나 예수님은 자기에게 직접 기도하라고 가르쳤다. "내 이름으로 무엇이든지 내게 구하면 내가 행하리라"(요 14:14). 따라서 스데반은 순교 당하면서, "주

예수여, 내 영혼을 받으시옵소서" 하고 기도하였고, 사도 바울도 자신의 병 고침을 위하여 주님께 기도하였다. 물론, 주기도가 기도의 패턴이 되었기 때문에 성부가 기도의 주된 대상이 된 것은 사실이지만, 이것은 예수님이 지상에 있는 동안 아버지에게 기도하는 상황에서 주어진 점을 고려해야 할 것이다. 더욱이, 예수 그리스도는 우리의 연약함을 다 몸소 경험한 분으로서 언제나 우리를 돕기 원하기 때문에, "우리는 긍휼하심을 받고 때를 따라 돕는 은혜를 얻기 위하여 은혜의 보좌 앞에 담대히 나아갈 것이니라"(히 4:15-16). 우리가 사랑하는 주 예수 그리스도에게 직접 말할 수 없고 항상 성부를 통하여 간접적으로만 말할 수 있다는 것이 얼마나 억지스러운 주장인지 모른다. 오리겐으로부터 시작된 이 금지장치는 그리스도를 기도와 예배의 중심에서 소외시키는 결과를 초래하였다. 한편, 찬송에서는 그리스도나 성령에게 직접 간구하는 가사들이 허용되고 있는 것은 실로 모순된 행동이 아닐 수 없다.

그리스도의 교회론적 소외

오늘날 많은 사람들은 그리스도가 자기 교회로부터 주권을 상실하고 주변으로 소외되었다고 느낀다. 왜냐하면 많은 교회들이 예수 그리스도를 사실상 자기들의 머리와 주인으로 인정하지 않기 때문이다. 그것은 외식적 명목일 뿐, 교회를 섬기라고 믿고 맡겨준 목사가 주인으로 군림하는가 하면 교인들은 민주주의에 영향을 받아 '주인의식'을 강조하고 교인들의 대표라고 자처하는 장로들이 마치 기업의 소유권같이 교회의 대표성을 주장하는 것이 오늘의 실상이다. 많은 교회들은 더 이상 그리스도로부터 지시를 받는 수동적이고 순종적인 몸이 되기를 원치 않고, 그리스도의 이름으로 확보한 인력과 재정을 자기들의 뜻대로 사용하고 있다.

특히, 이와 같은 소외현상은 사람들이 마음대로 그리스도의 교회를 분열시킨 분파주의와 자기영광 추구에서 여실히 나타난다. 교회가 분리되기 전에는 그리스도가 교회의 유일한 머리와 주인이었으나, 분리 배후에서 특정인물이나 사상이 분파를 하나로 결속하고 지휘하는 새로운 중심으로 부상하면서 그리스도는 중심으로부터 소외되었다. 제2의 주인을 추종하는 교파주의에 이어 교단주의는 제3의 주인, 즉 수많은 정치적 보스와 이념을 중심으로 결속하면서 그리스도의 소외는 심화되었다. 도스도예프스키의 소설 『카라마조프가의 형제』에 보면, 종교재판이 기승을 부리던 중세에 예수님이 스페인의 세빌에 방문하여 대재판관인 추기경과 만나는 유명한 이야기가 나온다. 이미 인간이 지배하는 교회에 찾아온 그리스도는 교회를 차지한 인간들에 의해 '모든 이단 중의 가장 악한 이단'으로 정죄되어 화형을 선고받는다. 교회정치가 기승을 부리고 분열될수록 그리스도는 자기가 피 값으로 산 교회로부터 더 소외를 당하게 된다.

더욱이, 현대의 개인주의 사상에 영향을 받아 발생한 개교회주의는 분파운동의 극치라고 할 수 있다. 교회는 그리스도를 머리로 하는 하나의 유기체이며 개 교회는 이를 구성하는 지체들이기 때문에, 지체는 유기체와의 관계 속에서만 그 올바른 기능을 수행할 수 있다. 유기체로부터 분리된 독립적 지체는 마치 몸에서 분리된 팔과 같이 필연적으로 부패와 죽음을 결과한다(요 15:4-6). 그럼에도 불구하고, 개교회주의는 주변의 다른 교회들을 적대시하고 교제와 협력을 부정한 채 자기의 영광을 추구한다. 여기서 그리스도는 설 곳이 없으며, 자기허영과 영웅숭배가 이를 대치한다. 물론, 그리스도가 설교되고 그리스도가 표방되지만, 그것은 자기 교회의 영광을 이룩하기 위한 상징적 도구에 불과하다.

그리스도의 상징적 소외

이러한 그리스도의 도구적 이용은 현대의 많은 세속적 그리스도인들에게서 나타난다. 기복적 신앙의 추구는 인격적 그리스도와의 관계보다는 자기의 형통과 축복을 위하여 그를 이용하는데 더 관심을 가지는 자연종교(natural religion)인데, 자연종교에서는 신앙의 대상이 중요하지 않고 그 효능과 편의성에 치중한다. 그리스도는 전인적으로 사랑하고 무조건 따라야 할 인격적 대상이라기보다 축복의 방편이나 마술적 상징으로 이해된다. 무엇이든지 구하고 끝에 '예수님 이름으로'라는 주문을 붙이면 모두 들어진다고 생각한다. 예수님이 무엇을 원하는가는 전혀 고려되지 않고 내가 원하는 것을 무조건 들어주어야 되고 들어준다고 생각하는 이기주의적 신앙에서 신은 자동적 응답기(deus ex machina)가 된다. 부모를 존경하지도 사랑하지도 않으면서 돈만 받아가려는 아이들과 같이, 이와 같은 신앙구조에서 그리스도는 존중되지 않고 그의 인격은 철저히 소외당한다.

구원을 면죄부와 천국 입장권 정도로 이해하는 신자들에게 있어서, 그리스도는 단지 그러한 특권을 값없이 제공한 분으로 인시된다. 은혜를 잊지 않고 감사하지만, 그리스도와 하나가 되는 완전한 연합이나 그를 위해 자기를 버리는 자기부인은 너무 지나친 요구로 생각되어 사실상 거절된다. 하나님과의 화해나 그리스도와의 인격적 관계가 구원의 핵심이며 다른 것은 모두 부수적인데도, 인격적 관계와 헌신적 사랑보다는 자기 목적을 이루기 위한 도구로만 수용된다. 그는 우리와 영원한 인격적 교제를 원하는데, 우리는 그것보다 목적 달성의 방편으로 이용한다면, 그리스도는 심각한 인격적 소외를 당하게 된다.

또한, 그리스도를 상징이나 이념으로 인식하는 것도 그리스도를 소외시키는 결과를 초래한다. 현대의 지성인들이 그리스도와의 인격적 관계를 맺는 것은 거부한 채, 그로부터 올바른 사고나 도덕만을 배우려는 것이 바로 그런 오류이며, 자기의 이데올로기를 정당화할 목적으로 그리스도를 상징화하여 이용하는 것도 그러하다. 예를 들어, 불교나 유교는 해탈이나 군자와 같은 이념의 성취에 그 목적이 있으며, 공자나 석가와의 인격적 관계를 필요로 하지 않는다. 그러나 기독교는 인격적 화해의 복음을 가르친다. 왜냐하면 이미 죽어버린 공자나 석가와 달리 그리스도는 지금도 살아서 우리와 교제할 수 있기 때문이다. 그리스도는 세속적 사고에서 얼마든지 상징으로 전락할 수 있다. 단군숭배가 민족주의라는 이데올로기를 전파하기 위해서 이용되는 가상적 인물의 상징인 것처럼, 그리스도는 제국주의자들이 식민통치를 정당화하는 이데올로기의 상징으로도 이용되었고, 노예제도나 인종차별의 상징적 배경으로도 이용되었다. 많은 제왕들은 자기의 왕권을 수호하기 위해 왕관을 쓴 그리스도를 상징적으로 이용하기도 하였다. 현대와 같은 자본주의 시대에 있어서 그리스도는 무조건적 사랑하고 헌신하는 인격적 대상이 아니라 부귀와 건강의 상징으로 전락하고 있다. 상징이 인격과 분리되면 그리스도는 소외된다.

현대교회의 또 다른 문제는 프로그램의 범람이다. 오늘날 대중문화와 조직사회는 프로그램을 통해 운영되고 있으며, 이에 따라 교회들도 현대인들의 자유분방하고 통제되지 않는 성향을 제어하고자 교인들을 수많은 제도와 의식과 프로그램의 틀 속에 고정시키는 노력을 기울이고 있다. 물론, 이런 시도들이 대개는 좋은 의도에서 시작되지만, 그 과정에서 그리스도가 실종되고 소외될 수 있다. 심지어 그리스도가 완성하여 폐지된 구약의 제사제도나 율법적 장치들을 부활하려는 시도들이 한국교회에서 발생하고 있는 것은 위험천만한 일이 아닐 수 없다. 천 마리의 제물을 한번에 불태워 바치는 번제(燔祭)로 드린 구약의 일천 번제의 개념을 그릇되이 이용하여 헌금을 천 번(番)드려 소원을 이루게 한다는 일천번제가 퍼져가고 있는 현실이나 백일기도를 통하여 소원을 이룰 수 있다는 백일 특별기도회는 불교의 공력에 의한 소원성취 사상을 그대로 도입한 것이다. 이와 같이 그리스도와 무관한 혹은 그리스도를 무시하는 제도와 프로그램들이 범람할수록 그리스도는 소외된다. 캘빈이 『교회개혁의 필요성』에서 통탄한 중세교회의 그리스도 소외는 오늘날 한국교회에서도 일어나고 있다: "모든 교회가 공개적으로 우상숭배에 오염되어 있으며, 사람들은 그리스도 대신 우리가 만든 허상들을 섬기고 있다. 수천의 미신들이 지배하고 있으며, 그 수많은 미신들은 공개적으로 그리스도를 모욕하고 있다. 그리스도의 능력은 사람들의 마음에서 거의 사라지고, 구원의 희망은 그로부터 공허하고 사소하고 무가치한 의식들로 넘겨졌다."

그리스도에 대한 사랑은 추상적인 이념이 아니라 그를 인격적으로 정답게 사랑하고 조건 없이 순종하는 삶으로 나타나야 한다. 그리스도와의 인격적 관계를 회복하지 않고는 진정한 사랑을 실현할 수 없다. 하나님을 사랑한다는 것은 구체적으로 성부와 성자와 성령, 즉 삼위 하나님과의 인격적 관계를 회복하는 것으로서, 성부 하나님을 아버지로 모시고 성자 예수 그리스도를 주님으로 섬기며 성령 하나님과 동행하게 된다. 따라서 기독교는 추상적인 사랑이나 정의를 실현하는데 목적이 있지 않고 삼위 하나님과의 인격적 관계를 회복하며 이웃들과의 인격적 관계를 수립하는데 그 목적이 있다. 그러므로 상징이나 이념으로서의 그리스도와 같이 인격적 실체가 없는 그리스도는 참된 그리스도가 아니며, 그런 그리스도를 믿는 사람은 참된 그리스도인이 아니다. 현대교회는 헤아릴 수 없는 신학과 정치의 이데올로기로부터 해방되어 어린이와 같은 마음으로 그리스도를 인격적으로 영접하고 모든 면에서 그와의 전인적이고 심층적이며 헌신적인 교제를 회복해야 할 것이다.

14

고난에 대한 서구적 이해

기독교와 고난은 불가분리의 관계를 가지고 있다. 왜냐하면 기독교의 복음이 그리스도의 고난과 십자가에 근거하고 있으며, 모든 그리스도인에게는 십자가의 길과 고난에의 참여가 필수적으로 요구되고 있기 때문이다. 그러나 오늘날의 상황은 어떠한가? 고난의 신학 대신 영광의 신학이 군림하면서, 한국교회에는 축복과 영광과 번영을 약속하는 복음들로 넘쳐나고 있다. 교회는 더 이상 고난을 원치 않고 오로지 만사형통과 삼중 축복을 원하는 것 같다. 십자가와 고난은 모두 그리스도가 우리 대신 지셨으니, 이제 그리스도인에게는 영광과 축복이 기다리고 있을 뿐이라고 가르친다. 그러나 이것은 성경이 가르치는 고난의 가르침을 정면으로 거부하는 이단적 발상이 아닐 수 없다. 성경은 모든 그리스도인에게 고난의 소명이 주어져 있다고 가르친다. "이를[고난을] 위하여 너희가 부르심을 받았으니, 그리스도도 너희를 위하여 고난을 받으사 너희에게 본을 끼쳐 그 자취를 따라 오게 하려 하셨느니라"(벧전 2:21). 실로, 수많은 현대교회는 '다른 복음'을 팔고 있으나, 그것은 현세에서 실현될 수 없는 종교적 기만이다.

기독교가 한국에 도래한 시기는 우리 민족이 고난으로 진입하는 때였으며, 이조 말과 일제 하에서, 그리고 한국동란과 전후의 비참한 상황에서 기독교는 고난을 수용하고 극복하는 힘을 부여하였다. 그러나 오늘날의 한국교회가 이토록 고난을 거부하는 자연종교와 유사한 형태로 전락하게 된 데에는 1960년대 이후 한국경제의 급속한 성장과 풍요, 그리고 물질주의와 향락주의라는 시대정신에 점령당한 교회의 세속화 때문이다. 이것은 자본주의와 쾌락주의라는 서구문화의 도입과 지배에서 그 원인을 찾을 수 있다. 그런데, 왜 서구화가 반기독교적 결과를 가져왔는가? 그 이유는 서구교회의 세속화가 선행되었으며, 그 결과 문화적 주도권을 상실하게 되었다는 사실이다. 물론, 고난에 대한 몰이해는 지역과 문화를 초월한 보편적 현상이며, 서구문화는 구조적으로 기독교 사상에 근거하고 있지만, 본고에서는 현대의 서구문화가 고난을 거부하고 쾌락을 추구하게 된 사상적 원인에 대해 집중적으로 그리고 비판적으로 논의하고자 한다.

고난을 거부하는 교회

서구교회는 서구를 완전복음화하고 기독교문화를 건설하였으며, 전 세계에 선교한 기독교의 모체이며 중심이다. 그리고 비서구교회가 급성장하고 있는 오늘날에도 신학과 목회방법론의 근원이며, 모든 연합운동을 주도하고 있다. 그러나 서구교회는 심각하게 세속화되었다. 복음주의 지도자 제임스 팩커는 현대의 서구교회를 '호화탕 종교'(hot tub religion)라고 규정한다. "행복주의(eudaimonism)는 행복이 최상의 가치이기 때문에, 우리는 확신을 가지고 지금 현세의 어떤 상황에서도 하나님이 우리를 불행으로부터 보호해 주기를, 또는 만일 불행한 일이 발생하면, 우리가 그렇게 사는 것이 결코 그의 뜻이 아니기 때문에 거기서 즉시 구해주기를 기대할 수 있다고 가르친다. 이것이 호화탕 종교의 원리이다."[24] 그는 그것이 분명히 그릇된 원리인데도, 이러한 쾌락주의(hedonism)가 서구 기독교의 지배적 현실이며 기독교 제자도의 도덕적 본질을 상실하도록 유도한다고 진단하였다.

그러나 서구교회가 고난을 거부하게 된 것은 오랜 세속화과정의 결과이다. 독일교회의 양심이었던 디트리히 본회퍼는 그런 과정이 본격적으로 계몽주의 운동에서 시작되었다고 분석하면서, 그 결과 서구 기독교가 너무 합리화되고 문화화되어서 십자가와 고난을 이해하지 못하는 자연종교, 원형적 기독교와는 본질적으로 이질적인 다른 종교로 전락하였다고 주장하였다. 따라서 아마도 고난을 이해하는 동양으로 촛대를 옮기지 않겠느냐고 한탄하였다.[25] 그는 십자가로 성취한 값비싼 은혜가 값싼 은혜로 오인되어 오로지 번영과 쾌락만 추구하는 서구교회의 몰락을 예견하면서, 서구교회를 자연종교로부터 고난을 이해하고 참여하는 교회로 회복시키는 하나님의 긍휼을 간절히 소원하였다. 그러나 아쉽게도 동양교회도 오늘날은 서구화로 인해 더 이상 고난을 이해하지 못한다.

---

24) J. I. Packer, *Hot Tub Religion: Christian Living in a Materialistic World* (Wheaton, IL: Tyndale House, 1993), 75.

25) Dietrich Bonhoeffer, *Gesammelte Schriften* (Munchen, 1959), I: 161.

쾌락주의의 기원

그러면, 왜 서구인들이 고난을 이해하지 못하게 되었는가? 서구사상은 두 가지의 원천을 가지고 있다. 그리스에서 발생한 헬레니즘과 유대에서 발생한 기독교사상이다. 기독교 복음이 전파되기 이전에 지배적이었던 헬레니즘이 기독교에 문화적 주도권을 상실하였으나, 르네상스를 통하여 다시 부흥되기 시작하였고 급기야 반기독교적인 계몽주의운동의 출현과 함께 표면에 부상하였다. 물론, 헬레니즘이 그리 단순하지 않지만, 서구인들에게 고난을 거부하도록 만든 대표적인 사상이 이 흐름에서 발생하였는데, 그것이 바로 쾌락주의 사상이다.

쾌락주의의 창시자라고 불리는 에피큐로스(B.C. 314-270)는 데모크리토스의 제자로서, 쾌락주의는 원자론의 논리적 귀결이다. 원자론이란 세계가 단순한 물질적 원자들로 구성되어 있다고 보는 유물론으로 신이나 형이상학적 진리를 인정하지 않는다. 이러한 사고는 자연히 형이상학적 이성을 부정하는 감성주의를 결과한다. 에피큐로스에 의하면, 모든 인식은 단순히 감각적인 지각에 지나지 않으며, 그 이상의 아무 것도 아니다. 오로지 감각적인 지각만이 참되며, 그것은 항상 참되다. 그는 "모든 가치와 비 가치는 감각의 문제다"고 규정하고, 선이란 감각적 쾌락을 주는 것이라고 정의하였다.

이러한 사상적 구조에서, 우리는 유물론적 세계관이 무신론과 더불어 쾌락주의를 결과한다는 사실을 인식할 수 있다. 실로, 모든 것이 단순한 물질이며 영원한 존재나 절대적인 가치가 없다면 무엇을 위하여 고난을 감수할 필요가 있겠는가? 현세가 모든 것이라면, 쾌락과 행복 이외에 무엇을 추구할 것인가? 이와 같은 고대의 유물론이 현대에

막시즘과 자본주의라는 형태로 부활하였으며, 이것은 자연히 가치관에 있어서 쾌락주의를 동반하였다. 19세기에 유럽정신이 세속화됨으로써 종교적 사회가 비종교적 사회로 전락하였으며, 20세기는 공산주의와 자본주의라는 두 형태의 물질주의가 외적으로는 대립하였지만 내적으로는 동일한 가치관을 추구하면서 전 세계를 지배하였다. 그러는 동안, 인류는 물질주의와 쾌락주의에 종속되었고, 교회도 이런 거대한 흐름을 거부하지 못한 채 고난을 거부하고 축복과 영광을 추구하게 된 것이다.

홉스와 니체

서구사회가 고난에서 영광으로 전환하게 되는데 가장 강력한 영향을 미친 반기독교적 사상가를 든다면, 홉스와 니체를 생각할 수 있다. 이 둘의 공통점은 목사의 아들이라는 사실과 고난의 의미를 철저히 부정했다는 점이다. 과거나 현재나 목사의 길은 고난의 길이며, 특히 목사의 가정에서 자라나는 자녀들이 그러하다. 이들은 그러한 고난에 적응하지 못하고 기독교 신앙에서 떠나 기독교를 비판하는데 앞장서게 되는 비극을 초래하였다. 특히, 그리스도인들이 수용하고 인내하는 고난에 대하여 근본적인 무의미를 주장하고 힘의 논리를 전개하였다.

토머스 홉스(1588-1679)는 데모크리투스의 원자론적 유물론을 추종하여, 인간은 물체일 뿐이며 동물과 정도의 차이밖에 없는 본능적이고 감각적인 존재라고 이해하였다. 그와 동시대인이었던 데카르트가 사유의 절대 이성을 주장하였을 때, 그는 존재와 사유의 이원론을 부정하고 철저한 유물론적 일원론을 주장하였다. 따라서 그는 객관적인 진리나 윤리를 부정하고 동물적 투쟁과 이기주의를 옹호하였다. 홉스에 의하면, '인간은 인간에게 이리'(Homo homini lupus)이며 '만인은 만인에 대한 전투'(bellum omnium contra omnes) 상태에 있다. 더 많은 소유와 쾌락을 얻기 위한 투쟁과정에서 고난이란 약자가 당하는 패배의 결과일 뿐이다.

프리드리히 니체(1844-1900)는 신의 죽음과 반 도덕주의를 외치며 모든 전통적 가치와 규범의 전복(Umwertung aller Werte)을 시도하였다. 그는 도덕에 대한 전쟁을 선포하고, 도덕가들 전체가 자기에게 죽을 것이라고 경고하면서, 자기를 '반도덕가'(Immoralist)라고 불렀다. 그에 의하면, 도덕이란 항상 당하고 패배하는 약자와 노예들이 자기를 위로하기 위해 만들어낸 허구적 발상에 지나지 않는다. 니체에게 있어서 이상적인 인간상은 모든 규범과 도덕을 거부하는 영웅적 인간이다. 강자의 횡포와 공격과 지배, 그리고 약자의 억압과 고통은 극복되어야 할 불의가 아니라 부정할 수 없는 삶의 본질이다. 그는 칸트의 이성이나 당위 개념을 철저히 부정하고, 오로지 힘에 의한 지배를 부르짖었다.

그의 동시대인이었던 다윈의 진화론이 그에게 미친 영향은 결코 부정할 수 없다. 그가 다윈을 비판하기도 했지만, 그가 인간을 동물의 한 종으로 본 것이나 약육강식 혹은 적자생존의 원리를 사상적 중심원리로 채택한 것은 그의 사상적 구조가 다윈의 진화론적 체계를 벗어날 수 없음을 보여준다. 이러한 유물론적이고 진화론적인 인간이해는 결국 아무런 의미도 주지 못하였으며, 그를 허무주의자로 전락시켰다. 인간의 자유와 존엄성을 부정한 동물심리학자 스키너의 생각도 인간을 동물로 본 논리적 귀결이었다. 실로, 만일 아무런 절대적 진리나 윤리가 없다면, 그리고 단순히 동물적 투쟁만 있다면, 의미 있는 일은 아무 것도 없다. 실로 모든 것이 허용된다면, 아무 것도 의미가 없다. 모든 것이 본능적이라면 자유도 없고, 결국 운명론에 빠지고 만다. 그러면 운명은 무엇이며 왜 우리가 운명에 끌려 다녀야 하는가? 그리하여 운명론은 결국 허무주의와 비관적 염세주의라는 절벽으로 추락하거나, 아니면 아무 원칙도 의지도 없이 되는 대로 살아가는 방임적 쾌락주의에 귀결하게 된다.

문화의 세속화

아마도 현대의 극도로 경쟁적인 자본주의 사회에서는 홉스나 니체의 약육강식적 투쟁이론이 가장 실제적이고 효율적인 인생철학일지도 모른다. 그리고 현대철학의 실증주의, 실용주의, 그리고 포스트모더니즘도 이성을 약화시키고 감성을 강화하는 경향을 보인다. 물론, 감성주의는 쾌락주의를 정당화하고 고무시킨다. 특히, 포스트모더니즘은 이성의 해체와 불신을 조장하고 진실주의를 부수기는데, 감성의 규범인 이성을 부정함으로써 아무런 규제 장치도 인정하지 않는다. 오히려 검열과 규제와 제한의 철폐를 주장하며, 모든 가치와 규범이 힘과 정치의 논리일 뿐이라고 정죄한다. 동성애나 변태적 성을 옹호하는 성 정치학을 주장한 푸코도 이에 속한다. 결과적으로, 현대사회는 모든 규범을 점차 철폐하고 아무 규범도 없는 무윤리적 사회를 향해 나아가고 있다.

서구사회가 성경적 가치관이 지배하던 기독교 사회에서 이처럼 무윤리적 사회로 전락하게 된 과정을 살펴보면, 신으로부터의 점진적

이탈에 그 원인이 있음을 발견할 수 있다. 한 사회가 무종교적 사회로 진입하게 되면, 문화는 혼란에 빠지게 된다. 왜냐하면 신관과 진리 혹은 윤리라는 규범은 깊은 내적 연관성을 가지고 있기 때문이다. 신이 진리의 원천이기 때문에, 유신론은 진리의 존재를 무신론은 진리의 부재를 전제하고 귀결한다. 유일신론은 유일한 진리를 인정하고, 다신론은 다수의 진리를 인정하는 다원론을 결과한다. 허무와 무의미가 피곤하고 외로운 현대인을 엄습하는 것도 신의 상실 때문이다. 종교는 문화의 영혼이기 때문에, 신의 부정과 무종교적 경향이 문화의 허무와 혼란을 야기한 것이다. 이것을 문화의 세속화라고 하며, 현대문화의 근본적 결함이기도 하다. 신을 부정하면 절대 규범을 부인하게 되고, 절대 가치가 없으면 고난에 의미도 있을 수 없다. 바로 임마누엘 칸트가 이 점을 잘 지적하였다. 그러나 신의 명령도 자의적 규범에 포함시켜 거부해 버림으로써, 그가 그토록 절대적 자체규범으로 수호하려고 했던 이성은 그 논리적 기반을 상실하고 불신을 당하게 된다.

고난의 의미

인간이든지 동물이든지 어떤 존재도 고난을 좋아하거나 원하지 않는 것이 당연하다. 만일 고난을 좋아한다면, 기쁨이나 행복을 느끼는 감성구조에 심각한 혼란을 야기하게 된다. 그래서 손봉호 교수는 고난이 "어떤 목적을 달성하기 위한 수단이나 과정으로" 또는 "과거에 이미 일어난 사건의 불가피한 결과로" 이해되어야 한다고 말한다.[26] 따라서 고난은 역사의 전 과정이라는 맥락에서 이해되고 해석될

26) 손봉호, 『고통 받는 인간: 고통 문제에 대한 철학적 성찰』 (서울대 출판부, 1995), 81.

때 긍정적 의미를 부여할 수 있을 뿐, 그 순간 당하는 고통 자체는 부정적 경험일 수밖에 없다. 그 고난이 미래의 행복과 자기 발전을 결과하며 과거를 극복하고 보상한다면 당연히 보람 있고 의미 있는 일이 아닐 수 없다. 그래서 그는 고난의 도덕적 의미가 인과응보, 또는 상선벌악이라고 하는 역사의 합리성에 있다고 규정한다.[27] 그런데, 현세만으로는 그것이 완전히 실현될 수 없기 때문에, 칸트가 지적한 대로 신과 그의 완전한 심판을 논리적으로 요청하게 된다. 그러므로 신의 존재, 그리고 그의 주권적 역사 섭리와 완전하고 종합적인 심판이 고난의 의미를 수용하는 필수적 전제조건이다.

그러나 모든 고통과 고난이 의미 있는 것은 아니며, 모두 동일한 것도 아니다. 성경에 의하면, 고난에는 크게 세 종류가 있다. "부당하게 고난을 받아도 하나님을 생각함으로 슬픔을 참으면 이는 아름다우나, 죄가 있어 매를 맞고 참으면 무슨 칭찬이 있으리요. 오직 선을 행함으로 고난을 받고 참으면, 이는 하나님 앞에 아름다우니라"(벧전 2:19-20). 선행을 하는 과정에서 오해나 미움을 받아 당하는 의로운 고난이 그리스도인의 정당한 고난으로서, 하나님의 칭찬과 미래의 영광이 보장되어있는 의미 있는 고난이다. 여기에는 그리스도의 남은 고난을 우리 육체에 채우는 명예로운 고난도 포함되는데, 그리스도께서 시작한 구속사역과 하나님의 나라를 실현하고 완성시키는 과정에서 당하는 거룩한 고난이다. 그러나 "살인이나 도적질이나 악행이나 남의 일을 간섭"하여(벧전 4:15) 악행의 대가로 고난을 받는 것은 아무 긍정적 의미도 없으며 부끄럽게 생각해야 한다. 그리고 애매한 고난이 있다. 선행이나 악행의 결과가 아니라 타자의 잘못이나 우주의 구조적 악화

27) *Ibid.*, 82-85.

로 인한 우발적 고난으로서, 그 의미 여하는 거기에 대한 고난 받는 자의 긍정적 태도에 달려 있다.

고난은 우리가 능동적으로 취득하거나 자원하는 것이 아니라, 우리가 원하지 않지만 받고 당하는 수동적인 것이다. 그래서 고난은 수난(passion)이다. 물론, 이 세계에는 악이 존재하며 흑암의 세력이 강력히 포진하고 있어서, 선하고 거룩한 하나님의 뜻이 실현되는 세계의 변화와 구속은 우리에게 고통을 부여하는 저항과 공격을 당하게 된다. 그리스도인은 이러한 영적 구도를 분명히 인지하고 있기 때문에, 우리는 고난을 예상하지만 그것을 원하거나 의도적으로 유발시키지 않는다. 고난은 우리가 의도하는 선행의 반작용이며 부정적 결과일 뿐이다. 만일 악이 존재하지 않는다면, 선행이 필연적으로 고난을 유발시키지 않는다. 그런데, 고난을 능동적으로 원하는 사상이 서구에서 계발되고 발전되었다.

고행주의

불완전한 세계에서 완전한 세계를 갈구하던 그리스 철학자들은 육체노동을 천시하고 정신적 사유와 관조를 통하여 진리에 도달하려고 노력하였다. 특히, 플라톤은 이데아의 세계를 추구하며 육체의 감옥으로부터 해방되려는 사고를 전개하였으며, 이는 육체를 포함한 물질적인 것을 죄악시하는 경향을 유포하였다. 그의 이원론적 사고는 오르페우스 종교에 영향 받은 것인데, 헬레니즘의 주요한 기원이라고 할 수 있는 오르페우스 종교는 다른 세계에 살던 인간의 영혼이 범죄하여 이 세계로 축출당했으며, 육체의 감옥에 갇혀 감각의 노예생활을 하는 형벌을 받고 있어서, 다시 이상적인 세계로 돌아가려면 육체와 감각을 벗어나야 고통의 윤회에서 벗어날 수 있다고 가르쳤다. 이러한 사상은 인도종교들이나 조로아스터교에서도 발견되는데, 공통적인 세계관은 이원론과 육체의 죄악시로서 육체를 괴롭힘으로써 정신적 자유에 도달한다는 고행주의(ascetism) 사상의 원천이다.

이러한 헬레니즘의 영향이 기독교에도 나타났는데, 그것이 바로 금욕주의와 수도원운동이다. 초대교회의 이단이었던 몬타누스파도 이원론적 사고구조를 가지고 있었으며, 중세교회의 이단이었던 카타리파도 이원론적 세계관과 함께 물질을 죄악시하고 윤회설까지 믿음으로서 사실상 오르페우스 종교와 거의 일치한다. 그뿐 아니라, 기독교의 고행주의 전통은 구조적으로 육체에 대한 부정적 인식에 기초하고 있다. 예수께서 부유한 청년에게 준 말씀, 즉 "네가 온전하고자 할진대, 가서 네 소유를 팔아 가난한 자에게 주라"(마 19:21)는 충고가 보다 더 완전하고자 하는 헌신적인 그리스도인에게 매력적이었으며, 독신의 권면도 그러하였다. 그 결과, 자의적 가난과 독신이 고행주의 전통에 있어서 완전의 원리가 되었다. 카타리파가 기독교인을 완전한 자(perfectus)와 믿는 자(credentes)로 구분하였는데, 이것이 사실상 로마 가톨릭교회의 내재적 구분이다. 270년경 안토니로부터 시작된 고행주의는 급격히 확산되어 수도원운동이 중세교회의 주류를 형성하게 되었는데, 이것은 종교개혁에서 정죄되고 거부되었다.

성경이 가르치는 고난은 수동적인 수난이며, 결코 자기 스스로 자기에게 부과하는 고통도 아니며 육체를 괴롭히는 것도 아니다. 가난한 자들을 도운 결과 가난하게 되는 것은 건전하지만, 자기를 괴롭게 함으로써 영적 상승에 이르고자 의도적으로 가난을 추구하는 것은 잘못이다. 바울은 "자의적 숭배와 겸손과 몸을 괴롭게 하는 것"이 신앙성장에 "유익이 조금도 없으며", 단지 세속적인 "철학과 헛된 속임수"이며 "사람의 유전"일 뿐이라고 강력히 비판하였다(골 2장). 기독교는 결코 고난을 능동적으로 추구하지 않으며 수동적으로 당할 때 인내하라고 가르친다. 세상의 죄악적인 구조 때문에 현세적인 고난은 불가피하지만, 내세의 영광을 추구한다. 비록 고행주의가 성화와 수련을 위해 고행을 한다고 하지만, 영적 교만과 성도의 구분, 그리고 도피주의와 외식을 결과한다. 물론, 수도원운동의 긍정적 측면도 부정할 수 없으나, 자의적 고행은 결코 권장될 수 없다.

사디 마조키즘

인간이 스스로 고통을 추구하는 것은 정신적 혼란이 아닐 수 없다. 그런데, 이러한 서구의 고행주의가 극단적 병리현상으로 나타난 것이 바로 가학증(sadism)과 피학증(masochism)이다. 사디즘이란 타인에게 고통을 가함으로써 쾌락을 느끼는 행위이며, 마조키즘이란 타인으로부터 고통을 받음으로써 쾌락을 느끼는 행위이다. 비록 성경에 고난 가운데서도 기뻐하라는 표현이 있지만, 결코 그것은 사디 마조키즘과 같은 정신병적 감정착란과는 전혀 다르다. 사디즘은 힘에 대한 야욕과 타인을 괴롭히려는 욕구에서 발생하며 사랑하지 못하는 무능력에 대한 보상심리가 개재되어 있고 상대를 물질적 대상으로 간주한다고 말한다.[28] 자크 엘룰은 서구 기독교의 타락이 고난을 거부하고 힘

28) Shirley Panken, *The Joy of Suffering: Psychoanalytic Theory and Therapy of Masochism* (New York: Jason Aronson, 1973), 117-8.

과 지배를 추구한 데서 유래하였다고 진단하였다.[29] 한편, 프로이드는 사디즘과 마조키즘이 동일한 실체의 양면으로 연결되어 있다고 분석하였다.

이러한 변태적 고난 이해는 현대 서구문화의 병리현상에 널리 나타난다. 글래디에이터와 투우사와 같이 야만적인 경기를 즐기는 서구인들은 오늘날에도 권투나 레슬링을 비롯하여 과격하고 난폭한 경기를 즐기는 폭력적 문화를 확산시키고 있다. 타인이 고통을 당하는 것을 보면서 쾌감을 느끼는 인간의 죄악성이 서구의 실제적 혹은 가상적 게임을 주도하고 있으며, 잔인한 호러 영화나 파괴적인 헤비 록 음악, 혹은 포르노필름과 같은 서구의 대중문화에서 분명히 확인할 수 있다. 비록 동양에도 잔인하고 변태적인 반문화가 없지 않으나, 오늘날 변태적 쾌감을 조장하는 반문화들이 거의 모두 서구에서 발원하여 수입된다고 하여도 과언이 아니다. 이것은 서구가 고난과 쾌락을 혼돈한 결과라고 할 수 있다.

현대인의 운명

영원한 가치와 고난의 의미를 부정하고 쾌락만을 추구하는 현대인은 과연 제대로 인생을 향유하고 있는가? 프랑스의 문화 분석가인 장 보드리야르는 전혀 그러지 못한다고 말한다. 그는 현대의 경제적 인간(homo economicus)이 '조금도 망설임이 없이 자신의 행복을 추구하라' 그리고 '자신에게 최대한의 만족을 줄 사물을 선호하라' 는 두 가

29) Jacques Ellul, *The Subversion of Christianity* (Grand Rapids: Eerdmans, 1986), 174-190.

지 원칙을 가지고 태어나 살아간다고 말한다.[30] 그러나 갈브레이스가 지적한 대로, 과거에 소비자가 시장을 통해 생산기업에 영향을 미치던 고전적 순서가 사라지고, 이제 반대로 생산기업이 시장을 통제하고 사람들의 사고방식과 욕구를 조종하고 주무르는 '역전된 순서' 가 지배한다. 따라서 자본주의 사회에서 물품의 구매와 소비를 통해 행복을 추구하는 현대의 '소비인간' (l' homme consommateur)은 향유가 권리나 즐거움이 되지 못하고 시민의 의무로 강요되어, 마치 청교도와 같이 '향유를 의무로 삼는 존재' 로 전락하였다고 분석하였다.

실로, 현대인은 시장경제의 광고전술과 유행조작을 통하여 철저히 통제되고 있어서 자기가 진실로 필요로 하고 기뻐하는 것을 모른 채 기업가들에 의해 끌려 다니며 향유를 강요당하고 있으며, 그와 같이 강요된 물품을 구매하고 소비하기 위하여 정신없이 돈을 만드느라 피로한 노동을 지나치게 강요당하는 불쌍한 인간들이다. 더욱이, 소비의 가장 아름다운 대상으로 육체를 재발견하여 육체숭배가 현대인의 이데올로기가 되었고 시장구조는 육체와 아무 관련 없는 상품들을 육체와 연루시켜 판매를 증대시키는 '인위적 가속장치' 로 사용하고 있다.[31] 고난을 거부하고 쾌락을 추구하는 현대인은 끝없는 고통 속에서도 자기의 실상을 모른 채 의미 있는 고난이 아니라 무의미한 고난을 벗어나지 못하고 있다.

30) 장 보드리야르, 『소비의 사회: 그 신화와 구조』(문예출판사, 1991), 85.
31) *Ibid.*, 189, 203.

십자가의 신학

한국교회는 서구로부터 생명의 복음을 받았으나, 지금은 서구로부터 수입된 그릇된 현대문화로 인해 심각한 피해를 받고 있다. 앞에서 유물론과 쾌락주의의 관계를 설명하였거니와, 한국교회가 자본주의에 희생되어 대형화와 성장주의를 추구하면서 십자가의 복음을 점차 상실해가기 시작하였다. 치열한 약육강식과 적자생존의 논리가 교회에도 그대로 적용되고 있으며, 힘과 능력을 추구하고 사랑을 추구하지 않는다. 그러나 그 결과 교회의 세속화와 세상으로부터의 소외, 그리고 급기야는 교회의 몰락이라는 뼈아픈 대가를 치러야 한다.

오늘날 한국교회는 '십자가의 신학'(theologia crucis)을 회복하여야 한다. 영광의 신학과 십자가의 신학이 역사적으로 교차되었는데, 지금 한국교회는 너무 번영과 영광의 신학으로 가득 차 있다. 고난은 핍박받는 시기에만 존재하지 않는다. 언제든지 교회가 하나님의 말씀을 충실히 순종하고 세속적 힘들과 타협하지 않으면, 고난을 당하게 된다. 그러므로 고난이 없다면 역으로 용기 있는 순종과 참된 경건이 결여되어 있기 때문일 것이다. 본회퍼가 절규한 대로, 하나님은 아마도 고난을 이해하지 못하는 교회에서는 촛대를 옮길 것이다.

15

하나님의 인도하심에 대한 세속적 오해들

급변하는 세계 속에서 불확실성의 시대를 사는 현대인은 미래에 대해 정신적 불안을 느끼며, 그리스도인도 예외가 아니다. 종교적 신앙을 거부하는 사람들은 미래학이나 매스컴에 주의를 집중하면서 자신의 안전보장을 위한 대책을 세우면서도, 동서양을 막론하고 미래의 운수를 점치는 미신이 번창하고 있다. 그리스도인은 예수 그리스도와 사도들의 가르침에 따라 하나님의 뜻과 그의 인도하심을 추구하여 왔으나, 현대에 이르러 기독교 신앙의 세속화와 현대적 정황의 영향으로 하나님의 인도하심에 대해서 많은 세속적 오해들이 보편화되고 있으며, 결과적으로 하나님의 인도를 빙자한 죄악들이 범람하고 있는 실정이다.

자기 정당화

달라스 윌라드는 『하나님 듣기』(*Hearing God: Developing a Conversational Relationship with God*)에서 현대에 하나님의 인도를 받았다는 주장은 넘치지만 올바른 경우는 별로 없는 역설적 상황을 지적하였다. 왜 그런가? 그리스도인에게는 자기의 인생이 이미 헌신되었고 예수께서 자기 인생의 주인이기 때문에 자기가 원하는 대로 살아서는 안 된다는 이론적 전제가 있어서 중요한 방향 설정을 할 때 하나님의 뜻을 추구하지만, 많은 사람들은 사실상 자기가 원하는 방향으로 거의 결정하고 하나님의 뜻을 형식적으로 구해보는 절차를 따르기 때문이다. 목회자에게 결혼상담을 하는 경우 이미 자기가 선호하는 결혼 상대에게 마음을 빼앗긴 상태에서 오기 때문에 심지어 바람직하지 못한 경우에도 이를 막기 어렵다. 그들은 단지 자기의 선택에 대해 목사의 축복을 원할 뿐이다.

사도 요한은 하나님의 뜻을 구하는데 개입될 수 있는 그릇된 세속적 동기들에 주의를 요구하고 있다. "이 세상이나 세상에 있는 것들을 사랑하지 말라. 누구든지 세상을 사랑하면 아버지의 사랑이 그 안에 있지 아니하니, 이는 세상에 있는 모든 것이 육신의 정욕과 안목의 정욕과 이 생의 자랑이니 다 아버지께로부터 온 것이 아니요 세상으로부터 온 것이라. 이 세상도 그 정욕도 지나가되, 오직 하나님의 뜻을 행하는 자는 영원히 거하느니라"(요일 2:15-17). 왜냐하면 의인이면서 동시에 죄인이며 새사람과 옛사람이 공존하는 그리스도인에게 있어서 세속적 욕망은 거부하기 어려운 유혹이 아닐 수 없으며, 특히 물질주의와 향락주의가 지배하는 현대 문화를 살아가는 현대 그리스도인에게는 더욱더 그러하다.

우리가 하나님의 인도하심을 기다린다면 미리 결정하거나 선호하지 말아야 한다. 그러나 그 사안이 심각한 문제가 되었다는 것은 대개의 경우 거기에 대해 많이 생각했다는 말이며, 그것은 이미 우리의 가치관이 작용하여 상당히 마음속의 논의가 진행된 것이다. 심지어 하나님의 말씀에 위배되는데도 포기되지 않는 선택을 고집하는 경우도 적지 않다. 캘빈은 자기 부인(self-denial)을 성화의 기본적 원리로 가르쳤는데, 자기 의지(self-will)가 엄연히 존재하는 한 하나님의 말씀을 빈 마음으로 순종할 수 없기 때문이다. 바울은 우리 마음속에서 항상 두 개의 원리, 즉 하나님의 법과 죄의 법, 또는 성령의 인도와 육체의 욕심이 서로 투쟁하고 있다고 가르쳤다(롬 7:15-25, 갈 5:13-24). 이와 같은 투쟁은 우리의 모든 선택과 결정에서 발생하며, 중요한 결정일수록 더욱 그러하다. 예를 들어, 목회자가 새로운 임지를 정할 때 조건이 좋은 쪽으로 이미 마음이 기우는데도 기도해 보고 결정하겠다고 말하는데, 이런 경우 대개는 기도가 형식이 될 뿐이다. 그러므로 우리가 하나님의 인도하심을 구하기 전에 세속적 욕심이 작용하지 않았는지 철저한 반성이 필요하다. 그러나 많은 경우, 죄악의 본질이 자기중심적 사고, 이기주의, 집단적 이기주의, 세속적 허영, 평안의 추구 등 세속적 사고에 영향을 받아 처음부터 한 방향으로 마음이 기운 상태에서 이를 정당화하기 위한 죄성의 치밀하고 간교한 무의식적 요구에 따라 하나님의 뜻을 구하는 경건한 형식을 취하는 경우가 허다하다. 이런 경우, 주관적 느낌이나 확신을 절대화하는데, 사실은 그런 주관적 경향 자체가 하나님에게서 오기보다 자기의 감추어진 욕심의 소리인 경우가 많다.

운명론적 회피책

클라우스 보크뮤엘은 『말씀하시는 하나님 듣기』(*Listening to the God Who Speaks*)에서 하나님의 인도를 거부하는 두 가지 형태로서 하나님의 결정 이전에 자기가 결정하는 능동주의(activism)와 성화를 위해 아무 것도 노력하지 않는 수동주의(passivism)를 들었다. 자기 정당화의 문제가 지나치게 강한 자아에 있다면, 그 반대는 무엇이든지 자기에게 일어나는 일을 하나님의 인도하심이라고 수용함으로써 자기 행위를 무조건 정당화하는데 있다. 운명론(fatalism)은 분명히 기독교 사상이 아니며, 우리는 현실을 비판적으로 직시하고 평가해야 한다. 물론 하나님의 허용적 작정 혹은 주권적 뜻이라는 신학적 개념을 사용하여 참새 한 마리의 죽음과 같이 사소한 사건을 포함하여 모든 일이 하나님의 뜻 안에서 일어난다고 보지만, 그 말이 결코 세상에 일어나는 모든 일이 거룩하며 하나님이 기뻐하시는 뜻이라는 의미는 아니다.

많은 그리스도인은 섭리론을 오해하여 자기에게 일어나는 모든 일이 하나님의 뜻이며 그의 인도하심이라고 믿는다. 예를 들어, 공부를 게을리 하고 놀다가 입학시험에 떨어진다든지 절제하지 못하여 건강을 잃고서도, 그것을 하나님의 뜻이라고 미화하는 잘못을 범한다. 그 결과, 자기의 나태나 무절제를 회개하지 않고 오히려 정당화하면서 자기를 위로하는 이중의 잘못을 범하게 된다. 물론, 은혜로운 하나님은 악을 선으로 바꾸고 우리의 실패를 좋은 계기로 만들지만, 우리가 범한 죄악과 하나님의 선한 간섭은 철저히 구별되어야 한다. 가룟 유다의 행위를 하나님이 긍정적으로 이용하였다고 하여 그의 죄악적 행위가 정당화될 수는 없다.

더욱이, 학교나 직장이나 배우자의 선택을 하는 경우 마치 궁합이나 점을 치는 방식으로 하나님의 뜻을 미리 알려고 하는 것은 자기의 안전 보장을 구하는 것이며, 자기의 선택에 자기가 책임을 지지 않으려는 회피 심리와 함께 그러한 선택을 성공적으로 만들기 위한 모든 노력을 경시하는 비윤리적 사고가 도사리고 있다. 어떤 배우자의 선택이 행복을 보장하는 것이 아니라, 행복한 결혼생활을 위해 많은 노력이 필요하기 때문이다. 하나님의 인도는 오랜 만에 특별한 때에만 주어지는 것이 아니라, 항상 동행하며 사소한 일이든 중요한 일이든 모두 주어지는 것이다. 따라서 자기의 모든 삶과 매 순간의 선택을 외면 한 채 이따금 중요한 선택만을 의지하는 것은 전적 헌신의 부족을 스스로 드러내며 책임 있는 삶을 회피하는 결과를 초래한다.

게리 프리슨은 『나의 결정과 하나님의 뜻』(*Decision Making & the Will of God: A Biblical Alternative to the Traditional View*)에서 중요한 일과 중요하지 않은 일로 나누는 줄긋기의 문제를 지적하였다. 이와 같은 이분법적 논리는 성경적이 아니며, 하나님은 우리가 먹든지 마시든지 무엇을 하든지 하나님의 영광을 위해서 하기를 원한다. 적은 일에도 충성하여야 하며, 소자를 무시해서도 안 되고, 달란트가 적다고 무관심해서도 안 된다. 그런데, 우리 생활의 대부분을 차지하는 일상적인 일들에서는 하나님의 뜻을 생각하지 않고 단지 몇몇 중대사에만, 그리고 그것도 선택 자체만을 문의하는 일이 얼마나 하나님의 뜻에 위배되는지 모른다. 제럴드 싯서도 『삶의 방식으로서의 하나님의 뜻』(*The Will of God as a Way of Life: Finding and Following the Will of God*)에서 미래의 중요한 결정에만 관심을 가지는 동안 현재의 순종에 무관심한 모순을 예리하게 지적하면서, "일상적인 것이 중요하다"(The ordinary is extraordinary!)고 강조하였다.

계시된 뜻의 외면

프레데릭 마이어는 "만일 당신의 마음이 잠잠히 기다리며 당신의 관심이 집중된다면, 말씀이 바로 하나님의 음성이 확실하게 당신에게 전달되는 전화선이다"라고 지적하였다. 그러나 하나님의 인도를 추구하는 많은 그리스도인들은 성경에서 그의 뜻을 찾으려 하기보다 직접적인 음성을 듣기 원한다. 하나님의 뜻은 이미 오랜 세월 동안 충분히 계시되었다. 따라서 우리가 인생에서 직면하는 수많은 문제들에 대한 그의 뜻은 이미 성경 안에 있다. 그럼에도 불구하고, 혹자는 성경에 그 해답이 있다는 사실을 모르는 무지에서, 혹자는 성경에 있는 대답 그 이상의 대답을 얻기 위해서 직접적인 지시를 기다리는데, 이는 둘 다 계시된 뜻을 외면하는 잘못을 범하고 있는 것이다. 마치 자세히 써서 보낸 편지는 읽지 않고 전화를 해서 물어야 직성이 풀리는 사람처럼, 계시된 하나님의 뜻을 외면하는 것은 중대한 잘못을 범하는 것이며, 사람과 같이 전화를 통하여 분명한 답을 얻을 수도 없기 때문이다. 하나님의 뜻을 알기 원하는 경우 먼저 계시된 뜻을 사세히 살펴야 하며, 그래도 불확실한 경우 성경에 조예가 깊은 전문가에게 문의해야 한다. 자기가 발견하지 못한 경우에도 전문가는 그 대답을 발견할 수 있기 때문이다.

물론, 성경에는 수많은 하나님의 뜻이 분명하고 직접적으로 기록되어 있지만, 전문적 해석의 과정과 신학적 추론을 거쳐 깨닫게 되는 하나님의 뜻도 많이 있다. 현대에 발생하는 많은 이슈들이나 개인적인 선택의 문제들은 이런 과정이 필요하다. 노예 해방이나 여성 안수가 하나님의 뜻인지, 혹은 어떤 결혼 상대나 교회의 선택이 하나님의 뜻인지와 같은 질문은 간접적 추론을 필요로 한다. 왜냐하면 성경이 고대에 특정한 상황과 대상에게 주어진 하나님의 뜻이기 때문에 해석과 상황화를 통하여 우리를 향한 하나님의 뜻을 발견해야 되는 작업이 필요하기 때문이다. 왕정의 폐지나 노예해방 문제를 앞에 두고 하나님의 인도하심을 구하였으나, 많은 그리스도인들은 잘못된 결론을 내렸다. 성경에는 초시간적이고 보편적인 하나님의 뜻이 중심적이지만, 그것도 성령의 감동으로 개인적인 뜻이 되며, 베드로의 길과 요한의 길이 다르듯이 하나님의 뜻은 보편적인 뜻의 한계 내에서 개인에 따라 다양하게 나타나기도 한다. 그러나 종교개혁자 루터와 캘빈이 중세의 신비주의를 경계하여 강조한 대로, 성경과 성령의 인도는 분리될 수 없다. 성경이 성령의 감동으로 된 것이며, 삼위일체 하나님에게 서로 대립된 의지가 존재하지 않기 때문이다. 따라서 계시된 뜻을 외면하거나 경시하는 것은 이미 하나님의 인도를 거부하고 있는 것이다.

상황적 결정론의 위험

전통적으로 하나님의 인도를 아는 '세 가지 빛'(three lights)으로 주변상황, 성령의 감동, 그리고 성경의 가르침을 의지하며, 주변 상황이 성령의 감동 그리고 성경의 가르침과 합치하면 그것을 하나님의 인도로 받아 들였다. 물론, 이 방법은 상당한 합리성을 가지고 있으나 위험도 적지 않다. '열린 문'의 방법을 사용하며, 하나님이 막지 않고 길이 순조롭게 열리면 그것이 하나님의 인도라고 단정해버린다. 그러나 하나님의 뜻은 적지 않은 경우 고난과 십자가의 길일 수 있다. 이런 경우, 하나님의 깊은 뜻은 외면한 채 현실주의나 기회주의와 같은 상황주의에 빠지게 된다. 그것은 하나님의 뜻을 거스르는 결과를 초래한다.

물론 기독교는 고행주의가 아니며 하나님이 역사의 주관자이지만, 그리스도의 제자도는 원칙적으로 십자가와 고난의 길이다. 좁은 문과 넓은 문, 좁은 길과 넓은 길의 가르침은 그리스도인의 선택이 결코 세속적 형통의 기준에서 이루어질 수 없음을 분명히 한다. 고린도후서 4-5장은 우리의 판단이 결코 보이는 현재에 의해서가 아니라 보이지 않는 영원의 관점에서 이루어져야 한다는 원리를 가르쳐준다. 세속적 형통과 조건을 추구하면 원칙에 의한 삶보다 기회주의로 전락하게 된다. 물론, 열린 문도 무시해서는 안 되지만, 때를 얻든지 못 얻든지 하나님의 말씀대로 사는 것이 중요하다. 바울의 예루살렘 행은 고난이 예고되어 있었지만, 그럼에도 불구하고 그의 사명에 의한 판단과 결정이 요구되었다. 바울과 실라는 감옥 문이 열렸지만, 그것을 단순히 탈출하라는 지시로 보지 않았다. 상황은 우리의 결정에 중요한 고려대상이 되지만, 상황이 우리를 결정하도록 만드는 것은 우리의 인격과 주체성을 부정하는 것이다. 심지어 어떤 경우에는 하나님이 우리의 신앙과 헌신을 확인하기 위해서 어려운 상황을 주는 경우도 있다.

하나님과 인간이 창조하는 하나님의 나라

과연 하나님이 개인의 모든 선택과 결정에 대해 구체적이고 단일한 뜻을 가지고 있는지에 대해 심각한 의견의 불일치가 있다. 거의 운명론과 구별하기 어려울 정도로 가게에 가서 물건을 선택하는 것부터 결혼 상대의 선택에 이르기까지 모든 것이 결정되어 있다는 주장으로부터 성경의 보편적인 뜻 이외에는 하나님이 모두 우리 자유에 맡기며 하나님의 특별한 의사가 없다는 주장에 이르기까지 다양하다. 사사건건마다 하나님의 단일한 뜻이 있기 때문에 항상 하나님의 뜻을 찾으며 그의 인도하심을 따라야 된다는 전통적 견해에 대하여 심각한 의문들이 제기되었다.

특히, 제럴드 싯서는 자기의 경험을 술회하며 설득력 있는 이론을 제시하고 있다. 그는 만일 우리가 의도적이든 비의도적이든 간에 하나님의 단일한 절대적 뜻을 따르지 못하게 되면 어떻게 되는가를 질문한다. 예를 들어, 지구상에서 유일하게 천생연분으로 예정된 배필이 있는데, 그와 결혼하지 않고 다른 사람과 결혼하면 어떻게 되는가? 그 이후의 모든 인생은 하나님과 무관하고 결코 행복해질 수 없으며 모든 것이 뒤죽박죽이 된 채 잘못된 인생을 살게 되는가? 그는 이 주제와 관련된 성경을 자세히 연구한 결과, "만일 우리가 먼저 하나님의 나라와 그의 의를 구하면, 그것이 우리 인생을 향한 하나님의 뜻이기 때문에, 무엇이든지 우리가 미래를 향해 선택한 것이 바로 우리 인생을 향한 하나님의 뜻이 된다"고 결론 내린다.

물론, 이것은 너무 단순한 생각이다. 성경을 보면 어떤 경우에는 개인에게도 하나님이 구체적인 계획을 가지고 있기도 하며, 인류의 역사는 구속사적 성취를 향해 예정되어 있다. 그러나 설령 하나님이 정한 배필이 있다 할지라도, 그런데 그를 선택하지 않고 다른 사람과 결혼했다 할지라도 하나님은 그를 거부하지 않으며, 대상이 누구이든지 간에 보다 중요한 것은 성경의 가르침에 따라 사랑하고 순종하는 일이다. 성경에는 천직의 개념이 없다. 물론 직업을 선택할 때에는 성경적이고 합리적인 판단에 따라 자신이 가장 잘할 수 있고 하나님의 나라에 필요한 직업을 선택하는 지혜가 필요하지만, 일단 선택을 한 다음에는 성실히 노력하여 훌륭한 직업인이 되는 것이 중요하다. 천생연분이나 천직을 핑계로 배우자나 직업을 자주 바꾸는 행위는 정당화될 수 없다.

하나님이 이 세계를 창조하면서 가진 뜻은 비록 악령과 악인의 저항에도 불구하고 반드시 이루어질 것이다. 그러나 심지어 보수적인 신정론을 고백하는 웨스트민스터 신앙고백도 하나님의 예정이 결코 "피조물의 의지를 침해하거나 제2원인의 자유와 우연성이 제거되지 않고 오히려 확립한다"고 이해한다. 우리는 자유를 위해 부름 받았으므로 자유를 부정하는 것은 잘못이다. 하나님은 정의로운 분으로서 우리의 자유가 허용되는 부분에서는 분명한 책임을 묻는다. 자유가 없는데 책임을 묻는다면 하나님은 정의롭지 못하게 된다. 하나님은 세계의 주관자로서 모든 개인과 집단과 세계에 대하여 그의 목적을 가지고 있으며 섭리적 구조를 가지고 있지만, 그 모든 과정을 일거수일투족 미리 정했다는 생각은 운명론을 결과할 뿐이다. 오히려 하나님은 총체적인 계획과 목표와 구도를 설정하고 제2원인인 인간의 자유를 인정하며 함께 상호작용 속에서 미래를 창조해 나감으로써 그의 뜻을 궁극적으로 성취해 나간다. 하나님의 뜻에 대한 저항이나 오해가 발생하면 창조적으로 지혜롭게 대처함으로써 문제를 해소해 나간다. 더욱이 우리 그리스도인은 하나님의 인도하심을 믿고 자기 생각대로 진행되지 않는 인생과 세계에 대해 항상 하나님의 나라를 추구하며 창조적으로 대처하는 유연한 자세가 필요하다.

16

기독교의 대전환과 한인교회의 사명

지금 기독교는 2천 년 전 탄생한 이후 최대의 전환점을 통과하고 있다. 기독교의 중심이었던 유럽교회가 급격히 몰락하고 비유럽교회가 부상하여 중심이 이동하고 있다. 그동안 이러한 전환기에 미국교회를 중심으로 한 유럽의 이민교회들이 중심적 역할을 감당하였으나, 20세기 후반부터 비서구교회가 급격히 부상하고 있으며 그 중에서 가장 활력적인 교회로 한국이 기독교의 새로운 중심지로 출현하였다. 그러면, 왜 유럽교회가 몰락하였으며, 이와 같은 대전환기에서 새로운 중심으로 부상한 한국교회의 사명은 무엇인가?

유럽교회의 형성과 중심성

예수 그리스도의 대속적 죽음과 부활, 그리고 성령의 강림으로 형성된 기독교는 세계선교의 대명령과 바울의 소명에 따라 이스라엘 국경을 넘어 확장되었는데, 마케도니아인의 비전에 따라 그 방향을 서방으로 잡았다. 소아시아를 시작으로 그리스, 로마로 확장되었으며, 초기 3세기 동안의 대대적 핍박에도 불구하고 콘스탄티누스 대제의 개종으로 당시의 세계제국이던 로마제국의 국교가 되기에 이르렀다. 이러한 정치적 특권을 중심으로 적극적인 선교활동을 전개하여 유럽을 완전 복음화하는데 성공하였다. 그러나 로마교회의 자만으로 교회의 하나됨이 파괴되고 여러 교회로 분열되는 문제를 야기하였다. 그 중에서 중동에 위치한 교회들은 이슬람의 부상과 정복으로 역사에서 거의 사라졌고, 로마를 중심으로 한 서방교회와 콘스탄티노플을 중심으로 한 동방교회만이 존속하였는데, 서방교회는 서유럽을 복음화하고 동방교회는 동유럽과 북유럽 슬라브족을 복음화 하였다. 유럽의 완전 복음화에는 천년이 소요되었는데, 더 이상의 선교를 추진하지 않았기 때문에 기독교는 오로지 유럽에만 존재하였다. 따라서 유럽은 기독교의 주변 없는 중심이 되었다.

유럽교회의 몰락과 그 이유

그러나 자체의 완전 복음화에 성공한 유럽교회는 제2천년(millenium)으로 접어들면서 점차 몰락의 길을 걷게 되며, 제2천년대가 끝나는 20세기에는 기독교가 소수종교로 전락하는 안타까운 상황이 발생하였다. 지금 유럽교회는 회복의 기미를 보이지 않는 지속적 약화와 몰락의 운명에 처하고 말았다. 이러한 유럽교회의 몰락은 하루아침에 일어난 것이 아니라 천년 동안에 걸친 장기적 세속화의 최종적 결과이다. 20세기가 시작할 때만 해도 기독교가 유럽의 모든 나라에서 인구의 과반수를 점하였으나, 20세기 말에는 거의 모든 나라에서 과반수 이하로 감소하였고 실제로 교회에 출석하는 신자는 10퍼센트 대로 급락하였다. 물론, 유럽에는 문화의 속성상 아직 기독교적 영향력이 상당히 유지되고 있으나, 문화의 세속화로 그것조차 약화되고 있는 실정이다. 이로서 유럽교회는 기독교의 중심성을 상실하였다.

그러면, 유럽교회의 몰락 원인과 이유는 무엇일까? 첫째는 교회의 분열과 대립이다. 항상 내분은 자멸을 초래하기 마련이다. 초대교회는 계속되는 핍박 가운데서도 지중해 연안 전역으로 확장되었으며, 다양한 전통과 신앙형태를 결과하였다. 이로 인해 교리적 혼선을 빚고 기독교의 통일성을 위협하기도 하였으나, 성령의 지도 아래서 각기 자기의 콘텍스트에 맞는 다양성이 창조적으로 발전하였고, 모든 교회는 평등성을 유지하면서 동등한 형제로서 우주적 교회를 형성하였다. 그러나 기독교가 로마제국의 국교가 되어 수도에 있는 로마교회가 강력해지면서 로마감독의 우위성(superiority of the Roman bishop)을 주장하였고, 이는 평화롭던 교회 사이에 긴장과 반목을 조장하였다. 물론, 이러한 로마교회의 요구는 전반적으로 거절되었고, 특히 콘스탄티노플교회의 강력한 반발로 예수 그리스도 이후 하나됨을 유지해 오던 교회는 동방교회와 서방교회로 양분되었다. 그리고 중동과 아프리카의 교회들은 잔류하다가 이슬람에게 정복되어 거의 멸절하고 극소수만이 명맥을 유지해왔다. 교회의 분열은 예수 그리스도와 복음 이외에 제3의 세속적 단결요인에 희생되기 때문에 교회의 본질을 상실하고 세속화되어 몰락의 길을 걷기 마련이다. 동방교회와 서방교회는 자기들의 전통과 논리와 조직, 그리고 정치적, 민족적 정체성을 중심으로 각기 배타적으로 결속함으로써, 세월이 지날수록 더욱더 이질화되어 아직까지도 하나가 되지 못하고 있다.

둘째는 교회를 민족과 국가로 제한하고 일치시키는 정치적 세속화이다. 동방교회와 서방교회는 동서로마제국의 자체 선교에는 적극적이어서 완전 선교하였으나, 거기서 중단하였다. 동방교회는 북방선교를 하여 슬라브족을 복음화 하였으나, 동양선교는 하지 않았다. 교회의 지역적 분리는 자연히 지역적 제한성과 정체성을 결과하여 자기를 제한하는 문제를 야기하며, 자기 지역 외의 타국인이나 타민족에 대해서는 배척심과 이질감을 느끼도록 만든다. 그러나 기독교는 결코 특정한 민족이나 국가로 제한되거나 동일시될 수 없으며, 그럴 경우 그리스도의 선교 대명령에 불순종하고 민족주의 혹은 국가주의 이데올로기에 희생당한다. 세계에 하나님의 영광을 전할 목적으로 형성된 이스라엘이 선민의식에 젖어 이방인 선교를 포기할 때 자체의 세속화를 결과하고 하나님에게 버림받게 되듯이, 유럽교회도 자체적으로 복음화 이후 더 이상의 외국 선교를 포기함으로써 몰락의 길을 걷게 된 것이다.

셋째는 식민주의(colonialism)의 죄악이다. 유럽은 하나님의 은혜로 일찍이 문명이 발달하여 큰 배와 강력한 무기를 생산하게 되었는데, 이를 이용하여 1492년 미 대륙을 발견한 이후 전 세계를 식민화하는 전면적 침략전쟁에 돌입하였다. 이러한 유럽인의 대 침략은 인류사 최대의 죄악이 아닐 수 없다. 더욱이, 이것은 모든 기독교 국가가 모든 비기독교국가를 침략하여 약탈한 것이므로 변명될 수 없는 죄악이다. 선진 문명으로 복음을 가지고 사랑으로 땅 끝까지 찾아갔다면 세계 복음화는 아름답고 효과적으로 진전되고 유럽교회는 하나님의 계속적 축복을 받았을 것인데, 반대로 총과 대포를 가지고 멸시와 착취를 자행하였으니 얼마나 큰 죄악인가! 더욱이, 이러한 죄악적 침략행위에 대해 유럽의 어느 신학자, 어느 목사 하나 선지자적 저항을 하지 않고 오히려 감사하며 축복했던 것이다. 나의 지도교수는 네덜란드가 식민지 섬을 하나 얻을 때마다 전국의 온 교회가 종을 치고 감사예배를 드렸다고 알려 주었다. 이것은 이미 유럽교회의 세속화가 심각하게 진전되어 물질주의, 민족주의, 집단적 이기주의, 역사적 낭만주의 등의 우상에게 그 영혼을 빼앗겼으며 그 자각 능력조차 상실했음을 명백히 자증한다. 혹자는 식민화가 기독교화이며 복음화라고 정당화하지만, 식민통치자들의 선교는 침략자들의 종교로서 많은 부정적 결과를 초래하였다. 로마 가톨릭 국가들은 피 식민자의 전면적 영세를 통한 가톨릭화를 강력히 추진하여 형식상 신자화에 성공하였으나, 그것이 무시와 통치의 수단으로 성급히 그리고 무차별적으로 진행된 것이어서 토착신앙과 혼합되어 기형적 복음화를 결과하였다. 한편, 개신교 국가들은 현지인 선교에 게을리 하고 자국 체류자를 중심으로 소극적 활동을 하는데 그쳐 반발심만 자극하였다. 유럽 국가와 교회가 손을 잡고 진행한 식민주의는 더 이상 유럽교회가 하나님의 도구로 사용될 수 없이 세속화한 위험한 집단임을 자증하였다.

16세기에 일어난 루터와 캘빈의 종교개혁은 이러한 부정적 흐름을 제어하지 못하였다. 서방교회의 내부 개혁을 시도하다가 원치 않게 출교당하여 불가피하게 분열하게 된 것은 이해할 수 있지만, 모두 sola Scriptura를 외치면서도 하나가 되지 못하고 수없이 분열된 것은 변명될 수 없다. 작은 차이도 관용하지 못하고 자기의 전통과 교리와 민족적 정서와 정치적 한계를 극복하지 못하고 분열된 것은 성경의 유일규범을 거부한 파벌적 행위이며 성경과 정통을 가장한 독선주의에 불과하다. 또한 개신교회도 식민주의를 지지하고 축복함에 있어서 로마 가톨릭교회와 전혀 다르지 않았고 참다운 선교도 하지 않았다. 특히, 종교개혁자들도 로마 가톨릭교회의 스콜라주의(scholasticism)를 극복하지 못하고 지성주의(intellectualism)와 교조주의(dogmatism)에 희생되어 사랑의 실천과 순종보다 지적 정통성에 치중하였다. 나아가, 17세기에는 개신교 스콜라주의가 전성기에 이르렀으며, 그 결과 교회와 신학이 분리되고 이단 정죄가 성행하였다. 이러한 지성주의는 결국 이성 중심의 자유주의를 발생시켜 성경적 신앙을 부정하는 자기 파괴를 결과하였다. 또한 자유주의를 방비하기 위해 발생한 근본주의도 교조주의와 독선주의에 희생되어 수많은 분열과 자기중심주의를 결과하였다.

비유럽교회의 부상

유럽교회가 서서히 몰락의 과정을 시작한 제2천 년대의 중엽에 하나님은 비유럽교회를 일으키기 시작하였으며, 이는 유럽교회의 부정적 요인과 아이로니한 연관성을 가지고 있다. 악을 선으로 바꾸어 이용하는 하나님의 지혜를 볼 수 있다.

첫째로, 1492년 컬럼버스의 미 대륙 발견과 반동 종교개혁으로 발생한 로마 가톨릭교회의 선교운동이다. 로마 가톨릭 국가인 스페인과 포르투갈의 아메리카 발견과 점령에 동행한 로마 가톨릭 사제들이 강제적이면서도 급격한 가톨릭화를 실현하였다. 한편, 종교개혁으로 충격을 받은 로마 가톨릭교회는 반동 종교개혁(Counter-Reformation)을 일으켰는데, 특히 동양 선교를 추진하여 마테오 리치 등이 중국과 일본에 선교하였다. 그 결과, 한국에도 로마 가톨릭교회가 설립되기에 이르렀고, 스페인의 지배를 받은 필리핀도 가톨릭화 되었다. 이로써, 로마 가톨릭교회의 대다수가 비유럽화되는 한편, 유럽 가톨릭교회는 점차 약화되었다.

둘째로, 유럽 이민교회의 발생이다. 유럽교회의 분열로 인한 소수파 핍박과 경제적 곤경은 신대륙으로의 이주를 결과하였고, 그로 인해 미국, 캐나다, 호주 등에 보다 순수한 그리스도인들이 이민교회를 형성하였다. 이들은 유럽에서 억압받고 소외된 비주류교회들이었으나, 이제 세속화되는 유럽을 떠나 미래교회의 새로운 희망이 된 것이다. 이들이 건설한 국가들은 국교제도를 폐지하고 종교의 자유를 보장하였으나, 기독교정신 위에 국가를 건설하였다. 유럽 이민교회는 특히 영국에서 핍박을 받은 장로교회와 침례교회, 그리고 회중교회가 주류를 이루었으며, 후에 감리교회가 가세하였다. 미국교회는 성경 해석의 차이로 남북전쟁을 초래하고 교단들이 남북으로 분리되었으나, 20세기 후반 포용적인 복음주의 운동의 결과로 다시 연합되었다.

셋째로, 경건주의(pietism)의 발생과 선교운동이다. 개신교회가 스콜라주의와 교조주의에 빠지자, 이에 대한 각성운동으로 경건주의가 발생하여 경건과 실천을 강조하였고, 여기에서 현대 선교운동의 효시가 된 진젤도르프의 모라비안 선교운동과 웨슬리의 실천적인 감리교회가 발생하였다. 감리교회는 전도와 구제와 부흥운동을 주도하였으며, 미국에 강력한 각성운동과 부흥운동을 전개하고, 급기야 선교운동을 일으켜 한국이 복음화되는 등 초교파적인 세계 선교운동을 촉발하였다.

제2차 세계대전 이후 식민주의가 종식되면서 제3세계가 독립하여 세계무대에 등장하였고, 선교운동과 부흥운동으로 새로운 비유럽 교회들이 전 세계적으로 부상하게 되었다. 한편, 유럽은 세속화로 인한 기독교의 약화로 종교적 기반을 상실하여 윤리와 사회가 붕괴되어 인구가 급격히 감소하게 되었으며, 이에 식민지로부터 대거 노동력이 유입되면서 자멸의 길을 걷고 있다. 다리는 결국 쌍방 통행하게 되며, 지금 식민지로부터 역정복(counter-conquest)을 당하고 있는 것이다. 그러나 하나님은 그 이전에 이미 다양한 방법으로 비유럽교회를 일으켜 대안을 마련하고 전환기를 맞게 하신 것으로 생각된다.

한인교회의 위치와 사명

기독교의 역사적 대 전환기에 한인교회는 특별한 위치를 점하고 있다. 한인교회는 비서구세계에서 가장 강력한 교회로 부상하였으며, 선교사 파송 제2위국, 신학생 수 제2위국으로서, 미국을 제외하면 가장 강력한 비유럽교회가 된 것이다. 따라서 제3천 년대가 시작하는 이 시점에서 한인교회가 점하는 위치는 특별한 구속사적 사명을 암시한다. 그 사명은 무엇이며, 어떻게 그 사명을 감당할 수 있을까?

첫째로, 본국에 있는 한국교회는 자체 붕괴를 초래하는 세속화를 극복하고 하나가 되어 제3세계, 특히 아시아 복음화에 앞장서야 한다. 현재 비유럽교회가 가진 중대한 위험은 혼합주의(syncretism)로서 토착신앙과 자연종교, 미신과 신비주의, 그리고 기복신앙을 극복하는 것이며, 또한 서구교회로부터 물려받은 분리주의를 거부하는 것이다. 수많은 배타적 교파들은 서구교회 세속화의 산물이기 때문에, 한국교회는 이를 거부하는 창조적 주체성이 요청된다. 그리고 오로지 성경의 복음을 중심으로 대동단결하여 선교적 사명을 감당해야 한다. 21세기는 중국의 세기라는 관측이 지배적이며, 인도는 21세기 후반에 최대 인구를 가진 나라가 될 것이다. 아시아의 등불이 되어야 할 한국교회가 중국과 인도를 비롯한 아시아 국가들을 복음화하지 못한다면, 기독교의 미래는 큰 어려움에 봉착할 수 있다. 세계무대에서 중심세력으로 부상하고 있는 아시아에서 가장 강력하고 열정적인 한국교회가 아시아 복음화를 주도하지 않는다면 어느 교회가 이를 감당할 것인가. 그리고 아시아가 부강해지고 교만해진 다음에는 서구에서 보는 대로 복음화가 난관에 봉착할 가능성이 높기 때문에, 21세기가 세계 복음화를 가능하게 하는 아시아 복음화의 마지막 기회라고 볼 수 있다.

둘째로, 전 세계적으로 형성된 한인 이민교회는 선교적 정체성을 확립하고 보다 적극적으로 현지선교에 진력해야 한다. 한국인은 어디를 가든지 교회를 중심으로 이민사회를 형성하는 특성을 가지고 있어서, 현재 미국을 위시하여 전 세계에는 무려 5천여 개의 이민교회가 있다. 과연 한국인을 전 세계로 이민시킨 하나님의 구속사적 섭리는 무엇일까? 먼저 한인 이민들의 복음화와 제자화가 일차적 사명이지만, 그것이 모두라면 반드시 이민이라는 어려운 작업이 필요 없었을 것이다. 한인교회는 한인만을 위한 집단적 이기주의에 빠지지 말고, 현지교회와 협력하면서 현지인 복음화 혹은 재복음화를 성취해야 한다. 또한, 한국인 신학교를 건설하고 이를 중심으로 단결하면서 이민신학을 확립하고 선교적 정체성을 2세들에게 심어줌으로써 장기적 존속과 활력적 기능이 가능하다. 그것은 민족주의적 정체성과 다르며, 단지 공동체의 존속과 안일이 아니라 선교적 공동체의 존속과 발전을 위한 것이다. 한국인이 어디로 가든지 교회를 중심으로 형성되는 것은 이러한 필요성과 구속사적 섭리를 입증한다.

하나님은 그의 지혜와 경륜으로 그의 나라를 확장시켜 나가며, 시기와 상황에 따라 그리고 순종 여부에 따라 특정한 민족과 그룹과 운동을 사용한다. 지금은 유럽 중심에서 비유럽 중심으로 대전환을 이루면서 미국과 한국을 중심적으로 사용한다. 그러나 하나님은 어떤 특정한 민족을 영원히 사용하거나 영원히 버리지 않는다. 하나님은 민족을 차별하지 않는다. 따라서 한국교회가 그리스도에게 헌신되어 성령의 인도에 순종할 때 오랫동안 그리고 크게 사용될 것이지만, 그렇지 못할 때는 유럽교회와 동일한 운명에 처할 것이다.